Fachbuch
für die Wohnungswirtschaft

**Praxis der Besteuerung
von Wohnungs- und
Immobilienunternehmen**

Herausgeber:
GdW
Bundesverband deutscher
Wohnungs- und
Immobilienunternehmen e. V.
gemeinsam
mit seinen Regionalverbänden

Herausgegeben vom
GdW Bundesverband
deutscher Wohnungs- und Immobilienunternehmen e. V.

© Hammonia Verlag GmbH, Hamburg

Alle Rechte Vorbehalten.
Nachdruck, auch auszugsweise, verboten.
Kein Teil des Werkes darf ohne schriftliche
Einwilligung des Verlages in irgendeiner Form
(Fotokopie, Mikrofilm oder ein anderes Verfahren),
auch nicht für Zwecke der Unterrichtsgestaltung
reproduziert oder unter Verwendung elektronischer
Systeme verarbeitet, vervielfältigt oder verbreitet
werden.

ISBN 978-3-87292-223-6

Vorwort des Herausgebers

In der guten Tradition der Fachbuchreihe für die Wohnungswirtschaft wird mit der „Praxis der Besteuerung von Wohnungs- und Immobilienunternehmen" zum ersten Mal ein Fachbuch veröffentlicht, das sich den Fragestellungen aller Steuerarten mit Bedeutung für die Wohnungs- und Immobilienwirtschaft widmet.

Das Fachbuch stellt die Grundzüge der für die Wohnungs- und Immobilienwirtschaft wesentlichen Steuerarten Körperschaftsteuer, Gewerbesteuer, Umsatzsteuer, Grunderwerbsteuer, Grundsteuer sowie Bauabzugsteuer dar und geht dabei jeweils auf die Besonderheiten für die Branche ein. Aufgenommen wurden darüber hinaus Ausführungen zu den steuerlichen Bewertungsvorschriften des Grundbesitzes und zur Förderung durch das Eigenheimzulagengesetz.

Das Fachbuch basiert auf der Rechtslage von Ende 2006. Änderungen der Steuergesetzgebung, die danach verabschiedet wurden, konnten nicht mehr berücksichtigt werden.

Das deutsche Steuerrecht unterliegt seit jeher einem kontinuierlichen Änderungsprozess in sehr kurzen Zeitabständen, der wahrscheinlich auch in Zukunft anhalten wird. Für die Branche sind insbesondere die bereits für 2008 angekündigte Reform der Unternehmensbesteuerung, die noch ausstehende Reform der Grundsteuer sowie eine Änderung der Bewertungsvorschriften für Grundbesitz zu nennen. Insoweit wird das vorliegende Fachbuch auch in der Zukunft fortzuschreiben sein.

Ein besonderer Dank gilt allen, die sich aktiv an der Erarbeitung dieses Fachbuches beteiligt haben, insbesondere dem Fachausschuss Steuern beim GdW.

Die Federführung lag bei einem Arbeitskreis dieses Fachausschusses, dem die folgenden Mitglieder angehören:

vBP/StB Jörg Cammann, Verband der Wohnungswirtschaft in Niedersachsen und Bremen e. V., Hannover,

WP/StB Jürgen Gnewuch, Verband der Wohnungswirtschaft Rheinland Westfalen e. V., Düsseldorf,

StB Anke Kirchhof, Verband der Südwestdeutschen Wohnungswirtschaft e. V., Frankfurt am Main,

StB Kurt Neubauer, Verband bayerischer Wohnungsunternehmen e. V., München,

StB Josef Obringer, Genossenschaftsverband Frankfurt e. V., Saarbrücken,

WP/StB Jens-Peter Petersen, Verband norddeutscher Wohnungsunternehmen e. V., Hamburg,

StB Fritz Schmidt, Wohnungswirtschaftliche Treuhand Stuttgart GmbH, Stuttgart,

StB Thomas Winkler, DOMUS Treuhand GmbH, Berlin

sowie

WP/StB Ingeborg Esser und Dipl.-Kauffrau Antje Große vom GdW Bundesverband deutscher Wohnungs- und Immobilienunternehmen e. V., Berlin.

Wir hoffen, den Wohnungsunternehmen mit dem neuen Fachbuch „Praxis der Besteuerung von Wohnungs- und Immobilienunternehmen" wiederum einen praxisorientierten kompetenten Ratgeber für Steuerfragen zur Verfügung stellen zu können.

Berlin, im Januar 2007

Lutz Freitag
GdW Bundesverband
deutscher Wohnungs- und Immobilienunternehmen e. V.

1 Allgemeine Grundlagen der steuerlichen Gewinnermittlung   21

1.1 Einkommensermittlung   21

1.2 Abschreibungsregelungen in der Wohnungswirtschaft   23

1.2.1 Gebäudeabschreibungen   23

1.2.1.1 Bemessungsgrundlage der Absetzung für Abnutzung   23

1.2.1.2 Beginn der Absetzung für Abnutzung   23

1.2.1.3 Lineare Gebäudeabschreibung (§ 7 Abs. 4 EStG)   24

1.2.1.4 Degressive Gebäudeabschreibung (§ 7 Abs. 5 EStG)   25

1.2.1.5 AfA auf nachträgliche Anschaffungs- oder Herstellungskosten   28

1.2.1.6 Erhöhte Absetzungen nach § 7 h und § 7 i EStG   29

1.2.1.7 Sonderabschreibungen   31

1.2.1.8 Exkurs: Teilwertabschreibung bei voraussichtlich dauernder Wertminderung   32

1.2.2 Abschreibungen auf bewegliche Wirtschaftsgüter	33
1.3 Anschaffungskosten – Herstellungskosten – Erhaltungsaufwand	35
1.3.1 Anschaffungskosten (§ 255 Abs. 1 HGB)	35
1.3.2 Herstellungskosten (§ 255 Abs. 2 HGB)	37
1.3.3 Modernisierung von Gebäuden – Abgrenzung von Herstellungskosten und Erhaltungsaufwand	39
1.4 Exkurs: Latente Steuern aufgrund von Ergebnisdifferenzen resultierend aus der unterschiedlichen Bewertung in Handelsbilanz und Steuerbilanz	41

2 Körperschaftsteuer — 43

2.1 Grundlagen der Körperschaftsteuer – Steuerpflicht und Steuerbefreiung	43
2.2 Einkommen und Steuersatz	47
2.2.1 Ergebniskorrekturen gemäß § 60 Abs. 2 Satz 1 EStDV zur Anpassung der Handelsbilanz an die steuerlich maßgeblichen Wertansätze oder Erstellung einer eigenständigen Steuerbilanz	50

2.2.2 Überleitung des Steuerbilanzergebnisses zum zu versteuernden Einkommen	51
2.2.2.1 Verdeckte Gewinnausschüttungen	51
2.2.2.2 Nicht abziehbare Aufwendungen bzw. Betriebsausgaben	52
2.2.2.3 Steuerfreie Einnahmen	54
2.2.2.4 Verlustabzug (§ 10 d EStG) und Mindestbesteuerung	56
2.2.2.5 Steuersatz	56
2.3 Körperschaftsteuerliche Organschaft	59
2.4 Gewinnausschüttungen	65
2.4.1 Allgemeine Grundlagen von Gewinnausschüttungen	65
2.4.2 Gewinnausschüttungen im Übergangszeitraum vom Anrechnungs- zum Halbeinkünfteverfahren	67
2.4.3 Dividendenbesteuerung bei Genossenschaften	72
2.4.3.1 Sammelantragsverfahren bei Dividenden bis 51 EUR	73

2.4.3.2 Dividenden über 51 EUR	74
2.5 Gesellschafterfremdfinanzierung (§ 8 a KStG)	77
2.6 Besonderheiten in der Wohnungswirtschaft	85
2.6.1 Die Sonderregelung des § 13 Abs. 3 Satz 2 ff. KStG für ehemals gemeinnützige Wohnungsunternehmen	85
2.6.2 Die Vermietungsgenossenschaft	92

3 Gewerbesteuer

	101
3.1 Die Bedeutung der Gewerbesteuer für Wohnungsunternehmen	101
3.2 Grundzüge der Gewerbesteuer	103
3.2.1 Ermittlung des Gewerbeertrages	103
3.2.2 Steuermessbetrag – Hebesatz – Ermittlung der Gewerbesteuer	106
3.2.3 Verlustvortrag – Zerlegung bei Betriebsstätten – Organschaft	108
3.2.4 Zusammenfassende Übersicht zur Ermittlung der Gewerbesteuer	110

3.3 Gewerbesteuerbegünstigung des Grundbesitzes	111
3.3.1 Die pauschale Kürzung um 1,2 % des Einheitswertes des zum Betriebsvermögen gehörenden Grundbesitzes gemäß § 9 Nr. 1 Satz 1 GewStG	111
3.3.2 Die erweiterte Kürzung für Grundstücksunternehmen gemäß § 9 Nr. 1 Satz 2 ff. GewStG	113
3.3.2.1 Einzelheiten der erweiterten Kürzung für Grundstücksunternehmen nach § 9 Nr. 1 Satz 2 ff. GewStG	114
3.3.2.2 Risiken bei der Inanspruchnahme der erweiterten Kürzung	116
3.3.2.3 Antrag und gesonderte Gewinnermittlung	117
3.3.3 Zusammenfassung	118

4 Umsatzsteuer — 121

4.1 Grundlagen der Umsatzsteuer	121
4.2 Steuerbefreiungen	123
4.2.1 Umsätze, die unter das Grunderwerbsteuergesetz fallen (§ 4 Nr. 9 a UStG)	123

4.2.2 Vermietungs- und Verpachtungsumsätze (§ 4 Nr. 12 UStG)	124
4.2.3 Leistungen von Wohnungseigentümergemeinschaften (§ 4 Nr. 13 UStG)	126
4.3 Option zur Steuerpflicht	129
4.3.1 Allgemeines	129
4.3.2 Optionsfähige Umsätze	129
4.3.3 Umsätze nach § 4 Nr. 9 a und § 4 Nr. 12 UStG	129
4.3.4 Umsätze der Wohnungseigentümergemeinschaften nach § 4 Nr. 13 UStG	131
4.3.5 Zum Verzicht berechtigte Unternehmer	132
4.3.6 Die Option	133
4.3.7 Andere Unternehmer für deren Unternehmen	134
4.3.8 Nebenleistungen	135
4.4 Besteuerung von Kleinunternehmern (§ 19 UStG)	137

4.5 Vorsteuerabzug (§ 15 UStG) — 139

4.5.1 Allgemeines — 139

4.5.2 Aufteilung der Vorsteuerbeträge — 142

4.5.3 Berichtigung des Vorsteuerabzugs (§ 15 a UStG) — 143

4.5.4 Berichtigungszeitraum — 145

4.5.5 Beginn und Ende des Berichtigungszeitraumes — 146

4.5.6 Ermittlung des Berichtigungsbetrages — 146

4.5.7 Vereinfachungen bei der Berichtigung des Vorsteuerabzuges — 147

4.5.8 Aufzeichnungspflichten für die Berichtigung des Vorsteuerabzuges — 147

4.6 Umkehr der Umsatzsteuerabführungspflicht gemäß § 13 b UStG — 149

4.6.1 Werklieferungen und sonstige Leistungen eines im Ausland ansässigen Unternehmers (§ 13 b Abs. 1 Satz 1 Nr. 1 UStG) — 149

4.6.2 Umsätze, die unter das Grunderwerbsteuergesetz fallen (§ 13 b Abs. 1 Satz 1 Nr. 3 UStG)	149
4.6.3 Umsätze aus Bauleistungen (§ 13 b Abs. 1 Satz 1 Nr. 4 UStG)	150
4.7 Leistungskommission nach § 3 Abs. 11 UStG	153
4.8 Umsatzsteuerliche Organschaft	155
4.9 Änderung des Umsatzsteuersatzes	157
4.9.1 Anwendungsregelung für Änderungen des Umsatzsteuergesetzes (§ 27 Abs. 1 UStG)	157
4.9.2 Auswirkungen der Erhöhung des Umsatzsteuersatzes	157
4.9.2.1 Umsatzbesteuerung und Vorsteuerabzug bei der Abrechnung von Teilentgelten, die vor der Erhöhung für nach der Erhöhung des Umsatzsteuersatzes ausgeführte Leistungen vereinnahmt werden	158
4.9.2.2 Umsatzbesteuerung und Vorsteuerabzug bei der Erteilung von Vorausrechnungen für nach der Erhöhung des Umsatzsteuersatzes ausgeführte Leistungen	160

4.9.2.3 Abrechnung von Leistungen und Teilleistungen im Rahmen der Istversteuerung von Anzahlungen	161
4.9.2.4 Steuerausweis und Berücksichtigung der umsatzsteuerlichen Mehrbelastung bei langfristigen Verträgen (Altverträge)	161
4.9.3 Übergangsregelungen	163
4.9.3.1 Werklieferungen und Werkleistungen	163
4.9.3.2 Dauerleistungen	164
4.9.3.3 Änderungen der Bemessungsgrundlagen	166
4.9.3.4 Besteuerung von Strom-, Gas- und Wärmelieferungen	167

5 Grunderwerbsteuer 169

5.1 Gegenstand der Grunderwerbsteuer	169
5.2 Steuerbare Vorgänge der Grunderwerbsteuer nach § 1 Abs. 1 und 2 GrEStG	171
5.2.1 Grundstücksverträge	171
5.2.2 Umwandlungsvorgänge	172

5.3 Gesellschafterwechsel bei Personengesellschaften nach § 1 Abs. 2 a GrEStG	175
5.4 Anteilsvereinigung in einer Hand nach § 1 Abs. 3 GrEStG	177
5.5 Steuersatz	179
5.6 Bemessungsgrundlage	181
5.7 Nicht steuerbare Erwerbsvorgänge	183
5.8 Entstehungszeitpunkt, Festsetzung und Fälligkeit	187
5.9 Meldepflichten	189
5.10 Steuerschuldner	191
5.11 Nichtfestsetzung der Steuer, Aufhebung oder Änderung der Steuerfestsetzung nach § 16 GrEStG	193

6 Steuerliche Bewertung des Grundbesitzes und Grundsteuer — 195

6.1 Ermittlung des Einheitswertes für Betriebsgrundstücke für die Grundsteuer und die Gewerbesteuer	197
6.2 Bedarfsbewertung für die Grunderwerbsteuer in Sonderfällen	201

6.3 Grundsteuer	203
6.3.1 Höhe – Bemessungsgrundlage – Verfahren	203
6.3.2 Erlass der Grundsteuer bei wesentlicher Ertragsminderung	204
7 Steuerabzug bei Bauleistungen (§§ 48 ff. EStG)	**207**
7.1 Steuerabzugspflicht	207
7.2 Begriff der Bauleistungen	209
7.3 Abzugsverpflichteter/Leistender	211
7.3.1 Abzugsverpflichteter	211
7.3.2 Leistender	212
7.4 Steuerabzug/Abstandnahme vom Steuerabzug	213
7.4.1 Steuerabzug	213
7.4.2 Abstandnahme vom Steuerabzug	214
7.5 Verfahren	215

7.5.1	Kontrollverfahren des Leistungsempfängers	215
7.5.2	Freistellungsverfahren	216

8 Eigenheimzulage 219

8.1	Die Förderung durch das Eigenheimzulagengesetz	219
8.1.1	Anspruchsberechtigung (§ 1 EigZulG)	220
8.1.2	Begünstigte Wohnobjekte (§ 2 EigZulG)	220
8.1.3	Förderzeitraum (§ 3 EigZulG)	221
8.1.4	Nutzung zu eigenen Wohnzwecken (§ 4 EigZulG)	221
8.1.5	Bemessungsgrundlage der Eigenheimzulage (§ 8 EigZulG)	222
8.1.6	Höhe der Eigenheimzulage (§ 9 EigZulG)	224
8.1.6.1	Fördergrundbetrag (§ 9 Abs. 2 EigZulG)	224
8.1.6.2	Kinderzulage (§ 9 Abs. 5 EigZulG)	224
8.1.6.3	Begrenzung der Förderungsbeträge insgesamt (§ 9 Abs. 6 EigZulG)	224

8.1.7 Einkunftsgrenze (§ 5 EigZulG)	225
8.1.8 Objektbeschränkung (§ 6 EigZulG)	226
8.1.9 Folgeobjekt (§ 7 EigZulG)	227
8.1.10 Verfahrensregelungen (§§ 10 ff. EigZulG)	227
8.1.11 Festsetzung der Eigenheimzulage	228
8.1.11.1 Erstmalige Festsetzung der Eigenheimzulage	228
8.1.11.2 Festsetzung in Folgejahren	229
8.1.12 Eigenheimzulage bei der Anschaffung von Genossenschaftsanteilen (§ 17 EigZulG)	230
8.2 Die Steuerbegünstigung für zu eigenen Wohnzwecken genutzte Baudenkmale und Gebäude in Sanierungsgebieten und städtebaulichen Entwicklungsbereichen nach § 10 f EStG	233

Anlagen

Anlage 1 235
Modernisierung von Gebäuden – zur Abgrenzung von Herstellungskosten und Instandhaltungskosten (Erhaltungsaufwand)

Anlage 2 261
Latente Steuern – Steuerabgrenzung gemäß § 274 HGB

Anlage 3 337
Zusammenstellung von Teilungsmaßstäben für Bauleistungen

Abkürzungsverzeichnis

AfA	Absetzungen für Abnutzung
AK/HK	Anschaffungs- oder Herstellungskosten
AktG	Aktiengesetz
AO	Abgabenordnung
AStG	Außensteuergesetz
BauGB	Baugesetzbuch
BewG	Bewertungsgesetz
BFH	Bundesfinanzhof
BGB	Bürgerliches Gesetzbuch
BGBl.	Bundesgesetzblatt
BMF	Bundesministerium der Finanzen
BStBl.	Bundessteuerblatt
EFH	Einfamilienhaus
EigZulG	Eigenheimzulagengesetz
ESt	Einkommensteuer
EStDV	Einkommensteuer-Durchführungsverordnung
EStG	Einkommensteuergesetz
EStH	Einkommensteuer-Hinweise
EStR	Einkommensteuer-Richtlinien
GewSt	Gewerbesteuer
GewStDV	Gewerbesteuer-Durchführungsverordnung
GewStG	Gewerbesteuergesetz
GewStR	Gewerbesteuer-Richtlinien
GrEStG	Grunderwerbsteuergesetz
GrStG	Grundsteuergesetz
HGB	Handelsgesetzbuch
KSt	Körperschaftsteuer
KStG	Körperschaftsteuergesetz
KStR	Körperschaftsteuer-Richtlinien
OFD	Oberfinanzdirektion
SolZG	Solidaritätszuschlaggesetz
StEK	Steuererlasse in Karteiform
UStDV	Umsatzsteuer-Durchführungsverordnung
UStG	Umsatzsteuergesetz
UStR	Umsatzsteuer-Richtlinien
ZFH	Zweifamilienhaus

1 Allgemeine Grundlagen der steuerlichen Gewinnermittlung

1.1 Einkommensermittlung

Wohnungsunternehmen in der Rechtsform der Kapitalgesellschaft oder der Genossenschaft sind zur Führung von Büchern nach den Vorschriften des Handelsgesetzbuches verpflichtet (§ 6 HGB, §§ 238 ff. HGB). Daher sind alle ihre Einkünfte als Einkünfte aus Gewerbebetrieb zu behandeln (§ 8 Abs. 2 KStG) und unterliegen der Körperschaftsteuer (§ 1 Abs. 1 KStG). Für die Ermittlung des Einkommens gelten sowohl die Vorschriften des Körperschaftsteuergesetzes als auch Teile des Einkommensteuergesetzes (§ 8 Abs. 1 KStG und Abschnitt 32 KStR 2004).

So gilt zunächst für die Einkommensermittlung § 2 EStG, der bestimmt, dass für Einkünfte aus Gewerbebetrieb der Gewinn zu Grunde gelegt wird.

Grundsätzlich gilt zwar die Maßgeblichkeit der Handelsbilanz für die steuerliche Gewinnermittlung. Es muss jedoch berücksichtigt werden, dass in den §§ 3 bis 7 EStG, aber auch in anderen Steuergesetzen, eine Reihe von Bestimmungen zu Abweichungen führen. So sind einige Erträge steuerlich nicht zu berücksichtigen (z. B. Investitionszulagen), Aufwendungen teilweise nicht abzugsfähig (z. B. Bewirtungsaufwendungen, Geschenke) oder gesonderte Vorschriften zur Bewertung oder zu den Abschreibungen zu berücksichtigen.

Die Überleitung vom Jahresergebnis lt. Gewinn- und Verlustrechnung zum zu versteuernden Einkommen wird unter Kapitel 2.2 dargestellt. Die Vorschriften zur Verlustverrechnung sind ebenfalls im Einkommensteuergesetz (§ 10 d EStG) angesiedelt. Zu den Einzelheiten der Verlustverrechnung im Rahmen der Körperschaftsteuer und der Gewerbesteuer wird auf die Kapitel 2.2 und 3.2.3 verwiesen.

1.2
Abschreibungsregelungen in der Wohnungswirtschaft

1.2.1
Gebäudeabschreibungen

1.2.1.1
Bemessungsgrundlage der Absetzung für Abnutzung

Über die Absetzung für Abnutzung (AfA) werden die Kosten für die Anschaffung/Herstellung des Gebäudes (nicht aber des Grund und Bodens) über typisierte Nutzungsdauern verteilt. Als selbständig abschreibungsfähige Gebäude rechnen neben Wohnungseigentum und Teileigentum auch selbständige Gebäudeteile. Zu der Frage, was zu den Anschaffungs-/Herstellungskosten des Gebäudes gehört, vgl. Kapitel 1.3.

Wird ein Gebäude teils eigenbetrieblich, teils fremdbetrieblich, teils zu eigenen Wohnzwecken, teils zu fremden Wohnzwecken genutzt, ist jeder der vier unterschiedlich genutzten Gebäudeteile ein besonderes Wirtschaftsgut, weil das Gebäude in verschiedenen Nutzungs- und Funktionszusammenhängen steht (Richtlinie 4.2 Abs. 4 Satz 1 EStR 2005). Jeder Gebäudeteil ist als selbständiges Wirtschaftsgut gesondert abzuschreiben (Hinweis 7.1 „Gebäudeteile" EStH 2005).

1.2.1.2
Beginn der Absetzung für Abnutzung

Die AfA des Gebäudes beginnt grundsätzlich mit dem Tag der Fertigstellung bzw. bei Anschaffung eines fertigen Gebäudes mit dem Übergang des Eigentums. Dabei wird in Erwerbsfällen nicht auf den zivilrechtlichen Eigentumsübergang (Eintragung des Eigentümerwechsels im Grundbuch), sondern auf den Übergang des wirtschaftlichen Eigentums abgestellt.

Der Übergang des wirtschaftlichen Eigentums liegt im Regelfall vor der Eintragung im Grundbuch. Maßgebend ist insoweit der Übergang von Gefahr, Nutzen und Lasten an dem Grundstück.

Für die Inanspruchnahme von AfA ist nur die Fertigstellung maßgeblich, nicht der Tatbestand, dass bereits Einnahmen erzielt werden.

Wann ist ein Gebäude fertig gestellt?

Ein Gebäude ist fertig gestellt, wenn die wesentlichen Bauarbeiten abgeschlossen sind und der Bau so weit errichtet ist, dass der **Bezug** der Wohnungen **zumutbar** ist. Ein Gebäude ist somit nicht fertig gestellt, wenn Türen, Böden und Innenputz oder die Sanitäranlagen noch fehlen. Auf die Höhe der noch ausstehenden Herstellungskosten im Verhältnis zu den gesamten Herstellungskosten des Gebäudes kommt es nicht an.

1.2.1.3
Lineare Gebäudeabschreibung (§ 7 Abs. 4 EStG)

Die lineare Gebäudeabschreibung nach § 7 Abs. 4 EStG stellt den Grundfall der Gebäudeabschreibung dar. Nach dieser Regelung sind im Steuerrecht grundsätzlich alle Gebäude abzuschreiben.

Bei der Bemessung der Abschreibung wird eine gesetzlich fingierte Nutzungsdauer unterstellt, die je nach Gebäudetyp und Fertigstellungszeitpunkt zwischen 25 und 50 Jahre beträgt. Bei den Abschreibungssätzen handelt es sich um Mindestbeträge, die steuerlich nicht unterschritten werden dürfen. Es ist somit steuerlich nicht zulässig, bei einem Gebäude, das nachweislich eine Lebensdauer von 80 Jahren hat, lediglich 1,25 % Abschreibung pro Jahr abzusetzen. Insofern können sich hieraus Abweichungen zur Handelsbilanz ergeben.

Die Abschreibung nach § 7 Abs. 4 EStG wird im Jahr der Fertigstellung oder des Erwerbs bzw. im Jahr der Veräußerung oder Zerstörung des Gebäudes nur zeitanteilig (pro rata temporis) berücksichtigt. Angefangene Monate werden dabei voll mitgerechnet.

Abschreibungssätze nach § 7 Abs. 4 EStG

Normal-AfA für Wohngebäude und sonstige Gebäude:

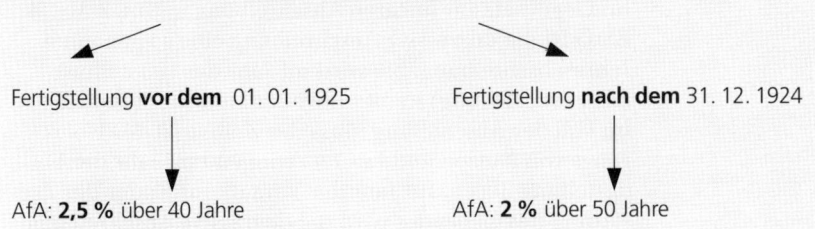

Fertigstellung **vor dem** 01. 01. 1925

AfA: **2,5 %** über 40 Jahre

Fertigstellung **nach dem** 31. 12. 1924

AfA: **2 %** über 50 Jahre

Ausnahmen:

1. **Betriebs-/Wirtschaftsgebäude**, d. h. Gebäude, soweit diese
   – zu einem Betriebsvermögen gehören und
   – nicht Wohnzwecken dienen und
   – für die der Bauantrag nach dem 31. 03. 1985 gestellt worden ist.

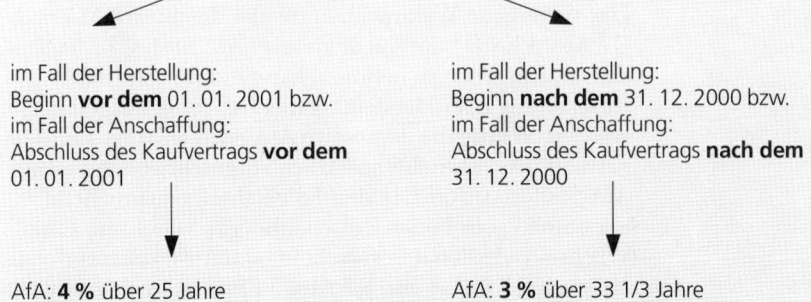

im Fall der Herstellung:
Beginn **vor dem** 01. 01. 2001 bzw.
im Fall der Anschaffung:
Abschluss des Kaufvertrags **vor dem** 01. 01. 2001

AfA: **4 %** über 25 Jahre

im Fall der Herstellung:
Beginn **nach dem** 31. 12. 2000 bzw.
im Fall der Anschaffung:
Abschluss des Kaufvertrags **nach dem** 31. 12. 2000

AfA: **3 %** über 33 1/3 Jahre

2. **Nachweis einer kürzeren Nutzungsdauer**

Beträgt die tatsächliche Nutzungsdauer eines Gebäudes weniger als die zuvor genannten „typisierten" Nutzungsdauern, kann von der „typisierten" AfA abgewichen und stattdessen die der tatsächlichen Nutzungsdauer entsprechende AfA vorgenommen werden (§ 7 Abs. 4 Satz 2 EStG).

1.2.1.4 Degressive Gebäudeabschreibung (§ 7 Abs. 5 EStG)

Die degressive Gebäudeabschreibung, bei der gegenüber der linearen Gebäudeabschreibung in den ersten Jahren höhere und dafür in späteren Jahren niedrigere Abschreibungssätze gelten, ist grundsätzlich auf selbst hergestellte Gebäude beschränkt. Eine Ausnahme stellen lediglich die

Gebäude dar, die bereits im Jahr der Fertigstellung erworben werden (Ersterwerbermodelle).

Im Gegensatz zur linearen Abschreibung nach § 7 Abs. 4 EStG ist die degressive Abschreibung eine so genannte Jahresabschreibung. Sie wird im Jahr der Herstellung (als Fertigstellung) immer in voller Höhe berücksichtigt. Im Fall der Anschaffung muss der Zeitpunkt des Übergangs von Nutzen und Lasten zwingend im Jahr der Fertigstellung liegen. Im Jahr der Veräußerung oder der Zerstörung des Gebäudes wird die degressive Abschreibung nur zeitanteilig berücksichtigt (angefangene Monate zählen mit).

Hat sich der Steuerpflichtige für die degressive Gebäudeabschreibung entschieden, kann er grundsätzlich nicht mehr zur linearen Gebäudeabschreibung wechseln.

Das steuerliche Wahlrecht, entweder die lineare AfA nach § 7 Abs. 4 EStG oder die degressive AfA nach § 7 Abs. 5 ESG in Anspruch zu nehmen, kann nur im Jahr der Anschaffung oder Herstellung des Gebäudes ausgeübt werden. Wurde die degressive AfA nach § 7 Abs. 5 EStG gewählt, ist wegen der gesetzlich vorgeschriebenen festen AfA-Staffelsätze auch in den Folgejahren entsprechend der einmal getroffenen Entscheidung zu verfahren. Ein Wechsel zwischen den verschiedenen Absetzungsverfahren nach § 7 Abs. 4 und § 7 Abs. 5 EStG ist steuerrechtlich nur nach Maßgabe von Richtlinie 7.4 Abs. 7 EStR 2005 zulässig (vgl. hierzu auch Hinweis 7.4 „Wechsel der AfA-Methode bei Gebäuden" EStH 2005). Wird von der einmal getroffenen Wahl für die Anwendung der AfA nach § 7 Abs. 5 EStG i. V. m. § 254 HGB in den Folgejahren von der Handelsbilanz abgewichen, sind die Absetzungen in der Steuerbilanz ab dem Jahr der Abweichung in Höhe der linearen AfA-Sätze nach § 7 Abs. 4 EStG, höchstens jedoch in Höhe der fortgeführten AfA-Sätze nach § 7 Abs. 5 EStG vorzunehmen.[1]

---

[1] vgl. Verfügung der OFD Frankfurt vom 23. 01. 1998, S 2196 A – 22 – St II 23, StEK, EStG, § 7, Nr. 336.

Die Abschreibungssätze nach § 7 Abs. 5 EStG wurden im Laufe der letzten Jahre häufig reformiert. Für Neufälle ab 2006 ist die degressive Gebäudeabschreibung für den Mietwohnungsneubau endgültig entfallen.[2] Für Nicht-Mietwohnungen gilt dies bereits ab 1995. Für Altfälle läuft die degressive AfA allerdings bis zum planmäßigen Ende weiter.

Regelung vom 01. 03. 1989 bis 31. 12. 1995

Mietwohnungen, Bauantrag oder notarieller Kaufvertrag nach dem 28. 02. 1989 und vor dem 01. 01. 1996:

4 Jahre:	7,00 %
6 Jahre:	5,00 %
6 Jahre:	2,00 %
24 Jahre:	1,25 %

Regelung vom 01. 01. 1996 bis 31. 12. 2003

Mietwohnungen, Bauantrag oder notarieller Kaufvertrag nach dem 31. 12. 1995 und vor dem 01. 01. 2004:

8 Jahre:	5,00 %
6 Jahre:	2,50 %
36 Jahre:	1,25 %

Regelung vom 01. 01. 2004 bis 31. 12. 2005

Mietwohnungen, Bauantrag oder notarieller Kaufvertrag nach dem 31. 12. 2003 und vor dem 01. 01. 2006:

10 Jahre:	4,00 %
8 Jahre:	2,50 %
32 Jahre:	1,25 %

---

2 vgl. Gesetz zum Einstieg in ein steuerliches Sofortprogramm, BGBl. I 2005, S. 3682.

1.2.1.5
AfA auf nachträgliche Anschaffungs- oder Herstellungskosten

Grundsätzlich erfolgt eine Zurechnung der nachträglichen Anschaffungs-/Herstellungskosten zu den ursprünglichen Anschaffungs-/Herstellungskosten in dem Jahr, in dem sie anfallen. Die weitere AfA wird mit dem bisher angewandten AfA-Satz von der erhöhten Bemessungsgrundlage berechnet (keine Abschreibung auf die Restnutzungsdauer). Nachträgliche Anschaffungs-/Herstellungskosten sind bei der Bemessung der AfA für das Jahr ihres Entstehens so zu berücksichtigen, als wären sie zu Beginn des Jahres aufgewendet worden (Richtlinie 7.4 Abs. 9 Satz 3 EStR 2005).

Beispiel 1:
Lineare AfA nach § 7 Abs. 4 Satz 1 Nr. 2 EStG bei nachträglichen Herstellungskosten

Ein am 01.01. des Jahres 01 angeschafftes Gebäude, für das lineare AfA nach § 7 Abs. 4 Satz 1 Nr. 2 vorgenommen worden ist, wird im Jahr 24 erweitert. Die Restnutzungsdauer beträgt danach noch mindestens 50 Jahre.

Anschaffungskosten am 01.01.01	200 000 EUR
AfA in den Jahren 01 bis 23: 23 x (2 % von 200 000 EUR) = 92 000 EUR	
nachträgliche Herstellungskosten im Jahr 24	+ 100 000 EUR
Bemessungsgrundlage ab Jahr 24	300 000 EUR

Vom Jahr 24 bis zur vollen Absetzung des Betrags von 208 000 EUR (Restwert 108 000 EUR zuzüglich nachträglicher Herstellungskosten 100 000 EUR) beträgt die AfA jährlich 2 % von 300 000 EUR = 6 000 EUR.

Beispiel 2:
Degressive AfA nach § 7 Abs. 5 EStG bei nachträglichen Herstellungskosten

Ein im Jahr 01 fertig gestelltes Gebäude, für das degressive AfA nach § 7 Abs. 5 Satz 1 Nr. 3 c EStG vorgenommen worden ist, wird im Jahr 12 erweitert.

Herstellungskosten im Jahr 01	200 000 EUR
AfA in den Jahren 01 bis 10: 10 x (4 % von 200 000 EUR) = 80 000 EUR	
AfA im Jahr 11: 1 x (2,5 % von 200 000 EUR) = 5 000 EUR	
nachträgliche Herstellungskosten im Jahr 12	+ 80 000 EUR
Bemessungsgrundlage ab Jahr 12	280 000 EUR

In den Jahren 12 bis 18 beträgt die AfA je 2,5 % von 280 000 EUR = 7 000 EUR; in den Jahren 19 bis 50 beträgt die AfA je 1,25 % von 280 000 EUR = 3 500 EUR.

1.2.1.6
Erhöhte Absetzungen nach § 7 h und § 7 i EStG

Unter erhöhten Absetzungen versteht man Abschreibungen, die an die Stelle der Abschreibungen nach § 7 Abs. 1 oder 4 EStG treten. Sie müssen mindestens in Höhe der linearen AfA vorgenommen werden (§ 7 a Abs. 3 EStG).

Absetzung nach § 7 h EStG (Erhöhte Absetzungen bei Gebäuden in Sanierungsgebieten und städtebaulichen Entwicklungsbereichen)

Die Förderung nach § 7 h EStG wird für Gebäude (darunter werden auch selbständige Gebäudeteile, Wohnungs-

und Teileigentum verstanden) in einem förmlich festgelegten Sanierungsgebiet oder städtebaulichen Entwicklungsbereich für Modernisierungs- und Instandsetzungsmaßnahmen im Sinne des § 177 des Baugesetzbuchs (Baumaßnahme auf Grund gesetzlicher Anordnung) gewährt. Die Regelung ist entsprechend anzuwenden für Maßnahmen der Erhaltung, Erneuerung und funktionsgerechten Verwendung eines Gebäudes, das wegen seiner geschichtlichen, künstlerischen oder städtebaulichen Bedeutung erhalten bleiben soll, und zu deren Durchführung sich der Eigentümer neben bestimmten Modernisierungsmaßnahmen gegenüber der Gemeinde verpflichtet hat (Sanierungsvereinbarung). Der Steuerpflichtige kann die erhöhten Absetzungen nur in Anspruch nehmen, wenn er durch eine Bescheinigung der zuständigen Gemeindebehörde die Voraussetzungen für das Gebäude und die Maßnahmen nachweist. Zuschüsse aus Sanierungs- oder Entwicklungsförderungsmitteln sind ebenfalls zu bescheinigen.

Absetzung nach § 7 i EStG (Erhöhte Absetzungen bei Baudenkmalen)

Neben der Voraussetzung, dass es sich bei dem Gebäude/Gebäudeteil um ein Baudenkmal handeln muss, ist erforderlich, dass die Baumaßnahme nach Art und Umfang zur Erhaltung oder zur sinnvollen Nutzung des Gebäudes erforderlich ist. Sowohl die Baudenkmalseigenschaft als auch die Erforderlichkeit der Maßnahme muss von der Denkmalschutzbehörde bescheinigt werden (§ 7 i Abs. 2 EStG). Die Baumaßnahmen müssen ferner in Abstimmung mit den Denkmalschutzbehörden durchgeführt werden (§ 7 i Abs. 1 Satz 6 EStG), d. h. Genehmigung durch die Denkmalschutzbehörde vor Baubeginn. Gefördert werden Gebäude, die zur Einkünfteerzielung verwendet werden, unabhängig davon, ob die Gebäude für Wohn- oder gewerbliche Zwecke genutzt werden.

Gemeinsame Vorschriften der §§ 7 h und 7 i EStG

Die Abschreibung für die begünstigten Aufwendungen beträgt bei Beginn der Maßnahmen vor dem 01. 01. 2004 im Jahr der Herstellung und in den folgenden neun Jahren jeweils bis zu 10 % der Herstellungs- bzw. Anschaffungskosten; bei Beginn der Maßnahmen nach dem 31. 12. 2003 beträgt die Abschreibung im Jahr der Herstellung und in den folgenden sieben Jahren jeweils bis zu 9 % und in den folgenden vier Jahren jeweils bis zu 7 % der Herstellungs- bzw. Anschaffungskosten. Als Beginn der Maßnahme gilt bei genehmigungspflichtigen Baumaßnahmen der Zeitpunkt, in dem der Bauantrag gestellt wird, bei genehmigungsfreien Bauvorhaben, für die Bauunterlagen einzureichen sind, der Zeitpunkt, in dem die Bauunterlagen eingereicht werden.

Bei der Abschreibung handelt es sich um einen Jahresbetrag, der auch dann in voller Höhe berücksichtigt wird, wenn die Anschaffung oder Herstellung im laufenden Jahr erfolgt. Nicht ausgeschöpfte Abschreibungen können nicht in späteren Jahren nachgeholt werden. Begünstigt sind lediglich die vom Eigentümer aufgewendeten (nachträglichen) Herstellungskosten. Bei der Anschaffung eines Baudenkmals sind nur solche Anschaffungskosten begünstigt, die in der Zeit nach dem Abschluss des Kaufvertrages anfallen. Damit wird die erhöhte Abschreibung in erster Linie auf Erwerbe von Bauträgern ausgedehnt, bei denen an sich beim Erwerber begünstigte Herstellungskosten noch vom Bauträger getragen und über den endgültigen Kaufpreis an den Erwerber weitergegeben werden. Nicht begünstigt sind damit jedoch die Anschaffungskosten für die Altsubstanz des jeweiligen Objekts. Erhaltene Zuschüsse zu den Herstellungskosten mindern die Bemessungsgrundlage für die Abschreibung.

1.2.1.7
Sonderabschreibungen

Unter Sonderabschreibungen versteht man Abschreibungen, die grundsätzlich neben der linearen Abschreibung (§ 7 Abs. 1 oder 4 EStG) vorgenommen werden können (§ 7 a Abs. 4 EStG).

Sonderabschreibungen wurden letztmals in den 90er Jahren vor allem zur Förderung des Wohnungsbaus in den neuen Bundesländern gewährt.

1.2.1.8
Exkurs: Teilwertabschreibung bei voraussichtlich dauernder Wertminderung

Bei Wirtschaftsgütern des Anlagevermögens, die der Abnutzung unterliegen, ist steuerrechtlich gemäß § 6 Abs. 1 Nr. 1 Satz 2 EStG eine Abschreibung auf den niedrigeren Teilwert (Teilwertabschreibung) zulässig, wenn es sich um eine voraussichtlich dauernde Wertminderung handelt. Eine voraussichtlich dauernde Wertminderung bedeutet ein voraussichtlich nachhaltiges Absinken des Verkehrswerts des Wirtschaftsguts unter den maßgeblichen Buchwert. Die Finanzverwaltung nimmt bei abnutzbaren Wirtschaftsgütern des Anlagevermögens eine voraussichtlich dauernde Wertminderung an, wenn der Wert des betroffenen Wirtschaftsguts zum Bilanzstichtag mindestens für die halbe Restnutzungsdauer unter dem planmäßigen Restbuchwert liegt.[3]

Gebäude haben allerdings regelmäßig eine sehr lange (Rest-)Nutzungsdauer, so dass dieses Kriterium wohl nicht geeignet ist. Diese Bedenken hinsichtlich des Abstellens auf die halbe Restnutzungsdauer wurden durch das Urteil des FG Münster[4] bestätigt, wonach für die Bestimmung der voraussichtlich dauernden Wertminderung nicht ohne Berücksichtigung der Art des Wirtschaftsguts, der sich daraus ergebenden Länge der Restnutzungsdauer und der Höhe der Wertminderung auf die Hälfte der Restnutzungsdauer abgestellt werden kann. Nach Auffassung des FG Münster ist bei Zeiträumen über fünf Jahren eine sachlich begründete Prognose über die Wertentwicklung nicht möglich. Insoweit stimmt der Prognose- und Beurteilungszeitraum wieder mit der handelsrechtlichen Betrachtungsweise überein.[5] Der BFH folgt in seinem Urteil vom 14. 03. 2006, Az: I R 22/05, BStBl. II 2006, S. 680 ff., allerdings der im BMF-Schreiben vom

---

3 vgl. BMF-Schreiben vom 25. 02. 2000, IV C 2 – S 2171 b – 14/00, BStBl. I 2000, S. 372 ff.
4 vgl. Urteil des FG Münster vom 14. 01. 2005, Az: 9 K 1564/03 K, G.
5 vgl. hierzu auch Stellungnahme der Konferenz der Prüfungsdirektoren des GdW zur „Ermittlung des niedrigeren beizulegenden Wertes für Wohngebäude des Anlagevermögens" abgedruckt als Anlage 2 in: Kommentar zum Kontenrahmen der Wohnungswirtschaft, Hrsg. GdW, 2005.

25. 02. 2000 vertretenen Auffassung der Finanzverwaltung vom Abstellen auf die halbe Restnutzungsdauer.

1.2.2 Abschreibungen auf bewegliche Wirtschaftsgüter

Den Abschreibungen auf bewegliche Wirtschaftsgüter liegt die betriebsgewöhnliche Nutzungsdauer zu Grunde, die von der Finanzverwaltung in den Abschreibungstabellen für Branchen und einzelne Wirtschaftsgüter festgelegt wird. Beim Nachweis einer kürzeren Nutzungsdauer kann die AfA darauf verteilt werden.

Die Vereinfachungsregelung (sog. Halbjahresregel) ist für Anschaffungen nach dem 31. 12. 2003 entfallen, d. h., dass im Jahr der Anschaffung die AfA zeitanteilig (monatsweise) angesetzt werden muss (Richtlinie 7.4 Abs. 2 Satz 1 EStR 2005).

Die AfA kann linear – in gleichen Jahresbeträgen – (§ 7 Abs. 1 EStG) oder degressiv – in fallenden Jahresbeträgen – (§ 7 Abs. 2 EStG) auf die Nutzungsdauer verteilt werden. Die Absetzung für Abnutzung in fallenden Jahresbeträgen kann nach einem unveränderlichen Hundertsatz vom jeweiligen Buchwert (Restwert) vorgenommen werden, wobei der dabei anzuwendende Hundertsatz höchstens das Doppelte des Satzes der linearen AfA betragen und 20 % nicht übersteigen darf.

Für nach dem 31. 12. 2005 und vor dem 01. 01. 2008 angeschaffte bzw. hergestellte bewegliche Wirtschaftgüter des Anlagevermögens beträgt der Hundertsatz bei der degressiven AfA das Dreifache des Satzes der linearen AfA – maximal 30 % – angehoben werden.[6]

Der Übergang von der degressiven AfA zur linearen AfA ist zulässig (§ 7 Abs. 3 EStG). Vom Zeitpunkt des Übergangs an bemisst sich die AfA nach dem noch vorhandenen Restwert und der Restnutzungsdauer des einzelnen Wirtschaftsguts. Der Übergang von der linearen AfA zur degressiven AfA ist nicht zulässig.

---

6 vgl. Gesetz zur steuerlichen Förderung von Wachstum und Beschäftigung, BGBl. I 2006, S. 1091 ff.

1.3
Anschaffungskosten – Herstellungskosten – Erhaltungsaufwand

1.3.1
Anschaffungskosten (§ 255 Abs. 1 HGB)

Anschaffungskosten[7] sind die Aufwendungen, die geleistet werden, um einen Vermögensgegenstand zu **erwerben** und ihn in einen betriebsbereiten Zustand zu versetzen, soweit sie dem Vermögensgegenstand **einzeln zugeordnet** werden können. Zu den Anschaffungskosten gehören auch die Anschaffungsnebenkosten sowie die nachträglichen Anschaffungskosten. Anschaffungspreisminderungen sind abzusetzen.

Somit gehören zu den Anschaffungskosten auch die Kosten, die neben dem Kaufpreis direkt mit dem Erwerb der Immobilie anfallen (Anschaffungsnebenkosten), z. B. Kosten der Grundbucheintragung, Notar- und Maklerkosten, Grunderwerbsteuer.

Wird bei Anschaffung eines bebauten Grundstücks ein einheitlicher Kaufpreis gezahlt, ist dieser bei Gebäuden im Betriebsvermögen nach dem Verhältnis der Verkehrswerte oder Teilwerte von Grund und Boden und Gebäude aufzuteilen. In die Kaufpreisaufteilung sind auch die Anschaffungsnebenkosten einzubeziehen. An die in Kaufverträgen gemachten Kaufpreisaufteilungen ist die Finanzverwaltung nicht gebunden!

---

7 vgl. auch Hinweis 6.2 „Anschaffungskosten" EStH 2005.

Abbruchkosten

Wird ein Gebäude zum Zweck des Abbruchs erworben (**Erwerb mit Abbruchabsicht**), ist für die steuerrechtliche Behandlung folgende Unterscheidung nötig:[8]

a)
Das Gebäude war technisch und wirtschaftlich **nicht** verbraucht.

Der Buchwert des Gebäudes und die Abbruchkosten gehören – wenn der Abbruch mit der Herstellung eines neuen Wirtschaftsgut in einem engen Zusammenhang steht – zu den Herstellungskosten dieses neuen Wirtschaftguts, ansonsten zu den Anschaffungskosten des Grund und Bodens.

b)
Das Gebäude war im Zeitpunkt des Erwerbs **objektiv wertlos**.

Der volle Anschaffungspreis entfällt auf den Grund und Boden. Für die Abbruchkosten gilt Buchstabe a) entsprechend.

Beachtung der **Dreijahresfrist**: Wird mit dem Abbruch innerhalb von drei Jahren nach dem Erwerb begonnen, so spricht der Beweis des ersten Anscheins dafür, dass das Gebäude mit der Absicht zum Abriss erworben wurde; ggf. ist ein Gegenbeweis zu führen.

Anschaffungsnaher Aufwand

Die Finanzverwaltung ging bis zur BFH-Rechtsprechung vom 12. 09. 2001[9] davon aus, dass Herstellungsaufwand vorliegt, wenn die Aufwendungen für Instandsetzung in einem Zeitraum von drei Jahren ab dem Übergang von Nutzen und Lasten insgesamt 15 % der Anschaffungskosten des **Gebäudes** übersteigen.

---

8 vgl. auch Hinweis 6.4 „Abbruchkosten" EStH 2005.
9 vgl. BFH-Urteile vom 12. 09. 2001, IX R 39/97, BStBl. II 2003, S. 569 ff., IX R 52/00, BStBl. II 2003, S. 574 ff.

Anschaffungsnaher Aufwand konnte ausnahmsweise auch bei Instandsetzungsarbeiten entstehen, die zwar erst nach Ablauf von drei Jahren seit dem Erwerb des Gebäudes durchgeführt wurden, aber einen schon im Zeitpunkt der Anschaffung vorhandenen erheblichen Instandhaltungsrückstand aufholen.

Seit den Urteilen des BFH vom 12. 09. 2001 gelten auch für anschaffungsnahe Aufwendungen die allgemeinen Voraussetzungen für Anschaffungs- bzw. Herstellungskosten (§ 255 Abs. 1 und 2 HGB).

Durch Übernahme der bisherigen Finanzverwaltungsregelung in § 6 Abs. 1 Nr. 1 a EStG[10] sind für Baumaßnahmen, mit denen nach dem 31. 12. 2003 begonnen wurde (Bauantrag bzw. Einreichen der Bauunterlagen), die Aufwendungen (ohne Umsatzsteuer) wieder bei Überschreiten der 15 % der Anschaffungskosten des Gebäudes als anschaffungsnahe Herstellungskosten zu behandeln. Aufwendungen für jährlich üblicherweise anfallende Erhaltungsarbeiten, d. h. laufende Instandhaltungskosten, sind bei der Ermittlung der 15 %-Grenze nicht einzubeziehen.

Durch diese Regelung kann sich in der Steuerbilanz eine Abweichung zur Handelsbilanz ergeben, da für die Beurteilung in der Handelsbilanz die Vorschrift des § 255 HGB maßgebend ist.

1.3.2
Herstellungskosten (§ 255 Abs. 2 HGB)

Herstellungskosten[11] sind die Aufwendungen, die durch den Verbrauch von Gütern und die Inanspruchnahme von Diensten für die **Herstellung** eines Vermögensgegenstands, seine Erweiterung oder für eine über seinen ursprünglichen Zustand hinausgehende wesentliche Verbesserung entstehen. Hierbei können/müssen auch anteilige Gemeinkosten berücksichtigt werden.

---

10 § 6 Abs. 1 Nr. 1 a EStG eingef. durch Steueränderungsgesetz 2003, BGBl. I 2003, S. 2645 ff.
11 vgl. auch Richtlinie 6.3 EStR 2005 und Hinweis 6.3 „Herstellungskosten" EStH 2005.

Ein Problem besteht darin, die angefallenen Kosten dem Grund und Boden bzw. dem Gebäude zuzurechnen.[12]

Zu den **Herstellungskosten** des **Gebäudes** gehören dabei u. a. folgende Aufwendungen:

- Kosten für den Anschluss des Gebäudes an Versorgungsnetze (Strom, Gas, Wasser, Wärme) und für die Herstellung der Zuleitungsanlagen vom Gebäude zum öffentlichen Kanal (Hausanschlusskosten) einschließlich der sog. Kanalstichgebühr (nicht aber Erschließungsbeitrag),
- Aufwendungen für die Ablösung der Verpflichtung zur Errichtung von Stellplätzen,
- Kosten für die Änderung des Bauplanes,
- Abfindungen für Nutzungsrechte an Abrissgebäuden oder dem Baugrundstück,
- Einfriedungen (Zäune und Hecken),
- Teppichboden (fest verklebt oder auf Estrich verlegt).

Außenanlagen

Stehen Außenanlagen in einem einheitlichen Nutzungs- und Funktionszusammenhang mit dem Gebäude, dann stellen sie unselbständige Gebäudebestandteile dar.[13] Die Aufwendungen gehören zu den Herstellungskosten des Gebäudes. Fehlt jedoch ein solcher einheitlicher Nutzungs- und Funktionszusammenhang mit dem Gebäude, dann stellen die Außenanlagen in der Regel selbständige, unbewegliche Wirtschaftsgüter dar. Die Aufwendungen gehören daher nicht zu den Herstellungskosten des Gebäudes.

---

12 vgl. hierzu Hinweis 6.4 „ABC der Aufwendungen im Zusammenhang mit einem Grundstück" EStH 2005.

13 vgl. hierzu Verfügung der OFD Chemnitz vom 28. 01. 2002 mit Beispielen, InvZ 1272 – 2/5 – St 22, StEK, InvZulG 1999, Nr. 60.

Anschaffungskosten des **Grund und Bodens** sind u. a.:

- Erschließungs-, Straßenanlieger- und andere auf das Grundstückseigentum bezogene kommunale Beiträge und Beiträge für sonstige Anlagen außerhalb des Grundstücks,
- Erstmalige Straßenausbau- und Kanalanschlussbeiträge (Kanalanschlussgebühr),
- Beiträge für Zweit- oder Zusatzerschließung, wenn sich der Wert des Grundstücks aufgrund einer Erweiterung der Nutzbarkeit oder einer günstigeren Lage erhöht; in allen anderen Fällen sofort abzugsfähiger Aufwand (Erhaltungsaufwand).

1.3.3 Modernisierung von Gebäuden – Abgrenzung von Herstellungskosten und Erhaltungsaufwand

Die Abgrenzung von Herstellungskosten und Erhaltungsaufwand im Rahmen von Modernisierungsmaßnahmen ist eine der wichtigsten und bedeutungsvollsten Fragen in der wohnungswirtschaftlichen Bilanzierung und kann erhebliche wirtschaftliche Auswirkungen haben. Entsprechend sind diese Abgrenzungsfragen auch immer wieder Gegenstand der höchstrichterlichen Rechtsprechung. Der BFH hat zuletzt mit zwei Urteilen[14] zu grundsätzlichen Fragen im Zusammenhang mit der Aktivierung von Modernisierungsaufwendungen Stellung genommen und darin klargestellt, dass hinsichtlich der handelsrechtlichen Beurteilung, ob Modernisierungskosten zu aktivierungspflichtigen Herstellungskosten oder zu Erhaltungsaufwand führen, die Vorschrift des § 255 Abs. 2 HGB maßgebend ist. Im Nachgang zu dieser BFH-Rechtsprechung ist ein erläuterndes BMF-Schreiben[15] ergangen.

---

14 vgl. BFH-Urteile vom 12. 09. 2001, IX R 39/97, BStBl. II 2003, S. 569 ff., IX R 52/00, BStBl. II 2003, S. 574 ff.

15 vgl. BMF-Schreiben vom 18. 07. 2003, IV C 3 – S 2211 – 94/03, BStBl. I 2003, S. 386 ff.

Zu aktivieren sind neben den Kosten von Modernisierungsmaßnahmen, die zu einer Erweiterung des Gebäudes führen (d. h. Vermehrung der Substanz des Gebäudes), auch die Kosten, die zu einer über den ursprünglichen Zustand hinausgehenden wesentlichen Verbesserung des Gebäudes führen. Indizien hierfür können insbesondere sein:

- Modernisierung im Ganzen und vom Grunde auf,
- Höhe der Mietsteigung,
- Höhe der Baukosten,
- Deutliche Erhöhung des Gebrauchswerts des Gebäudes,
- Deutliche Verlängerung der Gesamtnutzungsdauer des Gebäudes.

Der Gebrauchswert eines Gebäudes bestimmt sich neben der Lage, der Architektur, der Anzahl und Größe der Räume vor allem durch die Ausstattung. Nach der BFH-Rechtsprechung sind insbesondere von Bedeutung:

- Heizungsinstallationen,
- Sanitärinstallationen,
- Elektroinstallationen und
- Fenster.

Die Verbesserung in diesen Bereichen muss wesentlich sein, ihr Gebrauchswert muss deutlich gesteigert werden. Nach der BFH-Rechtsprechung ist von einer wesentlichen Verbesserung nur dann auszugehen, wenn von den zuvor genannten vier zentralen Bereichen mindestens drei einen Standardsprung gegenüber dem ursprünglichen Zustand erfahren, wobei der BFH drei Wohnstandards (sehr einfach, mittel, sehr anspruchsvoll) definiert.

Die Konferenz der Prüfungsdirektoren des GdW hat zu dieser Rechtsprechung des BFH sowie zu dem dazu ergangenen BMF-Schreiben – zuletzt im November 2003 – ausführlich Stellung genommen (vgl. **Anlage 1**).

1.4
Exkurs: Latente Steuern aufgrund von Ergebnisdifferenzen resultierend aus der unterschiedlichen Bewertung in Handelsbilanz und Steuerbilanz (Abschreibungsdifferenzen bei Gebäuden)

Obwohl Handels- und Steuerbilanz durch den Grundsatz der Maßgeblichkeit miteinander verknüpft sind, ergeben sich häufig erhebliche Differenzen zwischen beiden Bilanzen. Diese Differenzen können einerseits auf der unterschiedlichen Behandlung von Aktivierungs- und Passivierungswahlrechten und andererseits auf unterschiedlichen Bewertungsvorschriften in Handels- und Steuerrecht beruhen. Latente Steuern haben ihre Ursache in der Abweichung zwischen dem handelsrechtlichen und dem steuerrechtlichen Ergebnis.

§ 274 HGB regelt unter dem Begriff „Steuerabgrenzung" den Ansatz eines passiven (§ 274 Abs. 1 HGB) und eines aktiven (§ 274 Abs. 2 HGB) Steuerabgrenzungspostens in der Bilanz. Bei einer voraussichtlichen Steuerbelastung in den nachfolgenden Geschäftsjahren besteht die Verpflichtung zur Bildung einer Rückstellung für ungewisse Verbindlichkeiten gemäß § 249 Abs. 1 Satz 1 HGB, während bei einer voraussichtlichen Steuerentlastung in den nachfolgenden Geschäftsjahren ein Aktivierungswahlrecht im Sinne einer Bilanzierungshilfe besteht. Der Steuerabgrenzungsposten ist aufzulösen, sobald die Steuerbelastung bzw. die Steuerentlastung eintritt oder mit ihr voraussichtlich nicht mehr zu rechnen ist.

Handelsrechtlich sind Wohngebäude des Anlagevermögens gemäß § 253 Abs. 1 Satz 1 und Abs. 2 HGB planmäßig über die Nutzungsdauer abzuschreiben. Die voraussichtliche Gesamtnutzungsdauer ist vorsichtig zu schätzen. Sie wird gemäß WFA 1/1993 „Abschreibungen auf Wohngebäude des Anlagevermögens in der Handelsbilanz von Wohnungsunternehmen" i. d. R. nicht unter 50 Jahren, aber auch nicht über 80 Jahren liegen. In der Wohnungswirtschaft ist es durchaus üblich, dass Wohngebäude über eine 80-jährige Nutzungsdauer abgeschrieben werden, was einem jährlichen Abschreibungssatz von 1,25 % entspricht. Steuerrechtlich werden Wohngebäude grundsätzlich linear nach § 7 Abs. 4 Satz 1 Nr. 2 a EStG typisierend mit 2 % der Anschaffungs- oder Herstellungskosten abgeschrieben (bei Fertigstellung nach dem 31. 12. 1924).

Fallen nachträgliche Anschaffungs- oder Herstellungskosten an, bemisst sich steuerlich die weitere Abschreibung nach der bisherigen Bemessungsgrundlage zuzüglich der nachträglichen AK/HK. Nachträgliche AK/HK erhöhen somit die Abschreibungsbemessungsgrundlage, auf die der Abschreibungssatz von 2 % weiter anzuwenden ist. Dadurch verlängert sich regelmäßig die tatsächliche Abschreibungsdauer. Handelsrechtlich können die nachträglichen Herstellungskosten auch auf die Restnutzungsdauer abgeschrieben werden.

Durch den Ansatz von unterschiedlichen Nutzungsdauern und Bemessungsgrundlagen bei der linearen Abschreibung kann es zu unterschiedlichen Ergebnissen in der Handels- und Steuerbilanz kommen, da steuerrechtlich i. d. R. ein höherer Aufwand geltend gemacht wird. Daraus resultiert in der Handelsbilanz ein höherer Wertansatz als in der Steuerbilanz. Der steuerliche Gewinn ist somit niedriger als das handelsrechtliche Ergebnis, so dass eine passive Steuerabgrenzung erforderlich wird, sofern nicht in ausreichendem Umfang steuerliche Verlustvorträge bestehen.

Eine ausführliche Darstellung der Thematik enthält die Stellungnahme der Konferenz der Prüfungsdirektoren des GdW „Latente Steuern – Steuerabgrenzung gemäß § 274 HGB", die als **Anlage 2** abgedruckt ist.

2 Körperschaftsteuer

2.1 Grundlagen der Körperschaftsteuer – Steuerpflicht und Steuerbefreiung

Die Körperschaftsteuer ist die Einkommensteuer der in § 1 Abs. 1 KStG abschließend aufgezählten **Körperschaften**

1. Kapitalgesellschaften (Aktiengesellschaften, Kommanditgesellschaften auf Aktien, Gesellschaften mit beschränkter Haftung);
2. Erwerbs- und Wirtschaftsgenossenschaften;
3. Versicherungsvereine auf Gegenseitigkeit;
4. sonstige juristische Personen des privaten Rechts (z. B. eingetragene Vereine);
5. nichtrechtsfähige Vereine, Anstalten, Stiftungen und andere Zweckvermögen des privaten Rechts;
6. Betriebe gewerblicher Art von juristischen Personen des öffentlichen Rechts.

Die Rechtsform einer Körperschaft bestimmt sich nach dem Zivilrecht, so dass die Frage der Steuerpflicht in der wohnungswirtschaftlichen Praxis durch die vorkommenden Rechtsformen der AG, GmbH oder Genossenschaft eindeutig zu bejahen ist.

Nicht zu den Körperschaften gehören die **Personengesellschaften** (OHG, KG, GmbH & Co. KG, GbR usw.).

Juristische Personen des öffentlichen Rechts sind nicht in § 1 KStG aufgeführt, so dass sie grundsätzlich nicht der unbeschränkten Steuerpflicht unterliegen. Lediglich soweit sie einen **Betrieb gewerblicher Art** (§ 4 KStG) unterhalten, ist dieser gemäß § 1 Abs. 1 Nr. 6 KStG unbeschränkt steuerpflichtig.

Körperschaften, die ihre Geschäftsleitung (§ 10 AO) oder ihren Sitz (§ 11 AO) im Inland haben, sind gemäß § 1 Abs. 1 KStG **unbeschränkt körperschaftsteuerpflichtig**.

Beginn und **Ende** der **persönlichen Körperschaftsteuerpflicht** sind im Körperschaftsteuergesetz nicht ausdrücklich geregelt.[16] Somit sind zivilrechtliche Regelungen und wirtschaftliche Gesichtspunkte anzuwenden.

Unabhängig von der unbeschränkten Körperschaftsteuerpflicht sieht das KStG **persönliche** und **sachliche Steuerbefreiungen** vor, die im Einzelnen in **§ 5 Abs. 1 KStG** aufgezählt sind.

Die persönliche Steuerbefreiung führt – vorbehaltlich des § 5 Abs. 2 KStG – dazu, dass sämtliche Einkünfte von der Besteuerung freigestellt werden. In den anderen Fällen kommt es darauf an, ob nur Einkünfte aus begünstigten Tätigkeiten (sachliche Befreiung) oder daneben auch Einkünfte aus nichtbegünstigten Tätigkeiten erzielt werden. Soweit nicht begünstigte Tätigkeiten erzielt werden, führen diese zur partiellen Steuerpflicht.

Die in der wohnungswirtschaftlichen Praxis in Frage kommenden Steuerbefreiungsvorschriften verknüpfen persönliche und sachliche Voraussetzungen.

Nach § 5 Abs. 1 Nr. 10 KStG sind die so genannten **Vermietungsgenossenschaften** und **-vereine** von der Körperschaftsteuer befreit. Neben der an die Rechtsformen der **Erwerbs- und Wirtschaftsgenossenschaft** und der **Vereine** anknüpfenden persönlichen Begünstigung ist weitere sachliche Voraussetzung, dass sich der Geschäftsbetrieb auf bestimmte Tätigkeiten beschränkt; begünstigt ist:

- die Überlassung selbst hergestellter oder erworbener Wohnungen (oder Räume in Wohnheimen) an die Mitglieder auf der Grundlage eines Mietvertrags oder eines genossenschaftlichen Nutzungsvertrags zum Gebrauch,

---

16 hinsichtlich Beginn der Steuerpflicht vgl. auch Richtlinie 2 KStR 2004 und Hinweis 2 KStH 2004.

– der Betrieb selbst hergestellter oder erworbener Gemeinschaftsanlagen oder Folgeeinrichtungen, wenn diese überwiegend für die Mitglieder bestimmt sind und der Betrieb der Anlagen und Einrichtungen für die Genossenschaft bzw. den Verein notwendig ist.

Die Steuerbefreiung tritt nur ein, soweit diese Voraussetzungen erfüllt sind und die Einnahmen aus nicht begünstigten Tätigkeiten 10 % der Gesamteinnahmen nicht überschreiten. Die nicht begünstigten Tätigkeiten begründen eine partielle Steuerpflicht.

Weitere Einzelheiten zur Vermietungsgenossenschaft vergleiche Kapitel 2.6.2.

Gemäß **§ 5 Abs. 1 Nr. 9 KStG** sind ferner von der Körperschaftsteuer befreit Körperschaften, Personenvereinigungen und Vermögensmassen, die nach Satzung, Stiftungsgeschäft oder sonstiger Verfassung und nach der tatsächlichen Geschäftsführung ausschließlich und unmittelbar gemeinnützige, mildtätige und kirchliche Zwecke (§§ 51 bis 68 AO) verfolgen. Wird ein wirtschaftlicher Geschäftsbetrieb unterhalten, ist die Steuerbefreiung insoweit ausgeschlossen.

Nach Richtlinie 79 Abs. 1 KStR 2004 kann bei kleinen Körperschaften, insbesondere bei **kleinen Erwerbs- und Wirtschaftsgenossenschaften**, die Steuerfestsetzung unterbleiben, wenn die Kosten der Festsetzung und Einziehung der Steuer außer Verhältnis zu dem festzusetzenden Betrag stehen. Dieses Missverhältnis kann insbesondere vorliegen, wenn das Einkommen im Einzelfall offensichtlich 500 EUR nicht übersteigt.

2.2
Einkommen und Steuersatz

Die Steuersubjekte der Körperschaftsteuer unterliegen wie die natürlichen Personen selbstständig als juristische Personen mit dem **zu versteuernden Einkommen** (Bemessungsgrundlage gemäß § 7 Abs. 1 KStG) der Körperschaftsteuer. Im Gegensatz zu den natürlichen Personen weisen die Körperschaften allerdings kein Privatvermögen, sondern nur Betriebsvermögen auf.

Die Körperschaftsteuer ist eine Jahressteuer. Der Veranlagungszeitraum ist gemäß § 7 Abs. 3 Satz 1 KStG das Kalenderjahr. Das Kalenderjahr ist grundsätzlich **Bemessungs- und Ermittlungszeitraum**. Für nach dem HGB zur Buchführung verpflichtete Körperschaften, Personenvereinigungen und Vermögensmassen ist das **Wirtschaftsjahr** der maßgebliche Gewinnermittlungszeitraum (§ 7 Abs. 4 Satz 1 KStG). Die **Umstellung eines Wirtschaftsjahres** auf einen vom Kalenderjahr abweichenden Zeitraum ist nach § 7 Abs. 4 Satz 3 KStG steuerlich nur wirksam, wenn sie mit Zustimmung des Finanzamts erfolgt. Die Umstellung eines vom Kalenderjahr abweichenden Wirtschaftsjahrs auf das Kalenderjahr ist ohne Weiteres zulässig. Das Wirtschaftsjahr darf einen Zeitraum von 12 Monaten nicht überscheiten (§ 8 b EStDV).

Wie das Einkommen zu ermitteln ist, bestimmt sich gemäß § 8 Abs. 1 KStG nach den Vorschriften des Einkommensteuergesetzes und des Körperschaftsteuergesetzes. Da die Körperschaftsteuer wie die Einkommensteuer eine Personensteuer ist, ergeben sich bei der **Ermittlung der Bemessungsgrundlage** zahlreiche Gemeinsamkeiten. Durch § 8 Abs. 1 KStG i. V. m. Richtlinie 32 KStR 2004 gelten zahlreiche Vorschriften des Einkommensteuerrechts auch für die Steuersubjekte der Körperschaftsteuer. Die wichtigsten Parallelitäten ergeben sich bei den Vorschriften zur Gewinnermittlung. Darüber hinaus sehen die §§ 8 bis 10 KStG besondere Vorschriften für Körperschaften bei der Ermittlung des zu versteuernden Einkommens vor.

Ergänzend zur Ermittlung des zu versteuernden Einkommens ist für ehemals gemeinnützige Wohnungsunternehmen auf die besondere Regelung in § 13 KStG hinzuweisen (vgl. Kapitel 2.6.1).

In den Fällen des Wechsels zwischen Steuerfreiheit und Steuerpflicht sind bei der Einkommensermittlung zu berücksichtigen:

- beim **Eintritt der Steuerbefreiung** (eine bisher steuerpflichtige Körperschaft wird von der Körperschaftsteuer befreit): die Aufdeckung und Besteuerung der in der Zeit der Steuerpflicht gebildeten stillen Reserven und

- beim **Eintritt der Steuerpflicht** (eine bisher steuerbefreite Körperschaft wird steuerpflichtig): die Nichtberücksichtigung der während des Bestehens der Steuerfreiheit entstandenen stillen Reserven.

Die stillen Reserven werden auf den Zeitpunkt des Wechsels durch Erstellung einer steuerlichen Anfangs- bzw. Schlussbilanz, in der die einzelnen Wirtschaftsgüter mit dem Teilwert angesetzt werden, aufgedeckt.

Die Berechnung des zu versteuernden Einkommens wird in der Praxis auf der Grundlage der steuerlichen Gewinn- und Verlustrechnung und der Steuerbilanz in einer gesonderten Nebenrechnung vorgenommen. Folgende Übersicht zeigt, wie das zu versteuernde Einkommen abzuleiten ist:

	Jahresüberschuss/-fehlbetrag laut Handelsbilanz
+	Ergebniskorrekturen auf Grund abweichender steuerlicher Ansatz- und/oder Bewertungsvorschriften (§ 60 Abs. 2 Satz 1 EStDV)
=	**Steuerbilanzergebnis**
+	steuerlich nicht zu berücksichtigende Gewinnminderungen (§ 8 b Abs. 3 Satz 4 KStG Teilwertabschreibung Beteiligungen, § 13 Abs. 3 KStG [vgl. 2.6.1])
+	Gewinnzuschlag (§ 6 b Abs. 7, § 7 g Abs. 5 EStG)
+	verdeckte Gewinnausschüttungen (§ 8 Abs. 3 Satz 2 KStG, § 8 a KStG)
+	sämtliche Spenden und nicht als Betriebsausgaben abziehbare Beiträge (§ 9 Abs. 2 Satz 1 KStG) (zur Ermittlung der Bemessungsgrundlage für den Spendenabzug)
+	nicht abziehbare Aufwendungen (z. B. § 4 Abs. 5 EStG, § 3 c EStG, § 10 KStG, § 160 AO)
./.	verdeckte Kapitalzufuhr/verdeckte Einlagen
./.	steuerfreie Einnahmen bzw. Einkünfte (z. B. gem. § 3 EStG)
./.	steuerfreie Investitionszulagen (§ 8 InvZulG 2005/§ 9 InvZulG 1999)
./.	steuerfreie ausländische Einkünfte nach DBA
./.	Verlustabzug nach § 2 a Abs. 1 Satz 3 EStG
./.	steuerfreie Ausschüttungen nach § 8 b Abs. 1 KStG sowie steuerfreie Gewinne nach § 8 b Abs. 2 KStG unter Berücksichtigung der nichtabziehbaren Anteile (5 %) gemäß § 8 b Abs. 3 und 5 KStG
=	**Zwischensumme**
./.	ausländische Steuern vom Einkommen (§ 26 Abs. 6 KStG i. V. m. § 34 c Abs. 2, 3 und 6 EStG)
+	Hinzurechnungsbetrag gem. § 2 a Abs. 3 Satz 3, Abs. 4 EStG (bis VZ 2008)
=	**Summe der Einkünfte** (= Bemessungsgrundlage für die Spendenberechnung, § 9 Abs. 2 Satz 1 KStG)
./.	Spenden und Beiträge (§ 9 Abs. 1 Nr. 2 KStG)
+ / ./.	zuzurechnendes Einkommen von Organgesellschaften, §§ 14 ff. KStG (vgl. 2.3)
=	**Gesamtbetrag der Einkünfte**
./.	Verlustabzug (§ 10 d EStG)
=	**Einkommen / zu versteuerndes Einkommen**

2.2.1
Ergebniskorrekturen gemäß § 60 Abs. 2 Satz 1 EStDV zur Anpassung der Handelsbilanz an die steuerlich maßgeblichen Wertansätze oder Erstellung einer eigenständigen Steuerbilanz

Ausgangspunkt für die Ermittlung des Einkommens ist bei zur Buchführung verpflichteten Körperschaften das **handelsrechtliche Jahresergebnis** (Jahresüberschuss/Jahresfehlbetrag). Dieses ist durch Zusätze oder Anmerkungen an die **steuerrechtlichen Vorschriften** anzupassen (§ 60 Abs. 2 Satz 1 EStDV). Es kann auch eine gesonderte Steuerbilanz aufgestellt werden (§ 60 Abs. 2 Satz 2 EStDV).

Bedeutung haben u. a. die folgenden Fälle:

- Gebäudeabschreibung (§ 7 Abs. 4 EStG),
- Wertuntergrenze/Umfang der Herstellungskosten (§ 255 Abs. 2 und 3 HGB bzw. Richtlinie 6.3 EStR 2005),
- Steuerliche Nichtanerkennung von Aufwandsrückstellungen z. B. Bauinstandhaltungsrückstellungen (§ 249 Abs. 2 HGB),
- Steuerliche Nichtanerkennung von Rückstellungen für drohende Verluste aus schwebenden Geschäften (§ 5 Abs. 4 a EStG),
- Steuerliches Abzinsungsgebot von Verbindlichkeiten und Rückstellungen (§ 6 Abs. 1 Nr. 3, Nr. 3 a EStG),
- Steuerliche Nichtanerkennung von Rückstellungen für unterlassene Instandhaltungen, wenn die Instandhaltungen nach Ablauf von 3 Monaten im Geschäftsjahr nachgeholt werden (§ 249 Abs. 1 Satz 3 HGB),
- Behandlung eines Disagios (§ 250 Abs. 3 HGB),
- Unterschiedliche Bewertung von Pensionsrückstellungen (Höhe der Zinssätze), Altersteilzeitrückstellungen, Jubiläumsrückstellungen.

2.2.2
Überleitung des Steuerbilanzergebnisses zum zu versteuernden Einkommen

2.2.2.1
Verdeckte Gewinnausschüttungen

Für die Einkommensermittlung ist es ohne Bedeutung, ob das Einkommen an die Gesellschafter ausgeschüttet oder den Rücklagen zugeführt/thesauriert wird (§ 8 Abs. 3 Satz 1 KStG). Die Einkommensverwendung (z. B. durch Gewinnausschüttungen) hat auf die Einkommenshöhe keinen Einfluss. Daher dürfen auch **verdeckte Gewinnausschüttungen (vGA)** das Einkommen nicht mindern (§ 8 Abs. 3 Satz 2 KStG) und werden – soweit sie das Einkommen gemindert haben – bei der Ermittlung des zu versteuernden Einkommens dem Steuerbilanzgewinn außerhalb der Steuerbilanz wieder hinzugerechnet.

Eine verdeckte Gewinnausschüttung i. S. d. § 8 Abs. 3 Satz 2 KStG wird gemäß Richtlinie 36 Abs. 1 Satz 1 KStR 2004 definiert als

- eine Vermögensminderung oder verhinderte Vermögensmehrung,
- die durch das Gesellschaftsverhältnis veranlasst ist,
- sich auf die Höhe des Unterschiedsbetrags i. S. d. § 4 Abs. 1 Satz 1 KStG auswirkt und
- nicht auf einem den gesellschaftsrechtlichen Vorschriften entsprechenden Gewinnverteilungsbeschluss beruht.

Um eine verdeckte Gewinnausschüttung zu vermeiden, sind die Beziehungen zwischen Gesellschaft und Gesellschafter sorgfältig daraufhin zu überwachen, dass sie einem Drittvergleich standhalten. Vor Verwirklichung der geschäftlichen Beziehung sind Leistung und Gegenleistung in einem angemessenen Verhältnis wie unter fremden Dritten zu vereinbaren. Eine (zivilrechtlich mögliche) rückwirkende Gestaltung scheitert am steuerlichen Rückwirkungsverbot.

Als negative **Folge der verdeckten Gewinnausschüttung** ist festzuhalten, dass das steuerpflichtige Einkommen erhöht wird, so dass eine Belastung durch Körperschaftsteuer (Tarifbelastung) und Gewerbesteuer oder ein Verzehr vorhandener Verlustvorträge eintreten kann. Soweit die Ausschüttung aus vorhandenen „Alt-EK 02"-Beständen erfolgt (vgl. Kapitel 2.4.2), hat das ausschüttende Unternehmen die Ausschüttungsbelastung herzustellen (3/7 der vGA). Die Mobilisierung eines vorhandenen **Körperschaftsteuerguthabens** kann durch eine verdeckte Gewinnausschüttung nicht erfolgen. Darüber hinaus löst auch eine vGA Kapitalertragsteuer aus, die sich der empfangende Anteilseigner nach seinen individuellen Verhältnissen erstatten lassen kann.

Unter den Voraussetzungen des § 8 a KStG stellen auch Vergütungen für Fremdkapital, das Kapitalgesellschaften von Anteilseignern, den Anteilseignern nahe stehenden Personen oder rückgriffsberechtigten Dritten erhalten haben, verdeckte Gewinnausschüttungen dar (vgl. hierzu im Einzelnen Kapitel 2.5).

2.2.2.2
Nicht abziehbare Aufwendungen bzw. Betriebsausgaben

Nicht alle durch den Betrieb veranlassten Aufwendungen sind abziehbare Betriebsausgaben gem. § 4 Abs. 4 EStG.

Zusätzlich zu den Abzugsverboten des **Einkommensteuergesetzes** (unter Beachtung der Aufzeichnungspflichten des § 4 Abs. 7 EStG):

§ 4 Abs. 5 EStG u. a.:

– Geschenke über 35 EUR (bis 31. 12. 2003: 40 EUR) an Geschäftsfreunde (Nr. 1);
– Bewirtungskosten, soweit sie 70 % (bis 31. 12. 2003: 80 %) der Aufwendungen überschreiten, die nach allgemeiner Verkehrsauffassung als angemessen anzusehen sind und deren betriebliche Veranlassung nachgewiesen ist (Nr. 2);

- Gästehäuser und ähnliche Einrichtungen außerhalb des Betriebsorts (Nr. 3);
- Mehraufwendungen für Verpflegung, soweit in § 4 Abs. 5 Nr. 5 nichts anderes bestimmt ist,

§ 4 Abs. 6 EStG (Aufwendungen zur Förderung staatspolitischer Zwecke, d. h. Spenden an politische Parteien gem. § 10 b Abs. 2 EStG),

und der **Abgabenordnung**:

§ 160 AO (Zuwendungen, bei denen der Empfänger nicht benannt wird)

regelt das **Körperschaftsteuergesetz** weitere Einschränkungen des Betriebsausgabenabzugs:

Nicht abziehbar sind auch:

§ 10 Nr. 1 KStG: Aufwendungen für die Erfüllung von Satzungszwecken der Körperschaft (korrespondierend zur Nichtsteuerbarkeit von Mitgliedsbeiträgen gemäß § 8 Abs. 6 KStG);

§ 10 Nr. 2 KStG: Nichtabziehbarkeit von Steuern und Nebenleistungen;

Wie die Einkommensteuer ist auch die Körperschaftsteuer als Personensteuer bei der Ermittlung ihrer Bemessungsgrundlage nicht abzugsfähig. Während sie in der Handels- und Steuerbilanz gewinnmindernd ausgewiesen werden, werden sie für die Zwecke der Einkommensermittlung wieder hinzugerechnet.

Als **nichtabziehbare Steuern** sind z. B. zu erfassen: Körperschaftsteuer, Kapitalertragsteuer, Solidaritätszuschlag. Die Gewerbesteuer ist allerdings eine abziehbare Betriebsausgabe.

Als **nichtabziehbare steuerliche Nebenleistungen** (§ 3 Abs. 4 AO), die mit nichtabziehbaren Steuern im Zusammenhang stehen, kommen in Frage: Säumniszuschläge, Verspätungszuschläge, Zwangsgelder, Nachforderungszinsen, Hinterziehungszinsen, Stundungszinsen, Aussetzungszinsen;

§ 10 Nr. 3 KStG: Geldstrafen und ähnliche Rechtsnachteile;

§ 10 Nr. 4 KStG: die Hälfte der Vergütungen jeder Art, die an Mitglieder des Aufsichtsrats oder andere mit der Überwachung der Geschäftsführung beauftragte Personen gezahlt werden.

2.2.2.3 Steuerfreie Einnahmen

Steuerfreie Einnahmen sind bei der Ermittlung des Einkommens außerhalb der Steuerbilanz abzuziehen, wenn sie im handelsrechtlichen Jahresergebnis als Ertrag enthalten sind. Bei der Ermittlung des Einkommens sind auch Steuerbefreiungen außerhalb des KStG zu beachten. Die Vorschriften des § 3 EStG finden zum Teil Anwendung (vgl. hierzu Aufzählung in Richtlinie 32 Abs. 1 Nr. 1 KStR 2004). Darüber hinaus sind Befreiungen aufgrund anderer Gesetze, z. B. nach dem Investitionszulagengesetz, möglich.

Beispiele für steuerfreie Einnahmen sind:

Eintrittsgelder bei Genossenschaften

Bei der Aufnahme neuer Mitglieder in Wohnungsgenossenschaften ist i. d. R. ein Eintrittsgeld zu zahlen. Soweit dieses im handelsrechtlichen Jahresabschluss ergebniswirksam behandelt wurde, ist das Steuerbilanzergebnis zu korrigieren (vgl. auch Hinweis 42 KStH 2004).

Investitionszulagen nach dem Investitionszulagengesetz

Sie gehören nicht zu den Einkünften i. S. d. EStG. Sie mindern nicht die steuerlichen Anschaffungs-/Herstellungskosten und auch nicht die Erhaltungsaufwendungen (§ 9 InvZulG 1999 bzw. § 8 InvZulG 2005).

Dividenden und Gewinnausschüttungen gemäß § 8 b Abs. 1 KStG

Gemäß § 8 b Abs. 1 Satz 1 KStG bleiben bei der Ermittlung des Einkommens Bezüge i. S. d. § 20 Abs. 1 Nr. 1, 2, 9 und 10 a EStG außer Ansatz, die aus einer Beteiligung an anderen Körperschaften stammen (Beteiligungserträge).

Von den Bezügen i. S. d. § 8 b Abs. 1 KStG, die bei der Ermittlung des Einkommens außer Ansatz bleiben, gelten 5 % als Ausgaben, die **nicht** als Betriebsausgaben abgezogen werden dürfen, unabhängig davon, ob und in welcher Höhe tatsächlich Aufwendungen angefallen sind (§ 8 b Abs. 5 Satz 1 KStG). Im Endergebnis sind also nur 95 % der Bezüge steuerfrei und bei der Ermittlung des Einkommens abzuziehen.

Veräußerungsgewinne gemäß § 8 b Abs. 2 KStG

Gemäß § 8 b Abs. 2 Satz 1 KStG bleiben bei der Ermittlung des Einkommens Gewinne aus der Veräußerung eines Anteils an einer Körperschaft, deren Leistungen beim Empfänger zu Einnahmen i. S. v. § 20 Abs. 1 Nr. 1, 2, 9 und 10 a EStG gehören, oder an einer Organgesellschaft[17] i. S. d. §§ 14, 17 oder 18 KStG außer Ansatz.

Diese Steuerbefreiung greift nicht, soweit der Anteil in früheren Jahren steuerwirksam auf einen niedrigeren Teilwert abgeschrieben und diese Gewinnminderung in späteren Jahren nicht durch den Ansatz eines höheren Wertes ausgeglichen worden ist (§ 8 b Abs. 2 Satz 4 KStG).

Von den Gewinnen i. S. d § 8 b Abs. 2 Satz 1 KStG gelten 5 % als Ausgaben, die **nicht** als Betriebsausgaben abgezogen werden dürfen (§ 8 b Abs. 3 Satz 1 KStG). Im Endergebnis sind also nur 95 % der Veräußerungsgewinne steuerfrei und bei der Ermittlung des Einkommens abzuziehen.

---

17 zu den Einzelheiten der körperschaftsteuerlichen Organschaft vgl. Kapitel 2.3

Gemäß § 8 b Abs. 3 Satz 3 KStG sind Gewinnminderungen, die im Zusammenhang mit dem nach § 8 b Abs. 2 KStG begünstigten Anteil entstehen, bei der Ermittlung des Einkommens nicht zu berücksichtigen. Das sind vor allem Veräußerungsverluste und Teilwertabschreibungen.

2.2.2.4
Verlustabzug (§ 10 d EStG) und Mindestbesteuerung

Als letzter Schritt vor Feststellung des zu versteuernden Einkommens können Verluste aus vorangegangenen oder nachfolgenden Jahren abgezogen werden.

Gemäß § 10 d Abs. 1 Satz 1 EStG können negative Einkünfte, die bei der Ermittlung des Gesamtbetrags der Einkünfte nicht ausgeglichen werden, bis zu einem Betrag von 511 500 EUR vom Gesamtbetrag der Einkünfte des unmittelbar vorangegangenen Veranlagungszeitraums abgezogen werden **(Verlustrücktrag)**. Auf den Verlustrücktrag kann auf Antrag verzichtet werden (§ 10 d Abs. 1 Satz 4 EStG).

Der **Verlustvortrag** ist zeitlich unbegrenzt möglich. Seit dem Veranlagungszeitraum 2004 ist allerdings eine **Beschränkung** der **Verlustverrechnung** eingetreten. Eine unbeschränkte Verrechnung mit positiven Einkünften ist gemäß § 10 d Abs. 2 EStG nur noch bis zu einer Höhe von 1 Mio. EUR möglich. Darüber hinausgehende positive Einkünfte können bis zu 60 % mit vorhandenen Verlustvorträgen verrechnet werden, so dass trotz vorhandener Verlustvorträge bei positivem zu versteuerndem Einkommen über 1 Mio. EUR 40 % des übersteigenden Betrages zu versteuern sind **(Verlustverrechnungsbeschränkung)**.

2.2.2.5
Steuersatz

Das zu versteuernde Einkommen unterliegt seit dem Systemwechsel vom Anrechnungsverfahren zum Halbeinkünfteverfahren ab dem Veranlagungszeitraum 2001 einer Definitivbelastung durch einen **Steuersatz** in Höhe von **25 %** (§ 23 Abs. 1 KStG), die unabhängig davon entsteht, ob der erzielte Gewinn ausgeschüttet oder thesauriert wird.

Als Ergänzungsabgabe zur Körperschaftsteuer wird ein Solidaritätszuschlag in Höhe von 5, 5 % (§§ 1 und 4 SolZG) der festgesetzten Körperschaftsteuer erhoben (§ 3 Abs. 1 Nr. 1 SolZG).

Das **Halbeinkünfteverfahren** unterscheidet bei der Besteuerung der ausgeschütteten Gewinne auf der Seite des Anteilseigners: Ist Anteilseigner eine Körperschaft, werden die ausgeschütteten Gewinne nicht besteuert; handelt es sich beim Anteilseigner um eine natürliche Person, unterliegt nur die Hälfte des ausgeschütteten Gewinns der Besteuerung, so dass die eintretende Doppelbesteuerung abgemildert wird.

Eine Doppelbesteuerung des Einkommens einer Körperschaft wurde **bis zum Systemwechsel 2001** unter dem **Anrechnungsverfahren** dadurch vermieden, dass bei der Dividendenbesteuerung auf der Seite des Anteilseigners die auf der Dividende lastende Körperschaftsteuer in voller Höhe auf Einkommensteuer oder Körperschaftsteuer angerechnet wurde.

2.3 Körperschaftsteuerliche Organschaft

Organschaft ist die Eingliederung einer rechtlich selbständigen Kapitalgesellschaft in ein anderes gewerbliches Unternehmen. Die Organschaft gibt es im Körperschaftsteuer-, im Gewerbesteuer- und im Umsatzsteuerrecht. Ein Organschaftsverhältnis setzt in jedem Fall eine finanzielle Eingliederung der Organgesellschaft in den Organträger voraus. Das KStG (§§ 14 ff. KStG) verlangt darüber hinaus, dass zwischen der Organgesellschaft und dem Organträger ein Ergebnisabführungsvertrag (EAV) abgeschlossen wird. Die bis zum VZ 2000 geforderten zusätzlichen Voraussetzungen der wirtschaftlichen und organisatorischen Eingliederung sind durch das StSenkG mit Wirkung ab dem VZ 2001 für die Körperschaftsteuer entfallen.

Zum Zweck der Einkommensermittlung wird dem Organträger das volle Einkommen der Organgesellschaft zugerechnet. Ein eigenes Einkommen verbleibt der Organgesellschaft, deren rechtliche Selbstständigkeit unangetastet bleibt, lediglich insoweit, als aufgrund einer Dividendengarantie Ausgleichszahlungen an Minderheitsgesellschafter zu leisten sind oder sich Mehr- oder Minderabführungen aufgrund von Abweichungen zwischen steuerlicher und handelsrechtlicher Gewinnermittlung ergeben.

Organgesellschaft kann nur eine Kapitalgesellschaft (insbesondere GmbH und AG) mit Geschäftsleitung **und** Sitz im Inland sein. Eine Genossenschaft oder eine GmbH & Co. KG können nicht Organgesellschaft sein.

Der **Organträger** muss nach § 14 Abs. 1 Satz 1 Nr. 2 KStG sein:

- eine unbeschränkt steuerpflichtige natürliche Person, wenn diese Unternehmerin eines gewerblichen Betriebs ist,
- eine nicht steuerbefreite Körperschaft (z. B. GmbH, AG oder Genossenschaft), Personenvereinigung oder

Vermögensmasse i. S. des § 1 KStG mit Geschäftsleitung im Inland (Ausnahme: § 18 KStG),
- eine Personengesellschaft i. S. § 15 Abs. 1 Nr. 2 EStG des mit Geschäftsleitung im Inland oder ein Betrieb gewerblicher Art einer juristischen Person des öffentlichen Rechts i. S. d. § 1 Abs. 1 Nr. 6 und § 4 KStG, wenn die Tätigkeit als gewerbliche Tätigkeit i. S. d. § 2 Abs. 1 GewStG i. V. m. § 2 GewStDV zu qualifizieren ist.

Der Organträger muss nach § 14 Abs. 1 Satz 1 KStG Inhaber eines inländischen gewerblichen Unternehmens nach den Kriterien des § 2 GewStG sein; Kapitalgesellschaften und gewerblich geprägte Personengesellschaften können somit immer Organträger sein, da sie als Gewerbebetrieb kraft Rechtsform gelten.

Eine Organschaft zu mehreren Organträgern ist nicht zulässig.[18]

Die **finanzielle Eingliederung** der Organgesellschaft als erste Voraussetzung für die körperschaftsteuerliche Organschaft liegt vor, wenn der Organträger **vom** Beginn des Wirtschaftsjahres der Organgesellschaft **an** ununterbrochen und unmittelbar in einem solchen Maß an der Organgesellschaft beteiligt ist, dass ihm die Mehrheit der Stimmrechte zusteht (steuerlich zuzurechnen). Mittelbare und unmittelbare Beteiligungen können zusammengerechnet werden, wenn die Beteiligung an jeder vermittelten Gesellschaft die Mehrheit der Stimmrechte gewährt.

Der **Ergebnisabführungsvertrag** (EAV) als zweite unbedingte Voraussetzung für die körperschaftsteuerliche Organschaft ist Grundlage für die Zurechnung und Versteuerung des Einkommens der Organgesellschaft beim Organträger. Nach § 14 Abs. 1 Satz 1 Nr. 3 KStG muss der EAV auf mindestens fünf Jahre abgeschlossen sein und während seiner gesamten Geltungsdauer durchgeführt werden. Das Einkommen der Organgesellschaft ist dem Organträger erstmals für das Kalenderjahr zuzurechnen, in dem das Wirtschaftsjahr endet, in dem der EAV zivil-

---

18 vgl. BMF-Schreiben vom 26. 08. 2003, IV A 2 – S 2270 – 18/93, BStBl. I 2003, S. 437 ff.

rechtlich wirksam wird (§ 14 Abs. 1 Satz 2 KStG). Der EAV wird mit der Eintragung im **Handelsregister** der Organgesellschaft wirksam.

Eine vorzeitige Beendigung des Ergebnisabführungsvertrags (d. h. vor Ablauf von fünf Jahren) hat zur Folge, dass er von Anfang an als steuerlich unwirksam behandelt wird. Eine **Kündigung** aus **wichtigem Grund** (z. B. Veräußerung der Beteiligung) ist unschädlich.

Für Aktiengesellschaften (und Kommanditgesellschaften auf Aktien) gelten die speziellen Vorschriften des AktG, für die „anderen" Kapitalgesellschaften gilt § 17 KStG.

Nach § 14 Abs. 1 Satz 1 bzw. § 17 Satz 1 KStG ist Voraussetzung, dass die Organgesellschaft ihren „ganzen" Gewinn und nicht nur einen Teil an den Organträger abführt. Ganzer Gewinn ist der nach § 301 AktG als Höchstbetrag abzuführende handelsrechtliche Gewinn. Das Einkommen der Organgesellschaft, die ein selbständiges Rechtssubjekt bleibt, und das Einkommen des Organträgers werden getrennt ermittelt, dann zusammengerechnet und beim Organträger der ESt oder der KSt unterworfen. Ist das Einkommen der Organgesellschaft negativ, findet beim Organträger ein Verlustausgleich statt.

Das steuerliche Einkommen der **Organgesellschaft** ist nach den allgemeinen Gewinnermittlungsvorschriften des EStG und KStG zu berechnen. Darüber hinaus sehen §§ 15, 16 KStG einige Sondervorschriften vor (z. B. Verbot des Verlustabzugs nach § 10 d EStG aus der Zeit vor Abschluss des Ergebnisabführungsvertrags). Verdeckte Gewinnausschüttungen sind grundsätzlich als vorweggenommene Gewinnabführungen zu werten, die die tatsächliche Durchführung des Ergebnisabführungsvertrags nicht in Frage stellen.

Soweit eine Organgesellschaft verpflichtet ist, Ausgleichszahlungen an Minderheitsgesellschafter zu leisten, hat sie nach § 16 KStG ein eigenes Einkommen zu versteuern, das nicht an den Organträger abgeführt werden kann.

Die mit dem Halbeinkünfteverfahren verbundenen Vorschriften des § 8 b KStG, § 3 Nr. 40 EStG, § 3 c EStG finden auf der Ebene des **Organträgers** Anwendung. Ebenso sind besondere Tarifvorschriften gemäß § 19 KStG nicht bei der Organgesellschaft, sondern beim Organträger so anzuwenden, als wäre die Voraussetzung bei diesem selbst erfüllt.

Gemäß § 27 Abs. 6 KStG erhöhen Minderabführungen bzw. mindern Mehrabführungen das steuerliche Einlagekonto einer Organgesellschaft, wenn sie ihre Ursache in **organschaftlicher** Zeit haben.

Hinsichtlich **vororganschaftlich** verursachter handelsbilanzieller Mehrabführungen einer Organgesellschaft an ihren Organträger hatte der BFH[19] gegen die Auffassung der Finanzverwaltung entschieden, dass diese als Gewinnabführungen im Sinne des §§ 14 ff. KStG zu behandeln sind und somit keine Gewinnausschüttung vorliegt, mit der bei Verwendung von „Alt-EK 02" durch Herstellung der Ausschüttungsbelastung (nach altem KSt-Recht) eine Körperschaftsteuerbelastung verbunden ist.

Diese Entscheidung hatte wegen der zunehmenden Durchbrechungen der Maßgeblichkeit der Handelsbilanz für die Steuerbilanz sowie vor allem für die ehemals gemeinnützigen Wohnungsunternehmen große Bedeutung, da diese nach dem Eintritt in die Steuerpflicht wegen der im Vergleich zur Handelsbilanz höheren steuerlichen Abschreibung steuerbilanziell niedrigere Gewinne ausweisen, die bei bestehenden Organschaften regelmäßig zu handelsbilanziellen Mehrabführungen führen.

Durch das EU-Richtlinien-Umsetzungsgesetz[20] wurde mit Wirkung ab Veranlagungszeitraum 2004 – entgegen der vorgenannten BFH-Rechtsprechung – die bisherige Auffassung der Finanzverwaltung (Abschnitt 59 Abs. 4 Sätze 3 – 5 KStR 1995) in § 14 Abs. 3 KStG gesetzlich festgeschrieben, wonach Mehrabführungen, die ihre Ursache

---

19 vgl. BFH-Urteil vom 18. 12. 2002, I R 51/01, BStBl. II 2005, S. 49 ff.
20 vgl. EU-Richtlinien-Umsetzungsgesetz, BGBl. I 2004, S. 3310 ff.

in vororganschaftlicher Zeit haben, als Gewinnausschüttungen der Organgesellschaft an den Organträger gelten. Solche Mehrabführungen gelten gem. § 14 Abs. 3 Satz 3 KStG als zu dem Zeitpunkt erfolgt, in dem das Wirtschaftsjahr der Organgesellschaft endet. Der Teilwertansatz nach § 13 Abs. 3 Satz 1 KStG ist der vororganschaflichen Zeit zuzurechnen. Diese gesetzliche Klarstellung ist für Wirtschaftsjahre, die nach dem 31. 12. 2003 enden, zwingend anzuwenden (§ 34 Abs. 9 Nr. 4 KStG).

2.4 Gewinnausschüttungen

2.4.1 Allgemeine Grundlagen von Gewinnausschüttungen

Gewinnausschüttungen sind in offene und verdeckte Gewinnausschüttungen zu unterscheiden. **Offene Gewinnausschüttungen** sind den gesellschaftsrechtlichen Vorschriften entsprechende Gewinnausschüttungen für ein abgelaufenes Wirtschaftsjahr. **Verdeckte Gewinnausschüttungen** stellen Vermögensminderungen oder verhinderte Vermögensmehrungen dar, die durch das Gesellschaftsverhältnis veranlasst sind, sich auf die Höhe des Einkommens auswirken und nicht auf einem den gesellschaftsrechtlichen Vorschriften entsprechenden Gewinnverteilungsbeschluss beruhen (Richtlinie 36 Abs. 1 Satz 1 KStR 2004). Gewinnminderungen, die auf nicht ordnungsgemäß beschlossenen Vorteilszuwendungen der Gesellschaft an ihre Gesellschafter beruhen, werden steuerlich nicht anerkannt (§ 8 Abs. 3 Satz 2 KStG).

Kapitalertragsteuer und Solidaritätszuschlag

Offene und verdeckte Gewinnausschüttungen lösen Kapitalertragsteuer (§ 43 Abs. 1 Nr. 1 i. V. m. § 20 Abs. 1 Nr. 1 EStG) und zusätzlich einen Solidaritätszuschlag i. H. v. 5,5 % der Bemessungsgrundlage, d. h. der Kapitalertragsteuer (§ 3 Abs. 1 Nr. 5 SolZG), aus. Die ausschüttende Körperschaft hat die Kapitalertragsteuer und den Solidaritätszuschlag einzubehalten und an das Finanzamt abzuführen. Der Kapitalertragsteuersatz beträgt seit dem 01. 01. 2001 20 % des Kapitalertrags; wenn die Körperschaft die Kapitalertragsteuer trägt, erhöht sich der Steuersatz auf 25 % des tatsächlich ausgezahlten Betrags (§ 43 a Abs. 1 Nr. 1 EStG). Ist der Empfänger der **verdeckten Gewinnausschüttung** zur Anrechnung der Kapitalertragsteuer berechtigt (steuerpflichtige Körperschaft), kann die Finanzverwaltung auf die Abführung verzichten.[21]

Bei Kapitalerträgen i. S. d. § 43 Abs. 1 Nr. 1 EStG haben die abzugsverpflichteten Wohnungsunternehmen (Kapitalgesellschaften und Genossenschaften) die einzubehaltende Kapitalertragsteuer zuzüglich Solidaritätszuschlag zeitgleich mit dem Zufluss der Kapitalerträge beim Anteilseigner an das Finanzamt abzuführen (§ 44 Abs. 1 Satz 5 EStG). Zufluss der Kapitalerträge liegt an dem Tag vor, der im Ausschüttungsbeschluss als Tag der Auszahlung bestimmt wurde (§ 44 Abs. 2 Satz 1 EStG). Wurde die Ausschüttung ohne Beschlussfassung über den Auszahlungszeitpunkt festgesetzt, gilt als Zeitpunkt des Zuflusses der Tag nach der Beschlussfassung (§ 44 Abs. 2 Satz 2 EStG). Um sich künftig einen gewissen „Spielraum" für das Erstellen der Kapitalertragsteueranmeldung und das Abführen der Kapitalertragsteuer zuzüglich Solidaritätszuschlag zu verschaffen, sollten Wohnungsunternehmen den Tag der Auszahlung im Ausschüttungsbeschluss bzw. im Gesellschaftsvertrag oder in der Satzung genau bestimmen.

Kapitalertragsteuerabzug in den Fällen von § 44 a Abs. 7 und Abs. 8 EStG

Handelt es sich beim Anteilseigner um eine inländische juristische Person der öffentlichen Rechts, die ausschließlich und unmittelbar kirchlichen Zwecken dient, d. h. Kirche, **oder** eine gemeinnützige/mildtätige Stiftung des öffentlichen Rechts **oder** eine nach § 5 Abs. 1 Nr. 9 KStG von der Körperschaftsteuer befreite ausschließlich und unmittelbar gemeinnützigen, mildtätigen oder kirchlichen Zwecken dienende Körperschaft/Personenvereinigung/Vermögensmasse, ist bei Ausschüttungen **kein Steuerabzug** vorzunehmen, **soweit** es sich um Kapitalerträge aus Anteilen an GmbHs, aus Namensaktien nicht börsennotierter AGs oder aus Anteilen an Genossenschaften handelt (§ 44 a Abs. 7 Satz 2 EStG).

---

21 vgl. Wochinger in Dötsch/Eversberg/Jost/Pung/Witt, Kommentar zum KStG und EStG, zu § 8 Abs. 3 KStG n. F., Tz. 145.

Ist der Anteilseigner eine der übrigen nach § 5 Abs. 1 KStG von der Körperschaftsteuer befreite Körperschaft/ Personenvereinigung/Vermögensmasse **oder** eine nicht in § 44 a Abs. 7 EStG bezeichnete inländische juristische Person des öffentlichen Rechts, z. B. Kommune, ist bei den zuvor genannten Kapitalerträgen ein nur **hälftiger Steuerabzug** vorzunehmen (§ 44 a Abs. 8 Satz 1 EStG).

Voraussetzung für die vollständige bzw. die hälftige Abstandnahme vom Kapitalertagsteuerabzug nach § 44 a Abs. 7 bzw. Abs. 8 EStG ist grundsätzlich die Vorlage einer Nichtveranlagungsbescheinigung (NV B 2) durch den Anteilseigner.[22]

Gleichwohl können die Unternehmen auch in diesen Fällen eine Steuerbescheinigung ausstellen.

2.4.2 Gewinnausschüttungen im Übergangszeitraum vom Anrechnungs- zum Halbeinkünfteverfahren

Mit Abschaffung des körperschaftsteuerlichen Anrechnungsverfahrens wurden auf den 31. 12. 2000 (Wirtschaftsjahr = Kalenderjahr) die **Endbestände der Teilbeträge des verwendbaren Eigenkapitals**[23] gemäß § 47 Abs. 1 Satz 1 Nr. 1 KStG festgestellt und nach § 36 KStG umgerechnet. Aus dem positiven EK 40 war das Körperschaftsteuerguthaben zu ermitteln. Das festgestellte EK 04 bildete den Anfangsbestand des steuerlichen Einlagekontos gemäß § 27 KStG. Das steuerliche Einlagekonto, das Körperschaftsteuerguthaben und auch das „Alt-EK 02", das in der 18-jährigen Übergangszeit bei Inanspruchnahme unverändert zu Körperschaftsteuererhöhungen führen kann, sind während der gesamten Übergangszeit fortzuschreiben.

---

22 vgl. BMF-Schreiben vom 12. 01. 2006, IV C 1 – S 2400 – 1/06, BStBl. I 2006, S. 101 f.
23 EK 02 = Sonstige Vermögensmehrungen, die der KSt nicht unterliegen und nicht zum EK 03 oder EK 04 gehören.
EK 03 = Verwendbares Eigenkapital, das bis zum Ende des letzten vor dem 01. 01. 1977 abgelaufenen Wirtschaftsjahrs entstanden ist.
EK 04 = Einlagen der Anteilseigner, die das Eigenkapital in nach dem 31. 12. 1976 abgelaufenen Wirtschaftsjahren erhöht haben.
EK 40 = mit 40 % KSt belastet.

Das **Körperschaftsteuerguthaben** ist grundsätzlich jeweils um 1/6 der Gewinnausschüttungen, die auf einem den gesellschaftsrechtlichen Vorschriften entsprechenden Gewinnverteilungsbeschluss beruhen **(offene Gewinnausschüttungen)**, zu mindern (§ 37 Abs. 2 Satz 1 KStG). Die Möglichkeit der Körperschaftsteuerminderung wurde jedoch für Gewinnausschüttungen, die nach dem 11. 04. 2003 und vor dem 01. 01. 2006 erfolgen, ausgeschlossen **(Moratorium)**, es sei denn, diese Ausschüttungen sind vor dem 21. 11. 2002 beschlossen worden. Für Gewinnausschüttungen, die nach dem 31. 12. 2005 erfolgen, ist die Körperschaftsteuerminderung zusätzlich auf den Betrag begrenzt, der sich bei gleichmäßiger Verteilung des gesamten Körperschaftsteuerguthabens auf den Restzeitraum der Übergangsregelung ergeben würde. Im Gegensatz zu offenen Gewinnausschüttungen führen **verdeckte Gewinnausschüttungen** nicht zur Mobilisierung von Körperschaftsteuerguthaben.

In der aus den Vorschriften des neuen Körperschaftsteuerrechts abgeleiteten Verwendungsreihenfolge kann danach das so genannte **„neutrale Vermögen"** für eine Ausschüttung verwendet werden, ohne dass eine Körperschaftsteuererhöhung eintritt. Erst wenn kein neutrales Vermögen vorhanden ist, erfolgt eine Verrechnung mit dem **„Alt-EK 02" (Körperschaftsteuererhöhungspotenzial)** und danach mit dem steuerlichen Einlagekonto nach folgender **Verwendungsfiktion**:[24]

---

24 vgl. BMF-Schreiben vom 06. 11. 2003, IV A 2 – S 1910 – 156/03, BStBl. I 2003, S. 575 ff., Tz. 45.

> **Eigenkapital laut Steuerbilanz zum Ende des vorangegangenen Wirtschaftsjahres**
>
> . /. Nennkapital
> . /. Bestand steuerliches Einlagekonto
> . /. Bestand „Alt-EK 02" (Körperschaftsteuererhöhungspotenzial)
>
> **= ausschüttungsfähiger Betrag, der nicht zu einer Körperschaftsteuererhöhung führt** (neutrales Vermögen)
>
> . /. Summe der offenen und anderen Ausschüttungen
>   (im Wirtschaftsjahr erbrachte Leistungen)
>
> **= negativer Differenzbetrag (übersteigender Betrag), der zunächst mit vorhandenem „Alt-EK 02", ansonsten mit dem steuerlichen Einlagekonto zu verrechnen ist**

Übersteigt die Summe der im Wirtschaftsjahr erbrachten Leistungen die Differenz des um das Nennkapital verminderten Eigenkapitals der Steuerbilanz am Schluss des vorangegangenen Wirtschaftsjahrs einerseits und die Summe des „Alt-EK 02" (Körperschaftsteuererhöhungspotenzial) und des steuerlichen Einlagekontos andererseits, so gilt in Höhe des übersteigenden Betrags das Körperschaftsteuererhöhungspotenzial, soweit dieses bereits verbraucht ist, das steuerliche Einlagekonto, als verwendet.

Eine Einlagenrückgewähr kommt somit nur in Betracht, wenn das „Alt-EK 02" aufgebraucht ist. Die Verwendung des „Alt-EK 02" führt gemäß § 38 KStG bis zum Ende des 18-jährigen Übergangszeitraums (31. 12. 2019) zur Körperschaftsteuererhöhung in Höhe von 3/7 des für die Ausschüttung verwendeten Betrags.

Die Verwendungsfiktion nach den Bestimmungen über die Körperschaftsteuererhöhung und über das steuerliche Einlagekonto sind auf alle Leistungen[25] der Körperschaft an ihre Gesellschafter (offene und verdeckte Ausschüttungen) anzuwenden.

---

25 vgl. BMF-Schreiben vom 06. 11. 2003, IV A 2 – S 1910 – 156/03, BStBl. I 2003, S. 575 ff., Tz. 44.

Im Unterschied zum Anrechnungsverfahren kann eine offene Ausschüttung nach der obigen neuen Verwendungsfiktion gleichzeitig zu einer Körperschaftsteuerminderung und zu einer Körperschaftsteuererhöhung bzw. Einlagenrückgewähr führen.

Die vorgenannten Erläuterungen – Verwendung von „Alt-EK 02" für Ausschüttungszwecke – haben für die Wohnungswirtschaft immense Bedeutung, da sowohl die ehemals gemeinnützigen Wohnungsunternehmen in Westdeutschland als auch die Wohnungsunternehmen in Ostdeutschland über erhebliche Bestände an „Alt-EK 02" verfügen. Zwischenzeitlich konkretisiert sich zunehmend die Auffassung, dass die Nachversteuerung der „Alt-EK 02"-Bestände nach § 38 KStG nicht mit der Mutter-/Tochter-Richtlinie vereinbar und damit europarechtswidrig ist.[26]

Besonderheiten ergeben sich auch für Vermietungsgenossenschaften, da der wesentliche Geschäftsbereich steuerbefreit, aber oftmals ein kleiner, partiell steuerpflichtiger Bereich vorhanden ist (vgl. Kapitel 2.6.2). Bei Vermietungsgenossenschaften umfasst das Eigenkapital laut Steuerbilanz nicht nur den partiell steuerpflichtigen Bereich, sondern auch den steuerbefreiten Bereich (einschließlich Steuerausgleichsposten aus der Aufdeckung stiller Reserven) und wird somit laufend auch um die Handelsbilanzgewinne erhöht. Durch konsequente Anwendung des § 38 KStG kommt man zu dem Ergebnis, dass – solange von der Vermietungsgenossenschaft nicht mehr ausgeschüttet wird als die handelsrechtlichen Neugewinne ab 2001, modifiziert um das Ergebnis im partiell steuerpflichtigen Bereich – „Alt-EK 02" grundsätzlich nicht als verwendet gilt.[27] Der Regelfall ist bei Vermietungsgenossenschaften also, dass aufgrund einer Ausschüttung keine „Alt-EK 02"-Verwendung, d. h. keine Ausschüttungsbelastung eintritt.

---

26 vgl. Prof. Dr. Gerrit Frotscher, Zur Europarechtswidrigkeit der „Nachversteuerung" nach § 38 KStG – dargestellt am Beispiel der ehemals gemeinnützigen Wohnungsunternehmen, in: Betriebs-Berater, Heft 16 vom 18.04.2006, S. 861 ff.

27 vgl. auch GdW-Arbeitshilfe 31, Unternehmenssteuerreform und Wohnungswirtschaft, Gesetz zur Senkung der Steuersätze und Reform der Unternehmensbesteuerung, Erläuterung und Kommentierung, Hrsg. GdW, September 2000.

Für die steuerliche Beurteilung der Gewinnausschüttung auf der **Ebene des Anteilseigners** ist es grundsätzlich unerheblich, ob die Gesellschaft für ihre Leistung eine Körperschaftsteuererhöhung oder -minderung in Anspruch genommen hat.

Da nach neuem Körperschaftsteuerrecht die Gewinne auf **unternehmerischer Ebene** nur noch einmal besteuert werden (Definitivsteuer von 25 % auf der Ebene der ausschüttenden Körperschaft), bleiben sie bei der die Ausschüttung empfangenden Körperschaft bei der Einkommensermittlung grundsätzlich außer Ansatz (§ 8 b Abs. 1 KStG). Lediglich in Höhe der Beträge, für die die ausschüttende Körperschaft eine Körperschaftsteuerminderung in Anspruch genommen hat, erhöht sich für die empfangende Körperschaft die Körperschaftsteuer und das Körperschaftsteuerguthaben (**Nachsteuer** gem. § 37 Abs. 3 Satz 1 KStG).

Juristische Personen des öffentlichen Rechts (jPdöR), die ihre Beteiligungen im vermögensverwaltenden Bereich halten, unterliegen gemäß § 2 Nr. 2 KStG mit ihren inländischen Einkünften, von denen ein Steuerabzug vorzunehmen ist, der beschränkten Körperschaftsteuerpflicht. Die Körperschaftsteuer ist für diese Einkünfte gemäß § 32 Abs. 1 Nr. 2 KStG abgegolten. Eine Veranlagung der jPdöR mit ihren als Einkünfte aus Kapitalvermögen qualifizierten Einnahmen erfolgt daher nicht.

Nur im Fall, dass an **natürliche Personen** oder **Personengesellschaften** ausgeschüttet wird, kommt beim Empfänger das so genannte Halbeinkünfteverfahren zum Zuge: die Hälfte der zugeflossenen Dividende (Einnahmen im Sinne des § 20 Abs. 1 Nr. 1 EStG usw. i. V. m. § 3 Nr. 40 EStG) ist zu versteuern, ohne dass die auf der Ebene der ausschüttenden Gesellschaft entstandene Körperschaftsteuerbelastung angerechnet werden kann. Die durch den Kapitalertragsteuerabzug erhobene Einkommensteuer kann auf die persönliche Einkommensteuer angerechnet werden (§ 36 Abs. 2 Nr. 2 EStG). Entsprechendes gilt für den im Abzugsverfahren erhobenen Solidaritätszuschlag und dessen Anrechnung.

2.4.3 Dividendenbesteuerung bei Genossenschaften

Bei Ausschüttungen von Genossenschaften an Genossenschaftsmitglieder gibt es die Möglichkeit, die grundsätzlich einzubehaltende Kapitalertragsteuer (KapESt) zuzüglich des Solidaritätszuschlages (SolZ) auf die Kapitalertragsteuer im Wege des Sammelantragsverfahrens erstatten zu lassen.

Einen Überblick über die Grundsätze des Erstattungsverfahrens bei Genossenschaften gibt die nachfolgende Übersicht:

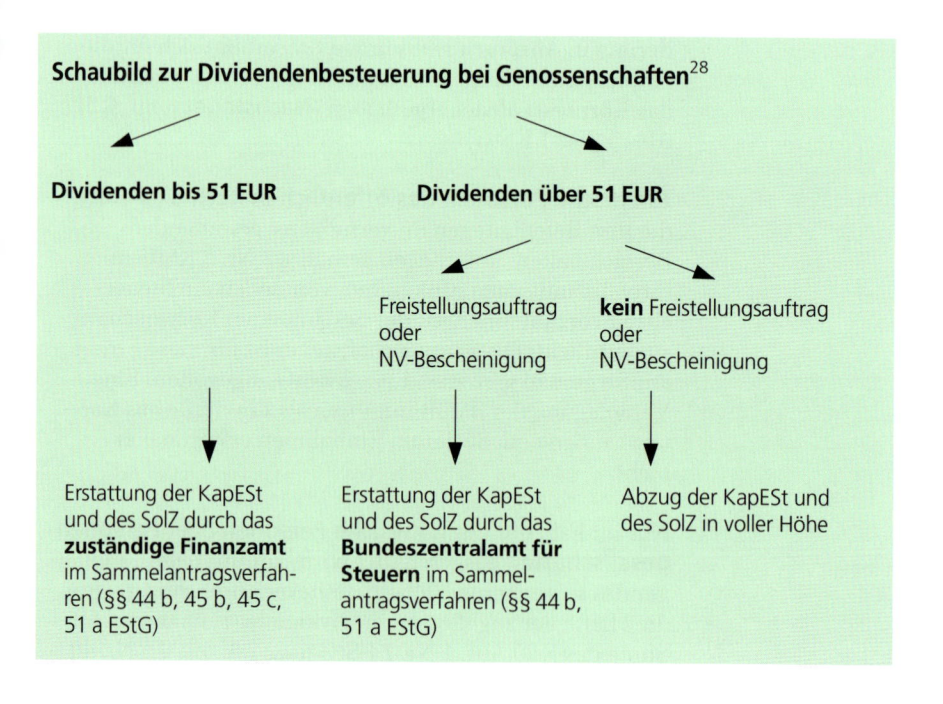

Schaubild zur Dividendenbesteuerung bei Genossenschaften[28]

Dividenden bis 51 EUR	Dividenden über 51 EUR	
	Freistellungsauftrag oder NV-Bescheinigung	**kein** Freistellungsauftrag oder NV-Bescheinigung
Erstattung der KapESt und des SolZ durch das **zuständige Finanzamt** im Sammelantragsverfahren (§§ 44 b, 45 b, 45 c, 51 a EStG)	Erstattung der KapESt und des SolZ durch das **Bundeszentralamt für Steuern** im Sammelantragsverfahren (§§ 44 b, 51 a EStG)	Abzug der KapESt und des SolZ in voller Höhe

---

28 Das Schaubild bezieht sich auf die Darstellung von Ausschüttungen an unbeschränkt steuerpflichtige Mitglieder.

2.4.3.1
Sammelantragsverfahren bei Dividenden bis 51 EUR

Soweit die Dividendenzahlungen der Genossenschaft an das einzelne Mitglied 51 EUR nicht übersteigen, kann von der Genossenschaft das **Sammelantragsverfahren gegenüber dem Finanzamt gem. §§ 44 b Abs. 1, 45 b Abs. 2 Nr. 3, 45 c Abs. 1, 51 a EStG** vorgenommen werden. Die Genossenschaft beantragt in diesem Fall durch den Sammelantrag – in Vertretung ihrer Mitglieder – die Erstattung der Kapitalertragsteuer und des Solidaritätszuschlags. Dem Genossenschaftsmitglied fließt bei Dividendenzahlungen bis einschließlich 51 EUR die volle Dividende zu, grundsätzlich aber in zwei Etappen. Zunächst ist nur die Nettodividende auszuzahlen und – bei Erstattung durch das Finanzamt – die einbehaltenen Steuern. Die Genossenschaft kann aber für die Mitglieder in Vorleistung gehen und von Anfang an die volle Dividende (100 %) auszahlen. In diesem Fall haftet jedoch der Vorstand für diese Auszahlungsbeträge bis zur Erstattung durch das Finanzamt.

Die vorstehenden Grundsätze der Dividendenbesteuerung bis 51 EUR gelten unabhängig davon, ob das Mitglied zur Einkommensteuer oder Körperschaftsteuer veranlagt wird und ob ein Freistellungsauftrag oder eine Nichtveranlagungsbescheinigung vorliegt. Voraussetzung für die Möglichkeit des Sammelantragsverfahrens für Dividenden bis 51 EUR ist jedoch, dass das Mitglied unbeschränkt steuerpflichtig ist. Somit kann das Sammelantragsverfahren nicht für juristische Personen des öffentlichen Rechts, die nach § 2 KStG nur beschränkt körperschaftsteuerpflichtig sind, durchgeführt werden. Hier gelten die Grundsätze für Dividenden über 51 EUR.

Der Sammelantrag ist nach amtlich vorgeschriebenem Muster zu erstellen und zu unterschreiben, die Antragsfrist endet am 31.12. des Jahres, das dem Kalenderjahr folgt, in dem die Dividenden den Mitgliedern zugeflossen sind.

Eine Aufrechnung der Kapitalertragsteuer und des Solidaritätszuschlagserstattungsbetrages mit Ansprüchen des Finanzamtes gegen die Genossenschaft ist nicht zulässig.

2.4.3.2
Dividenden über 51 EUR

Zunächst ist zu unterscheiden, ob vom Genossenschaftsmitglied ein Freistellungsauftrag oder eine Nichtveranlagungsbescheinigung vorliegt.

Freistellungsauftrag oder Nichtveranlagungsbescheinigung liegen vor

Soweit sich voll steuerpflichtige Mitglieder mit den Dividendenerträgen im Rahmen der Sparerfreibeträge bewegen, können Freistellungsaufträge an die Genossenschaft erteilt werden. Soweit Mitglieder, die unbeschränkt einkommensteuerpflichtig sind, nicht zur Einkommensteuer veranlagt werden, können sie dies durch Einholung einer Nichtveranlagungsbescheinigung nachweisen.

Soweit die Dividenden den Betrag von 51 EUR übersteigen und von den Mitgliedern Freistellungsaufträge oder Nichtveranlagungsbescheinigungen vorliegen, kann für die Mitglieder ein **Sammelantrag gem. §§ 44 b, 51 a EStG** auf Erstattung der Kapitalertragsteuer sowie des Solidaritätszuschlags **an das Bundeszentralamt für Steuern** gestellt werden. Auch hier gilt, dass die Genossenschaft zunächst die Steuern einzubehalten und abzuführen hat, wobei eine Vorfinanzierung ebenfalls möglich ist.

Die Genossenschaft muss die Mitteilungspflichten gegenüber dem Bundeszentralamt für Steuern gemäß **§ 45 d EStG** beachten. Bis zum 31.05. des auf die Ausschüttung folgenden Jahres sind folgende Daten zu übermitteln: Vor- und Zuname, Geburtsdatum, Anschrift der Person, die den Freistellungsauftrag erteilt hat (Auftraggeber) – ggf. auch des Ehegatten –, die Höhe der Kapitalerträge, bei denen Erstattung der Kapitalertragsteuer beantragt worden ist, Name und Anschrift der Genossenschaft. Die Datenübermittlung nach § 45 d EStG hat grundsätzlich auf elektronischem Wege zu erfolgen und darf nur in Ausnahmefällen – bei unbilliger Härte – in Papierform vorgenommen werden. Aufgrund einer Initiative des GdW wird von Seiten des Bundeszentralamtes für Steuern von der elektronischen Übermittlung bei bis zu 100 Fällen abgesehen.

Sonderfälle:

1
Ausschüttungen an Kommunen und Kirchen

Für Mitglieder, die juristische Personen des öffentlichen Rechts und nach § 2 KStG beschränkt körperschaftsteuerpflichtig sind (z. B. Kommunen), ist bei Vorlage einer Nichtveranlagungsbescheinigung der Steuerabzug bei Ausschüttungen auf Anteile an Genossenschaften nur hälftig vorzunehmen (§ 44 a Abs. 8 Satz 1 Nr. 2 EStG). In diesen Fällen darf das Sammelantragsverfahren nicht durchgeführt werden.

Handelt es sich bei Mitgliedern allerdings um ausschließlich und unmittelbar kirchlichen Zwecken dienende juristische Personen des öffentlichen Rechts (d. h. Kirchen), ist bei Ausschüttungen auf Anteile an Genossenschaften kein Steuerabzug vorzunehmen (§ 44 a Abs. 7 Satz 1 Nr. 3 i. V. m. Satz 2 EStG).

2
Ausschüttungen einer steuerbefreiten Vermietungsgenossenschaft an Kommunen sowie andere steuerbefreite Körperschaften

Soweit eine nach § 5 Abs. 1 Nr. 10 KStG steuerbefreite Vermietungsgenossenschaft an eine andere steuerbefreite inländische Körperschaft oder eine inländische juristische Person des öffentlichen Rechts ausschüttet, kann nach **§ 44 a Abs. 4 Satz 2 EStG vom Abzug der Kapitalertragsteuer und des Solidaritätszuschlags Abstand genommen werden** (Nichtveranlagungsbescheinigung der betroffenen Mitglieder ist vorzulegen).

Freistellungsauftrag oder Nichtveranlagungsbescheinigungen liegen nicht vor

In diesem Fall sind die Kapitalertragsteuer und der Solidaritätszuschlag einzubehalten und nur die Nettodividende an das Mitglied auszuzahlen. Die Genossenschaft hat den Mitgliedern auf Verlangen Steuerbescheinigungen nach § 45 a EStG auszustellen. Die Mitglieder haben ihrerseits im Rahmen ihrer persönlichen Steuererklärung die Dividenden anzugeben und können die einbehaltenen Steuern auf ihre Steuerschuld anrechnen lassen.

2.5 Gesellschafterfremdfinanzierung (§ 8 a KStG)

Um den mit einer Ausschüttung möglicherweise einhergehenden Belastungen auszuweichen, könnten die Anteilseigener ihre Kapitalgesellschaft statt mit angemessenem Eigenkapital in entsprechender Höhe mit Fremdkapital ausstatten. Die darauf entfallenden Zinsen mindern grundsätzlich als Betriebsausgaben das zu versteuernde Einkommen, sofern die vereinbarten Zinsen nicht unangemessen hoch sind und schon aus diesem Grund die Kriterien des § 8 Abs. 3 Satz 2 KStG für eine verdeckte Gewinnausschüttung erfüllt sind (vgl. auch Richtlinie 36 KStR 2004).

In bestimmten Fällen einer „überhöhten Gesellschafterfremdfinanzierung" versagt jedoch § 8 a KStG die steuerlichen Wirkungen, indem die als Vergütungen für das Fremdkapital gezahlten Zinsaufwendungen in verdeckte Gewinnausschüttungen umqualifiziert werden.

Während die Folgen des § 8 a KStG zunächst nur beschränkt steuerpflichtige und steuerbefreite Anteilseigner betreffen, hat der Gesetzgeber mit Wirkung ab 01. 01. 2004 die Regelung auf sämtliche Anteilseigner ausgeweitet, sofern sie zu irgendeinem Zeitpunkt des Wirtschaftsjahres an der unbeschränkt steuerpflichtigen Kapitalgesellschaft wesentlich (d. h. zu mehr als 25 %) unmittelbar oder mittelbar – auch über eine Personengesellschaft – beteiligt sind bzw. waren. Eine nur kurzfristige wesentliche Beteiligung genügt. Insbesondere kommunale und konzernverbundene Wohnungsgesellschaften und Wohnungsgenossenschaften mit Tochtergesellschaften haben bei der Kapitalausstattung die Tatbestandsmerkmale des § 8 a KStG zu beachten.

Seit dem 01. 01. 2004 gelten die Regelungen des § 8 a KStG entsprechend, wenn das Fremdkapital einer **Personengesellschaft** überlassen wird, an der die Kapitalgesellschaft allein oder zusammen mit ihr nahe stehende Personen i. S. d. § 1 Abs. 2 AStG unmittelbar oder mittelbar zu mehr als 25 % beteiligt ist.

Gemäß § 8 a Abs. 6 KStG ist für **„konzerninterne" fremdfinanzierte Beteiligungserwerbe** ebenfalls eine verdeckte Gewinnausschüttung anzunehmen, „wenn das Fremdkapital zum Zwecke des Erwerbs einer Beteiligung am Grund- oder Stammkapital an einer Kapitalgesellschaft aufgenommen wurde und der Veräußerer der Beteiligung sowie der Geber des Fremdkapitals der Anteilseigner, der zu einem Zeitpunkt im Wirtschaftsjahr ... wesentlich ... beteiligt war, eine dem Anteilseigner nahe stehende Person i. S. d. § 1 Abs. 2 AStG oder ein Dritter i. S. d. Absatzes 1 Satz 2 (– Rückgriffsmöglichkeit –) ist."[29]

Die **Folgen** eines Tatbestandes des § 8 a KStG sind, dass gezahlte Zinsaufwendungen (als verdeckte Gewinnausschüttung) außerhalb der Handels- und Steuerbilanz dem zu versteuernden Einkommen der Kapitalgesellschaft zuzurechnen sind und eine Ausschüttung im steuerlichen Sinne angenommen wird. Es können – in Abhängigkeit von den individuellen Verhältnissen (z. B. Verlustvortragspotenzial) – Körperschaftsteuer (25 % bzw. Ausschüttungsbelastung gem. § 38 KStG), Solidaritätszuschlag und Gewerbesteuer entstehen. Bei der Gewerbesteuer entfällt die hälftige Hinzurechnung von Dauerschuldzinsen, da diese bereits insgesamt das Einkommen erhöht haben. Grundsätzlich entsteht für eine verdeckte Gewinnausschüttung auch die Kapitalertragsteuer, die auf Gesellschafterebene zu verrechnen, zu erstatten oder zu vergüten ist, soweit nicht – wie bei verdeckten Gewinnausschüttungen häufig praktiziert – von vornherein auf eine Erhebung verzichtet werden kann (Voraussetzung: Empfänger ist steuerpflichtig).

Das mit Einführung des ursprünglichen § 8 a KStG veröffentlichte BMF-Schreiben aus dem Jahr 1994[30] behält bis zu seiner Überarbeitung weiterhin Gültigkeit. Die in diesem BMF-Schreiben enthaltene Tz. 100 sieht eine speziell für **Wohnungsunternehmen** notwendige Sonderregelung vor. Danach liegen keine Darlehen i. S. d. § 8 a

---

29 vgl. auch BMF-Schreiben zu § 8 a Abs. 6 KStG vom 19. 09. 2006, IV B 7 – S 2742a – 21/06, BStBl. I 2006, S. 559 ff.
30 vgl. BMF-Schreiben vom 15. 12. 1994, IV B 7 – S 2742a – 63/94, BStBl. I 1995, S. 25 ff., ber. S. 176.

KStG vor, „wenn es sich um mittelbar oder unmittelbar aus öffentlichen Haushalten gewährte Wohnungsbauförderungsmittel nach dem II. Wohnungsbaugesetz, d. h. Mittel von Bund und Ländern, Gemeinden oder anderen öffentlich-rechtlichen Körperschaften handelt. Hierzu zählen öffentliche und nicht öffentliche Baudarlehen, Wohnungsfürsorgemittel oder Mittel, die mit Auflagen (insbesondere Belegungsrechten oder Mietpreisbindungen) verbunden sind."

Das Fremdkapital muss der Kapitalgesellschaft langfristig überlassen werden. Sachkapitalüberlassungen und kurzfristige Darlehen werden von § 8 a KStG nicht aufgegriffen. Für die Unterscheidung in kurzfristige und langfristige Kapitalüberlassungen wird auf die Grundsätze des § 8 Nr. 1 GewStG (Begriff der Dauerschulden[31]) zurückgegriffen.

§ 8 a KStG trifft hinsichtlich der steuerlichen Behandlung eine Unterscheidung in Vergütungen, die nicht mit einem Bruchteil des Kapitals bemessen sind (**variabler** Prozentsatz), und in Vergütungen, die mit einem Bruchteil des Kapitals bemessen sind (**fester** Prozentsatz).

Bei Vergütungen für Fremdkapital, die mit einem festen Prozentsatz vereinbart sind, wird eine verdeckte Gewinnausschüttung **nicht** angenommen, wenn

- die Zinsaufwendungen insgesamt 250 000 EUR pro Veranlagungszeitraum unterschreiten (sog. gesellschaftsbezogene **Freigrenze**) oder
- der sog. „**safe haven**" nicht überschritten ist (1,5fache des anteiligen Handelsbilanz-Eigenkapitals des Anteilseigners im Verhältnis zu den betreffenden Darlehensverbindlichkeiten) oder
- die Kapitalgesellschaft das Fremdkapital bei sonst gleichen Umständen auch von einem fremden Dritten erhalten könnte (sog. **Drittvergleich**).

Vergütungen für Fremdkapital, die mit einem variablen Prozentsatz vereinbart sind, werden nach Überschreiten

---

31 vgl. auch Abschnitt 45 GewStR 1998.

der Freigrenze von 250 000 EUR stets in verdeckte Gewinnausschüttungen umqualifiziert, wenn die übrigen Voraussetzungen des § 8 a KStG erfüllt sind. Sowohl der „safe haven" als auch die Möglichkeit des Drittvergleichs finden keine Anwendung.

Der Vergütung für Gesellschafterdarlehen sind Vergütungen für Fremdkapital gleichgestellt, welche das Wohnungsunternehmen von einer dem Anteilseigner nahe stehenden Person (§ 1 Abs. 2 AStG) oder von einem Dritten erhalten hat, der auf den Anteilseigner oder diesem nahe stehenden Personen zurückgreifen kann (vgl. nachfolgend dargestellte Sonderfälle).

Sonderfall 1
Kommunal verbürgte Darlehen bei kommunalen Wohnungsgesellschaften als Beispiel einer Fremdfinanzierung durch einen rückgriffberechtigten Dritten

Unter den Regelungsbereich von § 8 a KStG fallen auch solche Fremdkapitalüberlassungen, bei denen eine Kapitalgesellschaft ein Darlehen von einem sog. rückgriffsberechtigten Dritten erhält (§ 8 a Abs. 1 Satz 2 2. Alternative KStG).

Gemäß BMF-Schreiben vom 15. 07. 2004[32] sind Vergütungen für Fremdkapital, die eine Kapitalgesellschaft an einen Dritten zahlt, verdeckte Gewinnausschüttungen, soweit dieser Dritte auf den wesentlich beteiligten Anteilseigner oder eine diesem nahe stehende Person zurückgreifen kann, weil ein rechtlicher Anspruch (z. B. aufgrund einer Patronatserklärung oder Bürgschaft) oder eine dingliche Sicherheit (z. B. Grundschuld) besteht.

Allerdings werden von der Fremdfinanzierung durch einen rückgriffsberechtigten Dritten gemäß § 8 a Abs. 1 Satz 2 2. Alternative KStG nur solche Gestaltungen erfasst, bei denen der Dritte der Kapitalgesellschaft ein Darlehen gewährt und der wesentlich beteiligte Anteilseigner seinerseits gegen den Dritten eine Forderung hat, auf die

---

32 vgl. BMF-Schreiben vom 15. 07. 2004, IV A 2 – S 2742a – 20/04, BStBl. I 2004, S. 593 ff., Tz. 18 ff.

der Dritte zugreifen kann (sog. **Back-to-back-Finanzierungen**).

Mit BMF-Schreiben vom 22. 07. 2005[33] wurden solche Back-to-back-Finanzierungen näher konkretisiert. § 8 a Abs. 1 Satz 2 2. Alternative KStG findet nur dann Anwendung, wenn der Anteilseigner oder eine diesem nahe stehende Person eine Kapitalforderung besitzt **und** über diese Kapitalforderung aus Anlass der Darlehensgewährung eine Verfügungsbeschränkung getroffen wird. Als Verfügungsbeschränkungen kommen die folgenden Sachverhalte in Frage:

1. Zu Gunsten des rückgriffsberechtigten Dritten (Fremdkapitalgeber) besteht eine **dingliche Sicherheit an der Kapitalforderung** des Anteilseigners oder einer diesem nahe stehenden Person (z. B. Pfandrecht);

2. Der Fremdkapitalgeber hat einen **schuldrechtlichen Anspruch** gegen den Anteilseigner oder eine diesem nahe stehende Person, **verbunden** mit einer **Verfügungsbeschränkung hinsichtlich der Kapitalforderung** des Anteilseigners oder einer diesem nahe stehenden Person;

3. Der Fremdkapitalgeber hat einen **schuldrechtlichen Anspruch** gegen den Anteilseigner oder eine diesem nahe stehende Person, **verbunden** mit einer **Unterwerfung unter die sofortige Zwangsvollstreckung** durch den Anteilseigner oder die diesem nahe stehende Person.

Zum Nachweis, dass kein Fall des § 8 a Abs. 1 Satz 2 2. Alternative KStG gegeben ist, muss die fremdfinanzierte Kapitalgesellschaft einen sog. **Gegenbeweis** erbringen. Zur Führung dieses Nachweises verlangt die Finanzvewaltung die Vorlage einer Bescheinigung der fremdfinanzierenden Bank als rückgriffsberechtigten Fremdkapitalgeber, die über den direkten Zusammenhang mit der Kapitalforderung und die gewährten Sicherheiten

---

33 vgl. BMF-Schreiben vom 22. 07. 2005, IV B 7 – S 2742a – 31/05, BStBl. I 2005, S. 829 f.

Auskunft gibt. Das BMF hat mit Schreiben vom 20. 10. 2005[34] ein Muster für eine solche Bankenbescheinigung veröffentlicht.

Bei erfolgreicher Führung des Gegenbeweises erfolgt **keine** Umqualifizierung der gezahlten Fremdkapitalvergütungen in verdeckte Gewinnausschüttungen. Anderenfalls sind die von der Kapitalgesellschaft gezahlten Fremdkapitalzinsen **nur insoweit gesellschaftsrechtlich veranlasst, wie** beim wesentlich beteiligten Anteilseigner oder einer diesem nahe stehenden Person **unmittelbar** oder **mittelbar** ein **Vermögensvorteil eintritt**, das heißt i. d. R. in Höhe der von der fremdfinanzierenden Bank für die Kapitalforderung (z. B. Einlage) gezahlten Guthabenzinsen.

Die folgende Darstellung soll der Veranschaulichung dienen:

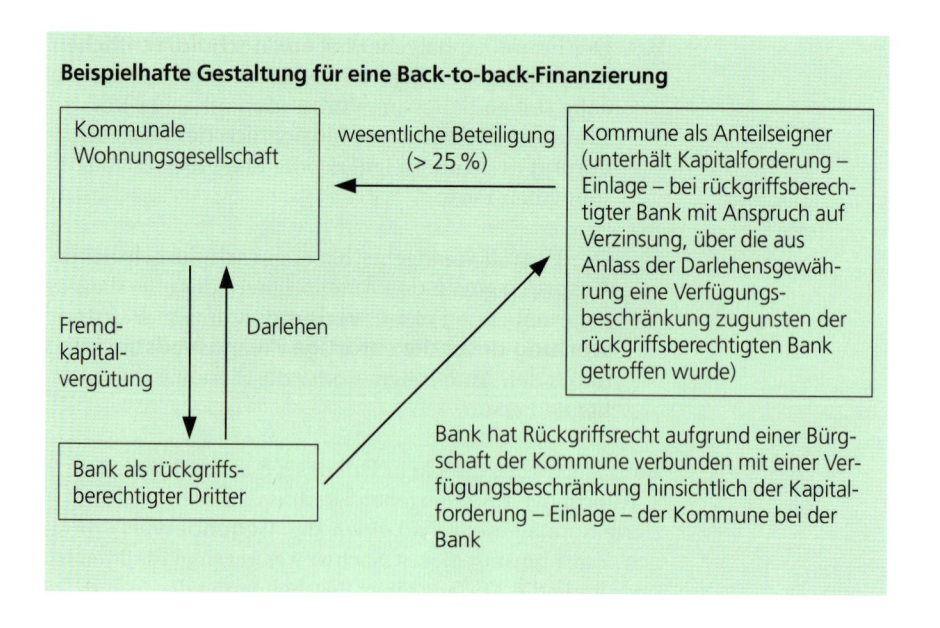

Beispielhafte Gestaltung für eine Back-to-back-Finanzierung

Kommunale Wohnungsgesellschaft	wesentliche Beteiligung (> 25 %)	Kommune als Anteilseigner (unterhält Kapitalforderung – Einlage – bei rückgriffsberechtigter Bank mit Anspruch auf Verzinsung, über die aus Anlass der Darlehensgewährung eine Verfügungsbeschränkung zugunsten der rückgriffsberechtigten Bank getroffen wurde)
Fremdkapitalvergütung	Darlehen	
Bank als rückgriffsberechtigter Dritter		Bank hat Rückgriffsrecht aufgrund einer Bürgschaft der Kommune verbunden mit einer Verfügungsbeschränkung hinsichtlich der Kapitalforderung – Einlage – der Kommune bei der Bank

---

34 vgl. BMF-Schreiben vom 20. 10. 2005, IV B 7 – S 2742a – 43/05, StEK, KStG 1977, § 8 a, Nr. 22.

Sonderfall 2
Sparkasse gewährt Darlehen an kommunale Wohnungsgesellschaft

Unter den Regelungsbereich von § 8 a KStG fallen auch solche Fremdkapitalüberlassungen, bei denen eine Kapitalgesellschaft ein Darlehen von einer dem Anteilseigner nahe stehenden Person erhält (§ 8 a Abs. 1 Satz 2 1. Alternative KStG).

Für den Fall der Darlehensgewährung einer Sparkasse an eine kommunale Wohnungsgesellschaft stellt sich deshalb die Frage, ob aufgrund der Beziehung zwischen Sparkasse als Darlehensgeber und Kommune als Anteilseigner an der kommunalen Wohnungsgesellschaft von einem Nahestehen i. S. v. § 8 a Abs. 1 Satz 2 KStG i. V. m. § 1 Abs. 2 AStG zwischen **beiden** auszugehen ist, und damit eine Betroffenheit von § 8 a KStG vorliegt.

Gemäß gleichlautender Verfügungen der Oberfinanzdirektionen ist in der Regel **nicht** von einem Nahestehen i. S. v. § 8 a Abs. 1 Satz 2 1. Alternative KStG der Sparkassen zu ihren jeweiligen Gewährsträgern, d. h. Kommunen, auszugehen und damit keine Fremdfinanzierung durch eine dem Anteilseigner (Kommune) nahe stehende Person gegeben.

Für die Finanzierung von Eigengesellschaften, bei denen eine Sparkasse der Eigengesellschaft ein Darlehen gewährt und der Gesellschafter seinerseits Einlagen bei der Sparkasse unterhält, auf die diese zurückgreifen kann, sind die Grenzen von § 8 a KStG allerdings zu beachten.[35]

---

35 vgl. u. a. Verfügung der OFD Chemnitz vom 05. 01. 2005, S 2742a – 8/5 – St 21, StEK, KStG 1977, § 8 a, Nr. 18.

2.6
Besonderheiten in der Wohnungswirtschaft

2.6.1
Die Sonderregelung des § 13 Abs. 3 Satz 2 ff. KStG für ehemals gemeinnützige Wohnungsunternehmen

Grundlagen

Bei Abschaffung des Wohnungsgemeinnützigkeitsgesetzes zum 31. 12. 1990 konnten die Wohnungsunternehmen beim Übergang in die Steuerpflicht in der steuerlichen Anfangsbilanz die Teilwerte gem. § 13 Abs. 3 Satz 1 KStG ansetzen. Aus den sich daraus ergebenden hohen Gebäudewerten ergeben sich höhere Abschreibungsaufwendungen, die oftmals zu steuerlichen Verlusten bei den Wohnungsunternehmen führen.

Ab 1994 wurde die Verlustverrechnung der ehemals gemeinnützigen Wohnungsunternehmen durch § 13 Abs. 3 Sätze 2 bis 9 KStG insofern eingeschränkt, als die Verluste, die aus den Abschreibungen auf die Teilwerte resultieren, nur noch dann mit anderen Einkünften des Wohnungsunternehmens verrechenbar sind, soweit das Wohnungsunternehmen Investitionen tätigt. Mit § 13 Abs. 3 Satz 10 KStG wurde eine fiktive Besteuerung von Veräußerungsgewinnen eingeführt, wenn ehemals gemeinnützige Wohnungsunternehmen Veräußerungen an andere ehemals gemeinnützige Wohnungsunternehmen oder nahe stehende Personen/Unternehmen tätigen.

Vom § 13 Abs. 3 Sätze 2 – 10 KStG betroffen sind auch Organträger, soweit ihnen das steuerliche Ergebnis des Wohnungsunternehmens zuzurechnen ist, und übernehmende Rechtsträger i. S. d. Umwandlungsteuergesetzes (Vermeidung der Umgehung der Verlustverrechnungsbeschränkung). Die Vorschrift des § 13 Abs. 3 KStG gilt **nicht** für Wohnungsunternehmen in den neuen Ländern. Auch sind Vermietungsgenossenschaften durch § 13 Abs. 3 Satz 11 KStG von der Regelung ausgenommen. Die

Vorschrift des § 13 Abs. 3 KStG findet nur für die Körperschaftsteuer Anwendung, **nicht** für die Gewerbesteuer.[36]

In der Praxis zeigen sich für die Wohnungsunternehmen nur in wenigen Ausnahmefällen Einschränkungen aus der Regelung des § 13 Abs. 3 Sätze 2 - 9 KStG. Allerdings ergeben sich erhebliche Probleme aus § 13 Abs. 3 Satz 10 KStG.

Prof. Dr. Walter Leisner, Universität Nürnberg-Erlangen, hat 1993 in seinem Rechtsgutachten über die Verfassungsmäßigkeit des § 13 Abs. 3 Sätze 2 - 10 KStG verfassungsrechtliche Bedenken wegen Verstoßes gegen die Steuergleichheit geäußert.[37]

Die Einschränkung der Verlustverrechnung (§ 13 Abs. 3 Sätze 2 - 9 KStG)[38]

Nach § 13 Abs. 3 Satz 2 KStG dürfen ehemals gemeinnützige Wohnungsunternehmen den Verlust aus Vermietung und Verpachtung der Gebäude oder Gebäudeteile, die in der Anfangsbilanz mit dem Teilwert (Ausgangswert) angesetzt worden sind (Abschreibungsverlust), mit anderen Einkünften aus Gewerbebetrieb oder mit Einkünften aus anderen Einkunftsarten nur ausgleichen oder nach § 10 d EStG nur abziehen, soweit der Abschreibungsverlust den Unterschiedsbetrag zwischen den Absetzungen für Abnutzungen nach dem Teilwert und nach dem bis zum Zeitpunkt des Beginns der Steuerpflicht entstandenen Anschaffungs- oder Herstellungskosten der Gebäude oder Gebäudeteile übersteigt.

Nach § 13 Abs. 3 Satz 3 KStG zählen die Absetzung für Abnutzung auf nachträgliche Anschaffungs- oder Herstellungskosten (also solche nach 1990 bzw. 1991) nicht zum Abschreibungsverlust.

---

36 vgl. BMF-Schreiben vom 20. 12. 1994, IV B 2 – S 1900 – 147/94, BStBl. I 1994, S. 917 ff., Tz. 6.

37 vgl. GdW-Schriften 42, Rechtsgutachten über die Verfassungsmäßigkeit des § 13 Abs. 3 S. 2-10 KStG, n. F., Hrsg. GdW, 1993.

38 vgl. hierzu umfangreiche Erläuterungen in GdW-Schriften 44, Neuregelung des § 13 KStG zur Verlustverrechnung, Hrsg. GdW, 1995.

Der Grundsatz, dass Kapitalgesellschaften und Genossenschaften grundsätzlich nur Einkünfte aus Gewerbebetrieb erzielen, wird durch die Regelung des § 13 Abs. 3 KStG durchbrochen. Danach sind die Verluste, die Wohnungsunternehmen im Bereich der Vermietung und Verpachtung der Gebäude oder Gebäudeteile, die beim Eintritt in die Steuerpflicht mit dem Teilwert angesetzt worden sind, nur noch beschränkt mit den Einkünften aus Gewerbebetrieb verrechenbar. Die Verlustverrechnungsbeschränkung hat im Ergebnis zur Folge, dass Verluste aus Vermietung und Verpachtung der Teilwertgebäude zunächst nur dann mit den anderen Einkünften aus Gewerbebetrieb verrechenbar sind, soweit sie nicht aus dem Unterschiedsbetrag der Abschreibungen resultieren. Resultieren die Verluste im Bereich der Vermietung und Verpachtung der Teilwertgebäude ausschließlich aus dem Differenzbetrag der Abschreibung, dann darf in diesem Bereich zunächst kein Verlust angesetzt werden, es wird somit ein Ergebnis von 0 unterstellt (Ausnahme: Abschreibung auf nachträgliche Anschaffungs- und Herstellungskosten bei Teilwertgebäuden).

Ein nach den vorstehenden Grundsätzen beschränkt verrechenbarer Verlust im Bereich der Vermietung und Verpachtung der Teilwertgebäude ist in einem nächsten Schritt dem so genannten begünstigten Investitionsvolumen gegenüber zu stellen. Als begünstigtes Investitionsvolumen wird das Doppelte der im Wirtschaftsjahr anfallenden aktivierungspflichtigen Aufwendungen für die zum Anlagevermögen gehörenden abnutzbaren unbeweglichen Wirtschaftsgüter bezeichnet.

Soweit das begünstigte Investitionsvolumen dem zunächst nicht verrechenbaren Verlust entspricht bzw. ihn übersteigt, ist der Verlust in vollem Umfang im Unternehmen verrechenbar. Ist das begünstigte Investitionsvolumen niedriger, so ist der übersteigende Betrag des Verlustes nicht mit anderen Einkünften des Unternehmens verrechenbar. Dieser Verlust vermindert nach Satz 6 des § 13 Abs. 3 KStG den Gewinn aus Vermietung und Verpachtung von Gebäuden und Gebäudeteilen (Mietgewinn) im laufenden und in späteren Wirtschaftsjahren.

Zusammengefasst kann die Vorgehensweise hinsichtlich der Verlustverrechnungsbeschränkung nachfolgender Übersicht entnommen werden:

1) **Abschreibungsverlust = Ergebnis Vermietung alt ./. AfA auf nachträgliche AK/HK**

2) **Gegenüberstellung Abschreibungsverlust und Abschreibungsunterschiedsbetrag**

   a) Abschreibungsverlust $\leq$ Abschreibungsunterschiedsbetrag
   Abschreibungsverlust = eingeschränkt verrechenbarer Verlust (I)

   b) Abschreibungsverlust > Abschreibungsunterschiedsbetrag
   Abschreibungsunterschiedsbetrag = eingeschränkt verrechenbarer Verlust (I)
   Differenz zwischen Abschreibungsunterschiedsbetrag und Abschreibungsverlust = uneingeschränkt verrechenbarer Verlust

3) eingeschränkt verrechenbarer Verlust (I)
   ./. begünstigtes Investitionsvolumen*⁾
   = eingeschränkt verrechenbarer Verlust (II)
   ./. Mietgewinn**⁾
   = eingeschränkt verrechenbarer Verlust (III)
   bzw. in diesem Jahr nicht ausgleichsfähiger Verlust

*⁾ Investitionsvolumen = 2 x aktivierungspflichtige Aufwendungen des Geschäftsjahres für abnutzbare, unbewegliche Wirtschaftsgüter des Anlagevermögens
(+ Vortrag Investitionsvolumen aus Vorjahr [Vortragsvolumen])
(+ Rücktrag Investitionsvolumen aus Folgejahr)

**⁾ Mietgewinn
= Ergebnis Vermietung alt
+ Ergebnis Vermietung neu
+ eingeschränkt verrechenbarer Verlust (II)

Aus dem Vorstehenden ergibt sich die Notwendigkeit der Aufteilung des gesamten Betriebsergebnisses des Wohnungsunternehmens in Teilbereiche **(Spartenrechnung)**.

Im Rahmen der Spartenrechnung wird das Steuerbilanzergebnis zum zu versteuernden Einkommen übergeleitet und dann auf drei Teilbereiche verteilt:

Vermietung alt

Die Objekte, die zum Zeitpunkt der Teilwertermittlung 1990/1991 bereits vorhanden waren, sind mit ihren Erträgen und Aufwendungen in dieser Sparte zu erfassen.

Vermietung neu

Die Sparte Vermietung neu umfasst Wohnobjekte, die nach dem 01. 01. 1990/1991 erworben oder erstellt wurden.

Sonstige Einkünfte

Folgende Einkunftsquellen gehören u. a. zu den sonstigen Einkünften:

- Bauträgergeschäft,
- Baubetreuung,
- Verwaltungsbetreuung,
- Geschäftsbesorgung,
- Erträge aus Erbbauzinsen,
- Zins- und Beteiligungserträge[39].

Der gesamte nach Zuordnung der Einzelkosten verbliebene Block der Gemeinkosten ist auf der Grundlage eines Betriebsabrechnungsbogens oder auf der Grundlage begründeter Schätzungen auf die drei Sparten zu verteilen.

In dem speziellen Formular „Anlage **WoBau** zur Körperschaftsteuererklärung" werden die notwendigen Daten eingetragen, so dass sich am Ende des Formulars zeigt, ob ein nicht verrechenbarer Verlust entsteht.

Das Investitionsvolumen ergibt sich in der Regel aus dem Doppelten der in dem betreffenden Jahr angefallenen

---

39 vgl. BMF-Schreiben vom 20. 12. 1994, a. a. O.

aktivierten Gebäudekosten einschließlich Baunebenkosten und Kosten der Außenanlagen. Das jährlich festzustellende Investitionsvolumen kann 1 Jahr zurückgetragen und zeitlich und betragsmäßig unbegrenzt vorgetragen werden.

Die Regelungen des § 13 Abs. 3 Sätze 2 – 8 KStG sind auch bei Verschmelzungen und anderen Umwandlungsfällen anzuwenden.[40]

Die Besteuerung fiktiver Veräußerungsgewinne (§ 13 Abs. 3 Satz 10 KStG)

In der Gesetzesbegründung zu § 13 Abs. 3 KStG heißt es, dass hohe Verluste aus der Teilwertabschreibung nicht mehr im Rahmen einer Organschaft an den Organträger weitergereicht werden sollen. Weiterhin soll – zur Vermeidung von Umgehungen – die Regelung „eine steuerfreie Veräußerung und damit die Übertragung solcher Verluste" verhindern.

Neben der vorstehend aufgeführten Verlustverrechnungsbeschränkung wurde somit eine weitere Regelung, und zwar die Besteuerung fiktiver stiller Reserven bei der Veräußerung von Gebäuden und Gebäudeteilen, eingeführt.

Der fiktive Veräußerungsgewinn ermittelt sich wie folgt: Veräußerungspreis (abzüglich Veräußerungskosten) abzüglich fiktiver steuerlicher Buchwert zum Zeitpunkt der Veräußerung (AK/HK abzüglich AfA gemäß § 7 EStG).

Die Regelung des § 13 Abs. 3 Satz 10 KStG hat zur Folge, dass die stillen Reserven, die in der Zeit der Steuerfreiheit aufgrund des Wohnungsgemeinnützigkeitsgesetzes entstanden sind, der Besteuerung unterworfen werden. Ohne § 13 Abs. 3 KStG führen Veräußerungen von Grundbesitz oftmals zu keinen wesentlichen Auswirkungen, da in der Regel der Veräußerungspreis dem steuerlichen Teilwert vom 01. 01. 1990/1991 nahe kommt. Durch

---

40 vgl. hierzu im Einzelnen GdW-Schriften 44, Neuregelung des § 13 KStG zur Verlustverrechnung, S. 149 ff., a. a. O.

den § 13 Abs. 3 Satz 10 KStG muss bei bestimmten Veräußerungen der Gebäudeteilwert zum Zeitpunkt des Eintritts in die Steuerpflicht durch einen fiktiven Buchwert, ermittelt aus den historischen Anschaffungs- und Herstellungskosten abzüglich AfA, ersetzt werden.

§ 13 Abs. 3 Satz 10 KStG sanktioniert allerdings nur solche Veräußerungen, die Gebäude und Gebäudeteile – **nicht jedoch Grund und Boden** – betreffen und die an **„andere Wohnungsunternehmen oder Rechtsträger nach Abs. 9"** erfolgen, somit im Wesentlichen ehemals gemeinnützige Wohnungsunternehmen und diesen nahe stehende Unternehmen.

Ein sich nach § 13 Abs. 3 Satz 10 KStG ergebender Veräußerungsgewinn unterliegt grundsätzlich der Körperschaftsteuer. Ob sich daraus eine steuerliche Belastung ergibt, ist abhängig von der individuellen Besteuerungssituation des Unternehmens. Diese Veräußerungsgewinne werden durch steuerliche Verluste in den übrigen Bereichen des Unternehmens vermindert und führen ggf. zu keiner positiven steuerlichen Bemessungsgrundlage in dem betreffenden Jahr. Unabhängig von dieser Möglichkeit des internen Verlustausgleichs und der generellen Möglichkeit des Verlustvortrags bzw. Verlustrücktrags kann die Bildung einer Rücklage nach § 6 b EStG in Frage kommen. Die Versteuerung aufgedeckter stiller Reserven wird verhindert, soweit diese der Reinvestition dienen.

Wie bereits vorstehend erwähnt ist auch § 13 Abs. 3 Satz 10 KStG zur Ermittlung der Bemessungsgrundlage für die Gewerbesteuer nicht anzuwenden.

Abschließend sei zur Sonderregelung des § 13 Abs. 3 S. 2 ff. KStG gesagt, dass die Verlustverrechnungsbeschränkung des § 13 Abs. 3 Sätze 2 – 9 KStG bislang i. d. R. zu keinen steuerlichen Auswirkungen geführt hat, da die betroffenen Unternehmen in genügendem Umfang begünstigte Investitionen vorgenommen haben. Allerdings stellt die zuvor beschriebene Spartenrechnung einen erheblichen zusätzlichen Verwaltungsaufwand für die betroffenen Unternehmen dar.

Die fiktive Veräußerungsgewinnbesteuerung des § 13 Abs. 3 Satz 10 KStG hat dazu geführt, dass seit Einführung der Regelung keine Veräußerungen von Wohnungsbeständen zwischen ehemals gemeinnützige Wohnungsunternehmen – auch wenn dies betriebswirtschaftlich sinnvoll oder wohnungspolitisch wünschenswert wäre – stattfinden. Da aus beiden Bereichen keine Steuermehreinnahmen für den Staat generiert wurden und voraussichtlich künftig auch nicht werden, sollte die Vorschrift des § 13 Abs. 3 Satz 2 ff. KStG abgeschafft werden.

2.6.2
Die Vermietungsgenossenschaft

Steuerliche Alternativen für Wohnungsgenossenschaften

§ 5 Abs. 1 Nr. 10 KStG enthält die gesetzlichen Voraussetzungen, die zur Steuerbefreiung von Wohnungsgenossenschaften führen. Dabei handelt es sich **nicht** um ein Wahlrecht. Die Steuerbefreiung steht allen Wohnungsgenossenschaften zu, die den gesetzlichen Tatbestand erfüllen. Sie werden sogar zur Steuerfreiheit gezwungen, wenn sie diesen gesetzlichen Tatbestand verwirklichen.

Voraussetzung für den Status der so genannten steuerbefreiten **Vermietungsgenossenschaft**[41] mit partiell steuerpflichtigem Geschäftskreis ist, dass die Einnahmen der Genossenschaft aus den so genannten nicht begünstigten Geschäftstätigkeiten 10 % der gesamten Einnahmen nicht übersteigen (§ 5 Abs. 1 Nr. 10 Satz 2 KStG). Die Befreiung gilt neben der Körperschaftsteuer auch für die Gewerbesteuer (§ 3 Nr. 15 GewStG).

Vermietungsgenossenschaften können im Rahmen ihrer unternehmerischen Dispositionsfreiheit und in den Grenzen, die der Markt zulässt, für jeden Veranlagungszeitraum selbst entscheiden, ob sie steuerpflichtig oder steu-

---

41 vgl. auch umfangreiche Erläuterungen in GdW-Schriften 40, Die Vermietungsgenossenschaft, Hrsg. GdW, 1992 (Neuauflage in Bearbeitung).

erbefreit sein wollen, und zwar durch Unterlassen oder Vornahme steuerpflichtiger Geschäfte.[42]

Die Genossenschaft ist mit ihrer gesamten Geschäftstätigkeit steuerpflichtig, wenn

- ihre Einnahmen aus nicht begünstigten Tätigkeiten 10 % der Gesamteinnahmen übersteigen oder
- die Genossenschaft bis spätestens 31. 12. 1992 bzw. 1993 zur Steuerpflicht gem. § 34 Abs. 5 KStG optiert hat.

Einmalige Möglichkeit der Option zur Steuerpflicht

Die Option zur vollen Steuerpflicht war in den alten Bundesländern befristet nur bis zum 31. 12. 1992 und in den neuen Bundesländern nur bis zum 31. 12. 1993 möglich. Ein Widerruf der Option zur Steuerpflicht ist erstmals fünf Kalenderjahre nach Beginn der Steuerpflicht möglich, danach mit Wirkung vom Beginn eines Kalenderjahres an. Nach dem Widerruf der Option richtet sich die zukünftige steuerliche Behandlung der Genossenschaft nach den Grundsätzen des § 5 Abs. 1 Nr. 10 KStG.

Rahmenbedingungen der Steuerbefreiung für Vermietungsgenossenschaften

Die Steuerbefreiungsmöglichkeit gem. § 5 Abs. 1 Nr. 10 KStG steht allen Genossenschaften offen, und zwar wenn sie Mitgliedern aufgrund eines Mietvertrages oder eines genossenschaftlichen Nutzungsvertrages Wohnungen zum Gebrauch überlassen und dabei nicht begünstigte Einnahmen im Verhältnis zu den Gesamteinnahmen unter 10 % ausweisen.

Die Deklaration der Behandlung als Vermietungsgenossenschaft erfolgt gegenüber der Finanzverwaltung in der Weise, dass im Formular zur Körperschaftsteuererklärung die Befreiungsvorschrift des § 5 Abs. 1 Nr. 10 KStG eingetragen, dass bei der Ermittlung des zu versteuernden Ein-

---

42 vgl. hierzu auch GdW-Schriften 34, Steuerpflicht oder Steuerfreiheit für Wohnungsgenossenschaften – Überlegungen und Entscheidungskriterien, Hrsg. GdW, 1991.

kommens nur das gesondert ermittelte partiell steuerpflichtige Jahresergebnis aufgeführt und dass die „Anlage **GR** zur Körperschaftsteuererklärung" ausgefüllt wird. Ein besonderes Anerkennungsverfahren, wie beispielsweise bei der Gemeinnützigkeit, ist für die Vermietungsgenossenschaft nicht vorgesehen. Von der Finanzverwaltung wird die Steuererklärung geprüft und schließt mit einem Körperschaft- und Gewerbesteuerbescheid für die partielle Steuerpflicht ab.

Das Einführungsschreiben[43] der Finanzverwaltung vom 22. 11. 1991 zur „Aufhebung der Steuerbefreiung für gemeinnützige Wohnungsunternehmen und Einführung der Steuerbefreiung für Vermietungsgenossenschaften ..." legt in Tz. 16 – 24 dar, dass der steuerbefreite Geschäftskreis der Vermietungsgenossenschaft auf die Vermietung eigener Wohnungen an Mitglieder beschränkt ist. Damit scheidet die Vermietung aufgrund von Treuhandschaften bzw. Pachtverträgen „verschaffter" Wohnungen als begünstigtes Geschäft aus.

Aus Billigkeitsgründen bedarf es bei Vermietungsgenossenschaften, die am 31. 12. 1989 als gemeinnützige Wohnungsunternehmen anerkannt waren, keiner Mitgliedschaft des Mieters, wenn z. B. Bund, Länder, Gemeinden, Kirchen oder Unternehmen für Mieter Genossenschaftsanteile erwerben oder halten. Allerdings muss der Mietvertrag auch in diesen Fällen mit dem tatsächlichen Wohnungsnutzer abgeschlossen werden.

Das BMF-Schreiben vom 22. 11. 1991 stellt auch klar, dass zu den Wohnungen auch Zubehörräume gehören, d. h. Garagen, Keller o. Ä. Allerdings werden Zubehörräume nur dann als zur Wohnungsvermietung gehörend gezählt, „wenn sie zusammen mit den Wohnungen genutzt werden". Wird **nur eine Garage** oder **ein Stellplatz** an ein Mitglied überlassen, ist eine nicht begünstigte Tätigkeit gegeben.

Zum steuerbefreiten Geschäftskreis gehören auch Gemeinschaftsanlagen und Folgeeinrichtungen (Kinder-

---

43 vgl. BMF-Schreiben vom 22. 11. 1991, IV B 7 – S 2730 – 24/91, BStBl. I 1991, S. 1041-1021.

gärten, Altentagesstätten, Sozialstationen, Wasch- und Trockenanlagen, Tiefgaragen, Sammelgaragen u. Ä.). Der Betrieb der Folgeeinrichtungen bzw. Gemeinschaftsanlagen kann durchaus durch Dritte, z. B. Institutionen der Wohlfahrtspflege steuerbefreit erfolgen. Die Steuerbefreiung der Folgeeinrichtung bzw. Gemeinschaftsanlage setzt allerdings voraus, dass die Nutzung mindestens zu 50 % durch Mitglieder erfolgt.

Einnahmenbegriff

Der Begriff der „Einnahmen" ist nicht eindeutig geregelt. Nach dem BMF-Schreiben vom 22. 11. 1991, Tz. 33, bestimmen sich die Einnahmen nach den Grundsätzen über die steuerliche Gewinnermittlung. Der Zufluss ist nicht maßgebend. Einnahmen sind alle Zugänge in Geld oder Geldeswert, die durch den Betrieb veranlasst sind (vgl. § 8 Abs. 1 EStG).

In erster Linie sind die Einnahmen aus den Posten der Gewinn- und Verlustrechnung abzuleiten. Im Weiteren sind solche Einnahmen zu erfassen, die nicht unmittelbar aus der Gewinn- und Verlustrechnung hervorgehen (vgl. „Anlage **GR** zur Körperschaftsteuererklärung"). Nach dem BMF-Schreiben vom 22. 11. 1991, Tz. 33, zählt die Umsatzsteuer als Einnahme. Bei der Veräußerung von Grundbesitz stellt der Veräußerungspreis (nicht der Veräußerungsgewinn) eine Einnahme dar.

Auch entstehen nach Auffassung der Finanzverwaltung aus der Abtretung, dem Verkauf und der Einlösung von Wertpapieren und aus der Rückzahlung von Darlehen und anderen Ausleihungen mit einer Gesamtlaufzeit von über einem Jahr Einnahmen.

Abgrenzung begünstigte/nicht begünstigte Einnahmen

Von zentraler Bedeutung ist die Unterscheidung, ob es sich um begünstigte oder nicht begünstigte Einnahmen handelt.

Zur Gewährleistung der Steuerfreiheit ist die Kontrolle und Überwachung nicht begünstigter Einnahmen unter

10 % der Gesamteinnahmen – auch unterjährig – notwendig.

Durch § 5 Abs. 1 Nr. 10 KStG ist grundsätzlich nur die Überlassung von Wohnungen an Mitglieder (einschließlich Zubehörräume, Folgeeinrichtungen und Gemeinschaftsanlagen) begünstigt.

Das BMF-Schreiben vom 22. 11. 1991 regelt allerdings weitere begünstigte Geschäfte, und zwar solche Tätigkeiten, die notwendig sind und die im Rahmen der begünstigten Tätigkeiten erfolgen. Dazu gehört beispielsweise der Verkauf von nicht mehr benötigtem Inventar aus dem begünstigten Bereich und auch die Veräußerung von Betriebsgrundstücken. Der Verkauf von bebauten und unbebauten Grundstücken ist aber nicht mehr begünstigt, wenn der Verkauf gewerblichen Charakter annimmt. Wird Grundbesitz aus dem steuerbefreiten Anlagevermögen veräußert und befand dieser sich länger als zehn Jahre im Bestand und erfolgten keine wertsteigernden Maßnahmen vor Verkauf, so ist eine begünstigte Einnahme anzunehmen.[44]

Beteiligungen an Kapital- und Personengesellschaften zählen zu den nicht begünstigten Geschäften. Besonders problematisch sind Anteile an Personengesellschaften, da über die einheitliche und gesonderte Gewinnfeststellung „automatisch" die anteiligen Einnahmen der Personengesellschaft die 10 %-Einnahmengrenze belasten.

Investitions- und Instandhaltungsplanung

Von zentraler Bedeutung zur Einhaltung der Vermietungsgenossenschaft ist die Höhe der liquiden Mittel. Liegen die im Rahmen der Instandhaltungs- und Investitionsplanung begünstigten liquiden Mittel unter dem Planungsvolumen, sind die gesamten Beträge begünstigt. Daraus resultierende Zinserträge u. Ä. sind ebenfalls begünstigt. Unterschreiten die liquiden Mittel das Planungsvolumen, sind – anteilig – die liquiden Mittel und

---

[44] vgl. BMF-Schreiben zur Abgrenzung zwischen privater Vermögensverwaltung und gewerblichem Grundstückshandel vom 26. 03. 2004, IV A 6 – S 2240 – 46/04, BStBl. I 2004, S. 434 ff.

die entsprechenden Erträge dem steuerpflichtigen Bereich zuzuordnen.

Zu den liquiden Mitteln zählen u. a. Wertpapiere des Anlage- und des Umlaufvermögens, Kassenbestand, Guthaben bei Kreditinstituten, Bausparguthaben. Begünstigt sind liquide Mittel nur, wenn sie aus einer begünstigten Tätigkeit stammen.

In Abhängigkeit von der Höhe der liquiden Mittel ergeben sich unterschiedliche Anforderungen an die Ausgestaltung und Bedeutung der Investitions- und Instandhaltungsplanung. Bei geringen liquiden Mitteln kann bereits durch die jährlich anfallenden Instandhaltungsaufwendungen verdeutlicht werden, dass die vorhandenen Mittel ausschließlich zukünftig notwendigen Instandhaltungsmaßnahmen dienen. Bei umfangreicheren liquiden Mitteln sind zusätzlich die geplanten Instandhaltungs- und Modernisierungsmaßnahmen (nach Lage, Gewerk und Kosten) und Investitionen in Neubau oder Ankauf zu erfassen.

Betriebsvermögen des partiell steuerpflichtigen Geschäftskreises

Zum Betriebsvermögen des steuerpflichtigen Geschäftskreises gehören alle Wirtschaftsgüter, die diesem Gewerbebetrieb dienen. Dies sind vor allem Gewerbeeinheiten und beispielsweise auch Grundstücke und Gebäude des Bauträgergeschäfts. Umgekehrt gilt, dass alle Wirtschaftsgüter, die der begünstigten Tätigkeit dienen, dem steuerbefreiten Geschäftsbereich zuzuordnen sind (Grundstücke mit Wohnbauten, die an Mitglieder vermietet sind, Folgeeinrichtungen und Gemeinschaftseinrichtungen, das Verwaltungsgebäude sowie in der Regel die gesamte Betriebsausstattung). Aufteilungen sind erforderlich, wenn ein Wirtschaftsgut teils dem steuerpflichtigen, teils dem steuerbefreiten Bereich dient, z. B. Mietshaus, in dem sich eine gewerbliche Einheit befindet.

Verbindlichkeiten sind möglichst direkt – dem steuerbefreiten oder dem steuerpflichtigen Bereich – zuzuordnen. Ist eine direkte Zuordnung nicht möglich, sind die

Fremdmittel den beiden Bereichen nach einem sachgerechten Aufteilungsmaßstab anteilig zuzuordnen.

Von besonderer Bedeutung ist es, wenn sich eine Veränderung im steuerpflichtigen Betriebsvermögen ergibt. Zum Zeitpunkt des Wechsels zwischen steuerpflichtigem und steuerbegünstigtem Bereich ist eine Teilwertermittlung (insbesondere des Grundbesitzes) gem. § 13 Abs. 3 KStG durchzuführen. Bei einem Wechsel vom steuerbefreiten in den steuerpflichtigen Bereich sind aufgedeckte stille Reserven dem begünstigten Bereich zuzuordnen. Bei einem Wechsel vom steuerpflichtigen in den steuerbefreiten Bereich unterliegt die Differenz zwischen dem Teilwert und dem steuerlichen Buchwert (stille Reserven) der Besteuerung.

Gewinnermittlung im partiell steuerpflichtigen Geschäftskreis

Der partiell steuerpflichtige Geschäftskreis begründet einen einheitlichen steuerpflichtigen Bereich innerhalb der sonst steuerbefreiten Genossenschaft, der wie ein eigenständiger steuerpflichtiger Betrieb behandelt wird. Für die Gewinnermittlung im partiell steuerpflichtigen Bereich gelten damit die allgemeinen Vorschriften des Ertragsteuerrechtes. Da eine eigenständige Buchführung für den steuerpflichtigen Teilbetrieb aber praktisch nicht möglich ist, muss der Ausgangspunkt der steuerlichen Gewinnermittlung das handelsrechtliche Gesamtergebnis der Genossenschaft sein.

In der Praxis führt dies dazu, dass die handelsrechtliche Gewinn- und Verlustrechnung nach steuerlichen Gesichtspunkten aufgegliedert wird.

Die Erträge und Aufwendungen der handelsrechtlichen Gewinn- und Verlustrechnung sind auf den steuerbegünstigten und den steuerbefreiten Bereich aufzuteilen. Insbesondere bei den Abschreibungen kann sich die Situation ergeben, dass die handelsrechtliche Abschreibung (im nicht begünstigten Bereich) nicht gleich der steuerlichen Abschreibung ist, da aufgrund einer Teilwertaufstockung bei Eintritt in die Steuerpflicht (01. 01. 1990/1991 oder später) ein abweichender steuerlicher Aufwand zu zeigen ist.

Bei der Ermittlung der Personal- und Sachaufwendungen des steuerpflichtigen Bereichs ergibt sich die Notwendigkeit einer sachgerechten Schätzung der Gemeinkosten.

3
Gewerbesteuer

3.1
Die Bedeutung der Gewerbesteuer für Wohnungsunternehmen

Rechtsgrundlage für die Gewerbesteuer von Wohnungsunternehmen ist § 2 Abs. 2 Nr. 2 GewStG, der bestimmt, dass die Tätigkeit von Kapitalgesellschaften und Genossenschaften „stets und in vollem Umfang" als Gewerbebetrieb gilt.[45]

Eine dauerhafte Steuerbefreiung gilt nach § 3 Nr. 15 GewStG nur für Erwerbs- und Wirtschaftsgenossenschaften sowie Vereine im Sinne des § 5 Abs. 1 Nr. 10 KStG, soweit sie von der Körperschaftsteuer befreit sind (sog. Vermietungsgenossenschaften vgl. Kapitel 2.6.2).

Bei Personengesellschaften hängt die Gewerbesteuerpflicht von der gewerblichen Betätigung ab. Nach § 2 Abs. 1 GewStG unterliegt der Gewerbesteuer jeder stehende Gewerbebetrieb, soweit er im Inland betrieben wird. Die Tätigkeit von Personengesellschaften gilt nicht bereits kraft Gesetz als gewerblich, hinzukommen muss eine gewerbliche Betätigung oder eine gewerbliche Prägung im Sinne des § 15 Abs. 3 Nr. 2 EStG.

Im Gegensatz zur Einkommensbesteuerung, bei der die Einkünfte der Personengesellschaft den einzelnen Gesellschaftern im Wege der einheitlichen und gesonderten Gewinnermittlung zugerechnet werden, ist für die Zwecke der Gewerbesteuer die Personengesellschaft selbst Besteuerungsobjekt.

---

45 vgl. hierzu auch umfangreiche Erläuterungen im GdW-Fachbuch, Die Gewerbesteuer bei Wohnungsunternehmen, Hrsg. GdW, 2002.

Zusammenfassend können somit zum Kreis der gewerbesteuerpflichtigen Unternehmen folgende Aussagen getroffen werden:

a) Alle Kapitalgesellschaften unterliegen mit ihrer gesamten Geschäftstätigkeit der Gewerbesteuerpflicht.
b) Die Genossenschaften, deren Einnahmen aus nicht begünstigten Tätigkeiten 10 % der gesamten Einnahmen übersteigen, sowie Genossenschaften, die nach § 34 Abs. 5 KStG zur vollen Steuerpflicht optiert haben, unterliegen gleichfalls mit ihrer gesamten Geschäftstätigkeit der Gewerbesteuerpflicht.
c) Die Genossenschaften, deren Einnahmen aus nicht begünstigten Tätigkeiten 10 % der gesamten Einnahmen nicht übersteigen, unterliegen nur im Rahmen des partiell nicht begünstigten Geschäftsbereichs der Gewerbesteuerpflicht.
d) Personengesellschaften unterliegen der Gewerbesteuer nur, soweit sie Einkünfte aus Gewerbebetrieb erzielen.

Aus diesem allgemeinen Besteuerungsgrundsatz für die Personengesellschaft ergibt sich auch die historische Erklärung für die sog. erweiterte Kürzung für Grundstücksunternehmen gem. § 9 Nr. 1 Satz 2 GewStG. Personengesellschaften unterliegen mit ihren Einkünften aus Vermietung und Verpachtung nicht der Gewerbesteuer, wohl aber Kapitalgesellschaften und Genossenschaften, soweit sie nicht im Rahmen der Regelungen zur Vermietungsgenossenschaft steuerbefreit sind. Durch § 9 Nr. 1 Satz 2 GewStG sollen Grundstücksunternehmen in der Rechtsform einer Kapitalgesellschaft oder Genossenschaft, die nur wegen ihrer Rechtsform gewerbesteuerpflichtig sind, den vermögensverwaltenden Personengesellschaften gleichgestellt werden.

3.2
Grundzüge der Gewerbesteuer

Die nachfolgenden Ausführungen zur Ermittlung des Gewerbeertrags beschränken sich auf die Tatbestände, die für Wohnungsunternehmen von Bedeutung sein können. Die Kürzungsvorschrift für den Grundbesitz und die Gewerbesteuerbegünstigung nach § 9 Nr. 1 Satz 2 GewStG, d. h. die erweiterte Kürzung, werden wegen ihrer Bedeutung in einem eigenständigen Kapitel (vgl. Kapitel 3.3) abgehandelt.

3.2.1
Ermittlung des Gewerbeertrages

Ausgangspunkt für die Ermittlung des Gewerbeertrages ist der nach den körperschaftsteuerrechtlichen Vorschriften ermittelte Gewinn aus Gewerbebetrieb (§ 7 GewStG). Diesem sind bestimmte Beträge hinzuzurechnen (§ 8 GewStG); die Summe des körperschaftsteuerlichen Gewinns und der Hinzurechnungen ist dann um die in § 9 GewStG aufgezählten Tatbestände zu kürzen. Danach ergibt sich der Gewerbeertrag.

Nicht zum Gewerbeertrag zählen ein nicht verrechenbarer Abschreibungsverlust nach § 13 Abs. 3 Sätze 2 – 9 KStG oder ein sich nach § 13 Abs. 3 Satz 10 KStG ergebender fiktiver Veräußerungsgewinn. Dies wird in einem BMF-Schreiben ausdrücklich klargestellt.[46] Damit hat die Vorschrift des § 13 Abs. 3 Sätze 2 – 10 KStG im Bereich der Gewerbesteuer keine Auswirkungen.

Hinzurechnung der Dauerschuldentgelte

Die wichtigste Hinzurechnungsvorschrift für Wohnungsunternehmen ist die Hinzurechnung der

„Hälfte der Entgelte für Schulden, die wirtschaftlich mit der Gründung oder dem Erwerb des Betriebs (Teil-

---

46 vgl. BMF-Schreiben vom 20. 12. 1994, VI B 2 – S 1900 – 147/94, abgedruckt und erläutert in GdW-Schriften 44, Neuregelung des § 13 KStG zur Verlustverrechnung, Hrsg. GdW, 1995.

betriebs) oder eines Anteils am Betrieb oder mit einer Erweiterung oder Verbesserung des Betriebs zusammenhängen oder der nicht nur vorübergehenden Stärkung des Betriebskapitals dienen (§ 8 Nr. 1 GewStG)."

Für Wohnungsunternehmen ist in diesem Zusammenhang der letzte Halbsatz von Bedeutung, d. h. das Kapital, das der nicht nur vorübergehenden Stärkung des Betriebskapitals dient. In der Regel kann davon ausgegangen werden, dass Schulden mit einer Laufzeit von mehr als einem Jahr den Charakter von Dauerschulden haben.

In der Wohnungswirtschaft gehören somit im Wesentlichen die Objektfinanzierungsmittel zu den Dauerschulden. Die Finanzierung von Bauträgermaßnahmen dagegen stellt keine Dauerschulden dar, da es sich bei diesen Maßnahmen um laufende Geschäftsvorfälle handelt, wenn die Schulden objektkonkret zugeordnet sind (vgl. Abschnitt 45 Abs. 4 GewStR 1998).

Für Kontokorrentkredite ist zu prüfen, ob ein gewisser Betrag im gesamten Jahr als Dauerschuld zur Verfügung stand. Das ist der Fall, wenn das laufende Konto ganzjährig kein Guthaben ausgewiesen hat. Hier ist hilfsweise der achtniedrigste Schuldenstand im entsprechenden Jahr zu ermitteln. Dieser Betrag wird als Dauerschuld gewertet (vgl. Abschnitt 45 Abs. 7 GewStR 1998).

Die für Dauerschulden gezahlten Entgelte, wie z. B. Zinsen, ein Disagio oder Abschreibungen des Disagios, aber auch alle anderen Vergütungen, sind zur Hälfte bei der Ermittlung des Gewerbeertrages hinzuzurechnen. Andere Vergütungen sind z. B. Vorfälligkeitsentschädigungen und andere laufende Sondervergütungen, wie z. B. Provisionen.

Nicht zu den Dauerschuldentgelten zählen nach Abschnitt 46 Abs. 1 Satz 8 GewStR 1998 Kreditprovisionen für nicht in Anspruch genommene Kredite (Bereitstellungsprovisionen, Zusageprovisionen). Ebenfalls nicht zu den Dauerschuldentgelten zählen Bereitstellungszinsen für später in Anspruch genommenes Fremdkapital. Der BFH hat in dieser Sache entschieden, dass zu den Dauerschuldentgelten nur das Entgelt während des Bestehens der Dauerschuld zählt. Bereitstellungszinsen stellen noch kein Entgelt für eine bereits eingegangene Schuld dar.[47]

Ebenfalls nicht zu den Dauerschuldentgelten zählen nach Abschnitt 46 Abs. 1 Satz 11 GewStR 1998 die mit Dauerschulden zusammenhängenden Kosten der Geldbeschaffung, laufenden Verwaltungskosten und Depotgebühren. Dass laufende Verwaltungskosten nicht als Dauerschuldentgelte qualifiziert werden, geht auf ein Urteil des Reichsfinanzhofs vom 26. 10. 1938 zurück. Seit einer Entscheidung des Bundesfinanzhofs vom 09. 08. 2000 ist aber klar, dass die laufenden Verwaltungskostenbeiträge für öffentliche Baudarlehen nicht unter diese Ausnahmeregelung zu subsumieren sind.[48] Der BFH begründet seine Auffassung damit, dass laufende Verwaltungsbeiträge, die sich ihrer Höhe nach prozentual an dem Darlehensbetrag bemessen und bezogen auf die gesamte Laufzeit des Darlehens zu zahlen sind, deshalb Dauerschuldentgelte seien, weil sie nicht für besondere über die Kapitalüberlassung hinausgehende Leistungen des Kreditgebers zu erbringen sind.

Zinsverbilligungszuschüsse, die von dritter Seite gewährt werden, mindern nach Abschnitt 46 Abs. 2 GewStR 1998 die hinzuzurechnenden Dauerschuldentgelte. Diese Zinsverbilligungszuschüsse sind aber nur dann mindernd zu berücksichtigen, wenn sie in unmittelbarem wirtschaftlichen Zusammenhang mit den Zinszahlungen und zur unmittelbaren Zinsverbilligung gezahlt werden.

Hinzurechnung von Gewinnanteilen (Dividenden) von Körperschaften

Die Erträge aus Dividenden sind wegen § 8 b KStG zu 95 % nicht im körperschaftsteuerlichen Ergebnis enthalten. Daher erfolgt eine Hinzurechnung, wenn die Beteiligung weniger als ein Zehntel des Grund- oder Stammkapitals der Körperschaft beträgt (§ 8 Nr. 5 GewStG).

---

47 vgl. BFH-Urteil vom 10. 07. 1996, I R 12/96, BStBl. II 1997, S. 253.
48 vgl. BFH-Urteil vom 09. 08. 2000, I R 92/99, BStBl. II 2001, S. 609 f.

Hinzurechnung von Anteilen am Verlust von Personengesellschaften

Da bei Personengesellschaften deren Ergebnisse selbst der Gewerbesteuer unterliegen, werden die Anteile am Verlust von Personengesellschaften, die das körperschaftsteuerliche Ergebnis gemindert haben, wieder hinzugerechnet (§ 8 Nr. 8 GewStG).

Kürzungen für Grundbesitz

Die bedeutendste Kürzungsvorschrift für Wohnungsunternehmen ist gemäß § 9 Nr. 1 Satz 1 GewStG die pauschale Kürzung um „1,2 % des Einheitswerts des zum Betriebsvermögens des Unternehmens gehörenden Grundbesitzes".

An deren Stelle „tritt auf Antrag bei Unternehmen, die ausschließlich eigenen Grundbesitz oder neben eigenem Grundbesitz eigenes Kapitalvermögen verwalten und nutzen oder daneben Wohnungsbauten betreuen oder Einfamilienhäuser, Zweifamilienhäuser oder Eigentumswohnungen ... errichten und veräußern, die Kürzung um den Teil des Gewerbeertrags, der auf die Verwaltung und Nutzung des eigenen Grundbesitzes entfällt", die sog. „erweiterte Kürzung" gemäß § 9 Nr. 1 Satz 2 GewStG (vgl. hierzu ausführlich Kapitel 3.3).

Kürzung von Anteilen am Gewinn von Personengesellschaften

Korrespondierend zur Hinzurechnung von Verlusten, werden die Anteile am Gewinn von Personengesellschaften, die im körperschaftsteuerlichen Ergebnis enthalten sind, wieder gekürzt (§ 9 Nr. 2 GewStG).

3.2.2
Steuermessbetrag – Hebesatz – Ermittlung der Gewerbesteuer

Nach § 14 GewStG ist ein Steuermessbetrag festzusetzen. Der Steuermessbetrag der Gewerbesteuer ergibt sich gemäß § 11 GewStG durch Multiplikation der sog.

Steuermesszahl mit dem auf volle 100 EUR nach unten abgerundeten Gewerbeertrag.

Für Personengesellschaften besteht ein Freibetrag in Höhe von 24 500 EUR. Für Vermietungsgenossenschaften kommt der Freibetrag von 3 900 EUR zum Zug.

Die Steuermesszahl auf den Gewerbeertrag beträgt grundsätzlich 5 %. Bei Personengesellschaften sind – in Abhängigkeit vom maßgeblichen Gewerbeertrag – auch niedrigere Prozentsätze nach § 11 Abs. 2 GewStG anwendbar.

Auf den Steuermessbetrag ist der von der Gemeinde festgesetzte Hebesatz anzuwenden. Danach ergibt sich die Gewerbesteuer. Bei der Berechnung der Gewerbesteuer ist zu berücksichtigen, dass sie bei der Ermittlung des körperschaftsteuerpflichtigen Einkommens und damit auch des Gewerbeertrages abzugsfähig ist. D. h., eine Gewerbesteuerersparnis führt zu einem höheren körperschaftsteuerpflichtigen Einkommen.

Das nachfolgende Beispiel berücksichtigt durch eine Formel diese Abzugsfähigkeit der Gewerbesteuer von ihrer eigenen Bemessungsgrundlage:

Beispiel

Gewerbeertrag nach Hinzurechnungen und Kürzungen: 600 000 EUR

GewSt-Formel: Gewerbeertrag x $\frac{m \times h}{1+(m \times h)}$

m = Messzahl von 5 % bei Körperschaften

h = Hebesatz der Gemeinde, im Beispiel 400 %

GewSt: 600 000 EUR x $\frac{0{,}05 \times 4}{1+(0{,}05 \times 4)}$ =   100 000 EUR

3.2.3
Verlustvortrag – Zerlegung bei Betriebsstätten – Organschaft

Gewerbeverlust/Verlustvortrag

Gemäß § 10 a GewStG wird der ermittelte Gewerbeertrag um die Verluste gekürzt, die sich bei der Ermittlung des Gewerbeertrags für die vorangegangenen Erhebungszeiträume ergeben haben (sog. Verlustvortrag). Die Höhe des vortragsfähigen Gewerbeverlustes ist gesondert zu ermitteln und wird durch einen gesonderten Steuerbescheid festgestellt. Ein Verlustrücktrag ist – im Gegensatz zur Körperschaftsteuer – nicht möglich.

Der Gewerbeverlust ist vom maßgebenden Gewerbeertrag, d. h. nach Berücksichtigung von Hinzurechnungen und Kürzungen gemäß §§ 8 und 9 GewStG, abzuziehen. Unter bestimmten Voraussetzungen kann der Verlustvortrag verloren gehen (vgl. im Einzelnen Abschnitte 66 – 68 GewStR 1998).

Seit dem 01. 01. 2004 ist wie bei der Körperschaftsteuer eine **Beschränkung** der **Verlustverrechnung** dergestalt eingetreten, dass Verlustvorträge nur bis zur Höhe von 1 Mio. EUR mit positiven Gewerbeerträgen unbeschränkt verrechnet werden können. Die diesen Sockelbetrag von 1 Mio. EUR übersteigenden positiven Gewerbeerträge können darüber hinaus bis zu 60 % mit vorhandenen Verlustvorträgen verrechnet werden, so dass im Ergebnis die verbleibenden 40 % der den Sockelbetrag übersteigenden positiven Gewerbeerträge zu versteuern sind (§ 10 a GewStG).

Zerlegung bei Betriebstätten

Der einheitlich ermittelte Steuermessbetrag ist bei Vorhandensein von Betriebsstätten in mehreren Gemeinden, die der Ausübung des Gewerbes dienen, in die auf die einzelnen Gemeinden entfallenden Anteile (Zerlegungsanteile) zu zerlegen (§ 28 Abs. 1 GewStG).

Der Begriff der steuerlichen Betriebstätte ist in § 12 Abgabenordnung geregelt. Betriebstätten von Wohnungsunternehmen sind z. B. die Stätte der Geschäftsleitung, Zweigniederlassungen oder Geschäftstellen. Die Mietwohnanlagen von Wohnungsunternehmen sind definitionsgemäß keine Betriebstätten im gewerbesteuerlichen Sinn.

Der Zerlegungsmaßstab resultiert aus dem Verhältnis der Summe der Arbeitslöhne, die an die bei allen Betriebsstätten beschäftigten Arbeitnehmer gezahlt worden sind, zu den Arbeitslöhnen, die an die bei den Betriebsstätten der einzelnen Gemeinden beschäftigten Arbeitnehmer gezahlt worden sind (§ 29 Abs. 1 GewStG). Arbeitslöhne im Sinne dieser Vorschrift sind die Vergütungen gemäß § 19 Abs. 1 Nr. 1 EStG (§ 31 Abs. 1 Satz 1 GewStG).

Gewerbesteuerliche Organschaft

Bei Vorliegen der Voraussetzungen für eine körperschaftsteuerliche Organschaft ist auch eine gewerbesteuerliche Organschaft gegeben (vgl. Kapitel 2.3).

Die Organgesellschaft gilt als Betriebsstätte des Organträgers (Abschnitt 41 Abs. 1 Satz 1 GewStR 1998), ist also nicht gewerbesteuerpflichtig. Besteuert wird nur der Organträger. Die Gewerbeerträge von Organträger und Organgesellschaft werden getrennt ermittelt und unterliegen dann zusammengefasst beim Organträger der Gewerbesteuer. Durch diese Zusammenrechnung können sich doppelte steuerliche Belastungen oder aber auch ungerechtfertigte Entlastungen ergeben. Aus diesem Grund sind die §§ 8 und 9 GewStG gesondert zu beachten.

Das nachfolgende Schema verdeutlicht die Grundzüge der Gewerbesteuer und zeigt die Einbindung der sog. Gewerbesteuerbegünstigung für Grundstücksunternehmen gem. § 9 Nr. 1 GewStG in die Systematik der Gewerbesteuer.

3.2.4 Zusammenfassende Übersicht zur Ermittlung der Gewerbesteuer

Grundzüge der Gewerbesteuer

Ermittlung der Gewerbesteuer für Kapitalgesellschaften und Genossenschaften

	Gewinn nach KStG
+/–	Berichtigungen (Abschnitte 40 und 41 GewStR 1998)
–	Beträge nach § 13 Abs. 3 Sätze 2 – 10 KStG
=	Gewinn (§ 7 GewStG)
+	Hinzurechnungen (§ 8 GewStG)
–	Kürzungen (§ 9 GewStG) **(insbesondere Gewerbesteuerbegünstigung für Grundstücksunternehmen gem. § 9 Nr. 1 GewStG)**
=	**maßgebender Gewerbeertrag (§ 10 GewStG)**
–	Gewerbeverlust (§ 10 a GewStG)
–	Freibetrag (§ 11 Abs. 1 Satz 3 Nr. 2 GewStG, 3 900 EUR bei Vermietungsgenossenschaften)
=	Zwischensumme, Abrundung auf volle 100 EUR
x	Steuermesszahl (§ 11 Abs. 2 GewStG)
=	**Steuermessbetrag nach dem Gewerbeertrag (§ 14 GewStG)**
x	Hebesatz der Gemeinde (§ 16 GewStG)
=	**festzusetzende Gewerbesteuer***

* Als Faustregel ergibt sich etwa eine Belastung des Gewerbeertrages von knapp 17 % auf der Grundlage eines Hebesatzes von 400 % und unter Berücksichtigung der „Abzugsfähigkeit der Gewerbesteuer bei sich selbst".

3.3
Gewerbesteuerbegünstigung des Grundbesitzes

Das Gewerbesteuerrecht kennt zwei alternative Begünstigungen des Grundbesitzes.

3.3.1
Die pauschale Kürzung um 1,2 % des Einheitswertes des zum Betriebsvermögen gehörenden Grundbesitzes gemäß § 9 Nr. 1 Satz 1 GewStG

Diese pauschale Kürzungsvorschrift zielt darauf ab, die Doppelbelastung der Betriebsgrundstücke mit Gewerbesteuer und Grundsteuer zu vermeiden. Der pauschale Abzug ist aber auch vorzunehmen, wenn der Grundbesitz nicht mit Grundsteuer belastet ist (z. B. Erlass von Grundsteuer aus Billigkeitsgründen).

Maßgebend für die Kürzung ist der zuletzt festgestellte Einheitswert der Betriebsgrundstücke, d. h. in den alten Ländern der Einheitswert auf Basis der Wertverhältnisse zum 01. 01. 1964 und in den neuen Ländern auf Basis der Wertverhältnisse zum 01. 01. 1935.

Gemäß § 121 a BewG sind die Einheitswerte 1964 für die Zwecke der Gewerbesteuer mit 140 % anzusetzen. In den neuen Ländern sind die Einheitswerte 1935 der Betriebsgrundstücke gem. § 133 BewG für die Gewerbesteuer wie folgt anzusetzen:

1. Mietwohngrundstücke mit 100 %,
2. Geschäftsgrundstücke mit 400 %,
3. gemischt genutzte Grundstücke, Einfamilienhäuser und sonstige bebaute Grundstücke mit 250 % und
4. unbebaute Grundstücke mit 600 %.

Fraglich ist, wie zu verfahren ist, wenn in den neuen Ländern Einheitswerte für die Betriebsgrundstücke nicht oder zumindest teilweise nicht festgestellt worden sind.

Das BMF hat mit Schreiben vom 13. 06. 1994 bestätigt, dass in diesen Fällen von der Ersatzbemessungsgrundlage nach § 42 GrStG ausgegangen werden kann.[49] Als Schätzungsgrundlage kann das 50fache der bei einem Hebesatz von 300 % nach der Ersatzbemessungsgrundlage ermittelten Grundsteuer (§ 42 Abs. 2 GrStG) angesetzt werden.

Die Grundsteuer beträgt nach § 42 Abs. 2 GrStG

- für Wohnungen, die mit Bad, Innen-WC und Sammelheizung ausgestattet sind, 1 EUR/m^2 Wohnfläche,
- für andere Wohnungen 0,75 EUR/m^2 Wohnfläche,
- je Abstellplatz für Pkw in einer Garage 5 EUR.

Die Kürzung nach § 9 Nr. 1 Satz 1 GewStG beträgt 1,2 % dieser Ersatzbemessungsgrundlage.

In diesem Zusammenhang ist jedoch anzumerken, dass nach § 132 BewG in den neuen Ländern die Einheitswerte 1935 nachfestzustellen sind. Für Mietwohngrundstücke kann dies nach § 132 Abs. 2 BewG unterbleiben, wenn der Einheitswert nur für die Festsetzung der Grundsteuer erforderlich wäre. Dies ist aber – soweit Gewerbesteuerpflicht vorliegt – nicht der Fall. Bis zu einer Nachfeststellung kann jedoch auf der Grundlage des vorgenannten BMF-Schreibens verfahren werden.

Bei der pauschalen Kürzung um 1,2 % der Einheitswerte des am 01.01. des jeweiligen Wirtschaftsjahres zum Betriebsvermögen gehörenden Grundbesitzes ist nur der zum Betriebsvermögen des Unternehmens gehörende Grundbesitz einzubeziehen. Da die Tätigkeit von Kapitalgesellschaften und Genossenschaften nach § 2 Abs. 2 GewStG stets und in vollem Umfang als gewerbliche Tätigkeit gilt, gehören alle in ihrem Eigentum stehenden Grundstücke – einschließlich Erbbaurechte oder Grundstücksteile – zum Betriebsvermögen.

Der Pauschalabzug ist vom Gesetzgeber als Regelfall angesehen. Er wird somit – im Gegensatz zu der erweiter-

---

[49] vgl. BMF-Schreiben vom 13. 06. 1994, IV B 7 – G 1425 – 4/94, StEK, GewStG, § 9, Nr. 29.

ten Kürzung – nach § 9 Nr. 1 Satz 2 GewStG ohne Antrag gewährt.

Unerheblich für die pauschale Kürzung ist, ob der Grundbesitz zum Anlage- oder Umlaufvermögen gehört.

3.3.2
Die erweiterte Kürzung für Grundstücksunternehmen gemäß § 9 Nr. 1 Satz 2 ff. GewStG

Anstelle der Kürzung um 1,2 % der Einheitswerte räumt § 9 Nr. 1 Sätze 2–6 GewStG die Möglichkeit der sog. erweiterten Kürzung ein.

Voraussetzung ist, dass der Gewinn aus der Verwaltung und Nutzung des eigenen Grundbesitzes gesondert ermittelt wird. Die Kürzung bezieht sich ausschließlich auf den Teil des Gewerbeertrags, der auf die Verwaltung und Nutzung des eigenen Grundbesitzes entfällt. Gewerbesteuerpflichtig bleibt in jedem Fall der Teil des Gewerbeertrags, der aus der Betreuung von Wohnungsbauten, Veräußerung von Einfamilienhäusern, Zweifamilienhäusern und Eigentumswohnungen sowie aus der Nutzung eigenen Kapitalvermögens resultiert.

Die Bedeutung dieser Begünstigungsvorschrift wird deutlich, wenn man sich vergegenwärtigt, dass der Schwerpunkt der Geschäftstätigkeit der weitaus überwiegenden Mehrzahl der Wohnungsunternehmen in der Bewirtschaftung des eigenen Mietwohnungsbestandes liegt. Diese Gewerbesteuerbegünstigung neutralisiert einen positiven Gewerbeertrag (= körperschaftsteuerliches Ergebnis + 50 % Dauerschuldentgelte) aus der Verwaltung und Bewirtschaftung des eigenen Wohnungsbestandes, wenn – und das ist das Entscheidende – die gesetzlichen Voraussetzungen des § 9 Nr. 1 Satz 2 GewStG vorliegen.

3.3.2.1
Einzelheiten der erweiterten Kürzung für Grundstücksunternehmen nach § 9 Nr. 1 Satz 2 ff. GewStG

Nach § 9 Nr. 1 Satz 2 GewStG sind Grundstücks- oder Wohnungsverwaltungsgesellschaften jeglicher Rechtsform hinsichtlich der Verwaltung und Nutzung des eigenen Grundbesitzes von der Gewerbesteuer befreit, denn die Erträge der mit diesen Tätigkeiten verbundenen Geschäfte sind vom Gewerbeertrag zu kürzen. Diese so genannte erweiterte Kürzung ist jedoch nur dann möglich, wenn das Unternehmen ausschließlich Verwaltung und Nutzung eigenen Grundbesitzes durchführt bzw. daneben

- eigenes Kapitalvermögen verwaltet oder nutzt
- und/oder daneben Wohnungsbauten betreut
- und/oder Einfamilienhäuser, Zweifamilienhäuser oder Eigentumswohnungen errichtet und veräußert.

Dabei kann die Betreuung von Wohnungsbauten[50] sowie die Errichtung und Veräußerung von Einfamilienhäusern, Zweifamilienhäusern oder Eigentumswohnungen durchaus gewerblich betrieben werden. Die Erträge hinsichtlich dieser gewerblich betriebenen Geschäfte sind für die Anwendung der Kürzungsvorschrift unschädlich. Diese Erträge nehmen jedoch nicht an der erweiterten Kürzung teil.

Schädlich sind aber alle Tätigkeiten, die über die zuvor genannten Tätigkeiten hinausgehen, d. h. das Betreiben aller übrigen Tätigkeiten führt dazu, dass die erweiterte Kürzung nicht in Anspruch genommen werden kann.

Jede im gleichen Erhebungszeitraum durchgeführte gewerbliche Tätigkeit, die nicht ausdrücklich durch § 9 Nr. 1 Satz 2 ff. GewStG privilegiert ist, führt grundsätzlich zum Verlust der erweiterten Kürzung **(Grundsatz der Ausschließlichkeit).** Das Unternehmen kann dann nur

---

50 vgl. BFH-Urteil vom 17. 09. 2003, I R 8/02, BStBl. II 2004, S. 243 f., wonach die Verwaltung bereits fertig gestellter fremder Gebäude als Betreuung von Wohnungsbauten i. S. d. § 9 Nr. 1 Satz 2 GewStG anzusehen ist, auch wenn diese Gebäude vom Grundstücksunternehmen nicht selbst errichtet wurden.

noch die pauschale Kürzung nach § 9 Nr. 1 Satz 1 GewStG in Anspruch nehmen.

Von diesem Grundsatz der Ausschließlichkeit ausgenommen sind Nebengeschäfte oder gesetzlich zugelassene Nebentätigkeiten.

Nebengeschäfte sind Geschäfte, die regelmäßig nicht mehr zu den begünstigten Tätigkeiten gehören, aber im Einzelfall zwingend notwendiger Teil einer wirtschaftlich sinnvoll gestalteten Grundstücksverwaltung und Grundstücksnutzung sind. In Betracht kommen etwa die Grundstücksbevorratung und deren Finanzierung, die Beschaffung und Erschließung von Bauland für Vermietungszwecke, die Finanzierung der auf die Vermietung gerichteten Bautätigkeit, die gelegentliche Grundstücksveräußerung (soweit sie nicht gewerblichen Grundstückshandel[51] darstellt), die Baulandumlegung, die Verwaltung von Mietkautionen ohne Gewinnerzielungsabsicht, die Hausmeisterei und Regiebetriebe für die eigene Grundstücksverwaltung.

Außerdem darf das Unternehmen die **gesetzlich zugelassenen Nebentätigkeiten** ausüben, d. h. eigenes Kapitalvermögen verwalten oder Wohnungsbauten betreuen und Ein- und Zweifamilienhäuser errichten und veräußern.

---

51 vgl. BMF-Schreiben vom 26. 03. 2004, IV A 6 – S 2240 – 46/04, BStBl. I 2004, S. 434 ff.

Einzelheiten der erweiterten Kürzung

Tätigkeit	Bewertung	Steuerliche Folge
Verwaltung und Nutzung eigenen Grundbesitzes	Zwingende Tätigkeit als Vermögensverwaltung und damit begünstigt	Kürzung des Gewerbeertrags um den hierauf entfallenden Teil
Gesetzlich zugelassene Nebentätigkeiten	Unschädlich für die erweiterte Kürzung	
Verwaltung und Nutzung eigenen Kapitalvermögens	als Vermögensverwaltung	
Betreuung von Wohnungsbauten	als gewerbliche Tätigkeit	Keine Kürzung um den hierauf entfallenden Teil
Errichten und Veräußern von Einfamilien-, Zweifamilienhäusern und Eigentumswohnungen	als gewerbliche Tätigkeit	
Alle anderen Tätigkeiten	Schädlich für die erweiterte Kürzung (Grundsatz der Ausschließlichkeit der Verwaltung und Nutzung eigenen Grundbesitzes **Ausnahme:** Nebengeschäfte von untergeordneter Bedeutung, ohne Gewinnerzielungsabsicht)	Völliger Ausschluss der erweiterten Kürzung – auch für die Verwaltung und Nutzung eigenen Grundbesitzes

3.3.2.2
Risiken bei der Inanspruchnahme der erweiterten Kürzung

Die Risiken bei der Inanspruchnahme der erweiterten Kürzung erwachsen dem Grund nach aus dem Erfordernis der Ausschließlichkeit.

Das Kriterium der Ausschließlichkeit fordert, dass innerhalb eines Erhebungszeitraumes von dem Grundstücksunternehmen keine andere Tätigkeit als die Grundstücksverwaltung und -nutzung ausgeübt werden darf. Ausgenommen sind nur die übrigen gesetzlich zugelassenen Nebentätigkeiten, und zwar die Verwaltung von eigenem Kapitalvermögen, Betreuung von Wohnungsbauten, Errichtung und Veräußerung von Wohneigentum.

Da Wohnungsunternehmen als Genossenschaften bzw. Kapitalgesellschaften gemäß § 2 Abs. 2 GewStG kraft Rechtsform Gewerbebetriebe sind, gilt jede Tätigkeit grundsätzlich als gewerbliche Tätigkeit, die das Erfordernis der Ausschließlichkeit gefährden kann.

Daher ist es für diejenigen Unternehmen, die die erweiterte Kürzung mit dem Ziel der völligen Eliminierung der Gewerbesteuer in diesem Bereich in Anspruch nehmen wollen, notwendig, genau zu wissen, welche von ihnen durchgeführten Tätigkeiten im Sinne von § 9 Nr. 1 Sätze 2 ff. GewStG begünstigt oder aber zumindest für das Kriterium der Ausschließlichkeit unschädlich sind.

Alle schädlichen Geschäftstätigkeiten müssen demgemäß vermieden bzw. in andere eventuell zu gründende Kapitalgesellschaften ausgegliedert werden.

3.3.2.3
Antrag und gesonderte Gewinnermittlung

Die erweiterte Kürzung wird nach § 9 Nr. 1 Satz 2 GewStG nur gewährt, wenn das Unternehmen dies durch entsprechendes Ausfüllen der Steuererklärung beantragt. Ohne Antrag verbleibt es bei der pauschalen Kürzung um 1,2 % des Einheitswertes des Grundbesitzes. Demgemäß liegt es in der Entscheidung des Unternehmens, welche Kürzung es in dem konkreten Erhebungszeitraum für günstiger erachtet.

Der Antrag unterliegt keiner besonderen Frist. Er kann bis zur Rechtskraft des Gewerbesteuermessbescheides gestellt bzw. zurückgenommen werden.

Soweit ein Unternehmen neben der Verwaltung und Nutzung eigenen Grundbesitzes auch Wohnungsbauten betreut oder auch Einfamilienhäuser, Zweifamilienhäuser oder Eigentumswohnungen veräußert, so ist gemäß § 9 Nr. 1 Satz 4 GewStG Voraussetzung für die Inanspruchnahme der erweiterten Kürzung, dass der Gewinn aus der Verwaltung und Nutzung des eigenen Grundbesitzes gesondert ermittelt wird. Denn nur aufgrund dieser gesonderten Ermittlung kann eine genaue Abgrenzung der aus der Verwaltung und Nutzung gezogenen Erträge von den unschädlichen gewerblichen Erträgen aus den ausdrücklich zugelassenen Nebentätigkeiten erfolgen.

3.3.3 Zusammenfassung

Der Gewerbeertrag aus der Verwaltung und Nutzung des eigenen Grundbesitzes setzt sich zusammen aus dem auf der Grundlage der steuerlichen Bewertungsvorschriften ermittelten, in der wohnungswirtschaftlichen Terminologie so bezeichneten „Ergebnisses aus der Hausbewirtschaftung" unter Hinzurechnung der Hälfte der dem Geschäftsbereich zuzurechnenden betreffenden Dauerschuldentgelte.

Mit Sicht auf die Hinzurechnung der Hälfte der Dauerschuldentgelte wird deutlich, dass auch bei negativem körperschaftsteuerlichen Ergebnis ein positiver Gewerbeertrag aus der Verwaltung und Nutzung des eigenen Grundbesitzes eintreten kann.

Die Inanspruchnahme der erweiterten Gewerbesteuerbegünstigung für Grundstücksunternehmen ist nur vorteilhaft, wenn ein positiver Gewerbeertrag vorliegt, der die pauschale Kürzung von 1,2 % der Einheitswerte des Grundbesitzes übersteigt.

So positiv die Wirkungen der erweiterten Kürzung im Einzelfall steuerlich sein können, so muss jedoch bereits im Vorfeld klar sein, dass diese positiven Effekte häufig nur mit einer Einschränkung der Geschäftstätigkeit oder mit Umstrukturierungsmaßnahmen erreicht werden können. Nach § 9 Nr. 1 Sätze 2–6 GewStG sind nur bestimmte Tätigkeiten neben den begünstigten Tätigkeiten erlaubt. Bereits eine schädliche Tätigkeit kann zur Versagung der erweiterten Kürzung insgesamt führen. Das heißt also, dass ggf. bisher ausgeführte Geschäfte nicht mehr getätigt werden können, oder dass bestimmte schädliche Geschäfte auf Tochterunternehmen ausgelagert werden müssten. Auch der Verwaltungsvollzug in der Zukunft ist dann natürlich aufwendiger. Dies sollte bei der Vorüberlegung zur Inanspruchnahme der erweiterten Kürzung bedacht werden.

4
Umsatzsteuer

4.1
Grundlagen der Umsatzsteuer

Die Umsatzsteuer[52] ist je nach Einordnung in die verschiedenen Arten der **Steuersystematik** eine Objektsteuer bzw. eine **Verkehrssteuer**. Bei einer Objektsteuer wird deren Höhe ausschließlich nach dem Steuergegenstand bestimmt, ohne Einbezug persönlicher Verhältnisse. Wird ein wirtschaftlicher Vorgang besteuert, handelt es sich um eine Verkehrssteuer. In diesem Fall wird der Umsatz besteuert.

Die Umsatzsteuer ist eine **Allphasen-Nettoumsatzsteuer** mit Vorsteuerabzug, die auf jeder Wirtschaftsstufe erhoben wird und durch den Vorsteuerabzug im Ergebnis nur den Nettoumsatz erfasst.

Steuersubjekt der Umsatzsteuer ist der **Unternehmer**. Wohnungs- und Immobilienunternehmen sind Unternehmer gemäß § 2 Abs. 1 UStG, wenn eine gewerbliche Tätigkeit selbstständig ausgeübt wird. Gewerblich ist jede nachhaltige Tätigkeit zur Erzielung von Einnahmen. Eine Gewinnerzielungsabsicht ist nicht erforderlich. Die Selbstständigkeit eines Wohnungs- bzw. Immobilienunternehmens ist grundsätzlich gegeben, es sei denn, das Unternehmen ist in ein anderes Unternehmen eingegliedert, so dass eine umsatzsteuerliche Organschaft im Sinne von § 2 Abs. 2 Nr. 2 UStG vorliegt (vgl. Kapitel 4.8).

---

52 zur „Umsatzbesteuerung der Immobilien-Unternehmen" vgl. auch Frohnapfel/Winkler/Wittenberg, Verlag Dr. Otto Schmidt, Köln 2003.

4.2
Steuerbefreiungen

Der Gesetzgeber hat durch § 4 UStG bestimmte steuerbare Tatbestände von der Umsatzsteuer befreit.

Die folgenden Ausführungen beschränken sich auf die für Wohnungs- und Immobilienunternehmen wesentlichen Befreiungstatbestände des § 4 UStG. Diesen Befreiungstatbeständen gemein ist, dass sie bei Wohnungs- und Immobilienunternehmen zum Ausschluss des Vorsteuerabzuges führen.

4.2.1
Umsätze, die unter das Grunderwerbsteuergesetz fallen (§ 4 Nr. 9 a UStG)

Die in § 1 Abs. 1 GrEStG aufgeführten Rechtsvorgänge sind dadurch gekennzeichnet, dass sie entweder den Anspruch auf Übereignung eines **Grundstückes** begründen oder den Übergang des Eigentums beinhalten. Solche Rechtsvorgänge sind insbesondere der Grundstückskauf, der Grundstückstausch, die Auflassung sowie die Entnahme von Grundstücken für Zwecke, die außerhalb des Unternehmens liegen. Der Grundstücksbegriff des Grunderwerbsteuergesetzes geht von dem bürgerlich-rechtlichen Grundstücksbegriff aus. Er umfasst somit auch wesentliche Bestandteile. Den Grundstücken gleich stehen Erbbau- und Erbpachtrechte, Gebäude auf fremden Grundstücken sowie das Wohnungs- und Teileigentum. Nicht zu den Grundstücken gehören Betriebsvorrichtungen, Mineralgewinnungsrechte, sonstige Gewerbeberechtigungen, Dauerwohnrechte sowie das Zubehör.

Die Befreiungsvorschrift des § 4 Nr. 9 a UStG bezweckt, eine **Doppelbelastung** mit Umsatzsteuer und Grunderwerbsteuer grundsätzlich zu vermeiden.

4.2.2
Vermietungs- und Verpachtungsumsätze (§ 4 Nr. 12 UStG)

Grundsätzliche Ausführungen

Eine besondere Bedeutung hat für Immobilienunternehmen die Befreiungsvorschrift des § 4 Nr. 12 UStG. Dessen Regelungsinhalt sieht die Steuerfreiheit für die grundsätzlich steuerbaren Umsätze aus Vermietung und Verpachtung vor. Diese Begriffe sind nach dem bürgerlichen Recht auszulegen. Vermietung bedeutet die entgeltliche Gebrauchsüberlassung einer Sache (§ 535 BGB). Bei der Pacht tritt neben den Gebrauch der Sache auch noch das Recht zur Aneignung des Ertrages (Fruchtziehung nach § 581 BGB).

Gegenstand der Nutzungsüberlassung müssen Grundstücke sein. Nicht begünstigt werden Verträge über bewegliche Wirtschaftsgüter (z. B. Scheinbestandteile und Betriebsvorrichtungen). Scheinbestandteile stellen Baulichkeiten dar, die keine Bestandteile des Grundstückes sind, weil sie nur zu einem vorübergehenden Zweck errichtet wurden (Baubaracken, Kioske, Tribünen, Büro- und Wohncontainer). Die Vermietung solcher Einrichtungen fällt nicht unter die Steuerbefreiung.

Zu den Betriebsvorrichtungen gehören neben Maschinen und maschinenähnlichen Anlagen alle Anlagen, die in besonderer und unmittelbarer Beziehung zu einer auf dem Grundstück ausgeübten gewerblichen Tätigkeit stehen, d. h. Anlagen durch die das Gewerbe unmittelbar betrieben wird (Abschnitt 85 Satz 6 UStR 2005).

Ebenfalls wie Grundstücke behandelt werden **Erbbaurechte**, das **Wohnungseigentum** und das **Teileigentum**.

Nebenleistungen

Zu den nach § 4 Nr. 12 a UStG steuerfreien Leistungen im Rahmen von Miet- und Pachtverhältnissen gehören auch die mit der Grundstücksüberlassung in unmittelbarem wirtschaftlichen Zusammenhang stehenden üblichen **Nebenleistungen**. Eine Nebenleistung ist ein wirtschaftlicher Vorgang,

- der zwar anderer Art ist als die Hauptleistung, jedoch mit der Hauptleistung wirtschaftlich eng zusammenhängt, d. h. diese ergänzt, abrundet, verbessert,
- mit der Hauptleistung der betreffenden Art häufig vorkommt und
- im Verhältnis zur Hauptleistung von untergeordneter Bedeutung ist.

Nicht übliche Nebenleistungen sind z. B. Stromlieferungen an Mieter.

Beherbergungsumsätze

Die Steuerfreiheit von Vermietungsumsätzen ist für den Fall der **kurzfristigen Beherbergung** von Fremden ausgeschlossen (z. B. Vermietung von Gästewohnungen). Die Gebrauchsüberlassung beträgt dabei weniger als sechs Monate.

Vermietung von Kfz-Stellplätzen und Garagen

Die Vermietung von **Kfz-Stellplätzen** und **Garagen** ist grundsätzlich umsatzsteuerpflichtig. Sie ist aber umsatzsteuerfrei, wenn es sich um eine Nebenleistung zur steuerfreien Hauptleistung (z. B. steuerfreie Wohnungsvermietung) handelt. Die Steuerfreiheit wird durch den Abschluss von zwei getrennten Verträgen nicht ausgeschlossen. Voraussetzung für die Steuerfreiheit ist, dass die Verträge zwischen den gleichen Vertragspartnern abgeschlossen werden. So ist die Vermietung einer Garage an einen Ehepartner steuerfrei, wenn er zugleich Vertragspartner im Rahmen der Wohnungsvermietung ist. Die Steuerfreiheit der Vermietung von Kfz-Stellplätzen und Garagen setzt weiterhin voraus, dass ein räumlicher Zusammenhang zwischen der Wohnung und dem Kfz-Stellplatz oder der Garage besteht.

Vermietung von Dachflächen für Mobilfunkantennen (Standortmietverträge über Funkfeststationen)

Telefongesellschaften schließen häufig mit Wohnungsunternehmen als Grundstückeigentümer sog. Standortmietverträge über Funkfeststationen ab, in denen der Telefongesellschaft für eine bestimmte Zeit das Recht eingeräumt wird, auf der angemieteten Grundstücks- bzw. Gebäudefläche eine Funkfeststation zu errichten und zu betreiben. Die Funkfeststation ist vom Mieter bei Vertragsende wieder zu beseitigen. Solche Standortmietverträge über Funkfeststationen sind stets als steuerfreie Grundstücksvermietung i. S. d. § 4 Nr. 12 a UStG anzusehen.[53] Da es sich um eine eigenständige Vermietungsleistung handelt, ist bei Vorliegen der Voraussetzungen des § 9 UStG eine Option zur Steuerpflicht möglich.

Dingliche Nutzungsrechte (§ 4 Nr. 12 c UStG)

Die Bestellung, die Übertragung und die Überlassung der Ausübung von **dinglichen Nutzungsrechten** an Grundstücken sind gem. § 4 Nr. 12 c UStG steuerfrei. Zu den dinglichen Nutzungsrechten zählen die Dauerwohn- und Dauernutzungsrechte, der Nießbrauch (§ 1030 BGB), die Grunddienstbarkeit (§ 1018 BGB) und die beschränkte persönliche Dienstbarkeit (§ 1090 BGB). Die Einräumung eines dinglichen Rechts, wie z. B. das Recht eine Elektrizitäts- oder Ölversorgungsleitung über ein Grundstück zu führen, ist daher steuerfrei.

**4.2.3
Leistungen von Wohnungseigentümergemeinschaften (§ 4 Nr. 13 UStG)**

Das Wohnungseigentumsgesetz (WEG) unterscheidet zwischen dem Sondereigentum der einzelnen und dem gemeinschaftlichen Eigentum aller Wohnungs- und Teileigentümer. Zum gemeinschaftlichen Eigentum gehören außer dem Grundstück auch Teile, Anlagen und Einrichtungen eines Gebäudes, die nicht im Sondereigentum

---

53 vgl. Verfügung der OFD Nürnberg vom 11. 08. 2003, S 7168 – 104/St43, StEK, UStG 1980, § 4 Ziff. 12, Nr. 128.

eines Mitgliedes der Gemeinschaft oder im Eigentum eines Dritten stehen. Das gemeinschaftliche Eigentum wird in der Regel von der **Gemeinschaft der Wohnungseigentümer** verwaltet. Im Rahmen ihrer Verwaltungsaufgaben erbringen die Wohnungseigentümergemeinschaften neben ihren steuerbaren Gemeinschaftsleistungen, die den Gesamtbelangen aller Mitglieder dienen, auch steuerbare Sonderleistungen an einzelne Mitglieder. Bei diesen steuerbaren Sonderleistungen handelt es sich z. B. um die Lieferung von Wärme und Wasser, die Waschküchenbenutzung, die Instandsetzung und Instandhaltung des gemeinschaftlichen Eigentums, die Zurverfügungstellung eines Hausmeisters etc. Diese steuerbaren Sonderleistungen sind gem. § 4 Nr. 13 UStG steuerfrei.

4.3
Option zur Steuerpflicht

4.3.1
Allgemeines

Der Unternehmer kann bestimmte steuerfreie Umsätze, die er an einen **anderen Unternehmer** für dessen Unternehmen ausführt, als steuerpflichtig behandeln. Die Möglichkeit der **Option** von der Steuerfreiheit zur Umsatzsteuerpflicht dient der Herbeiführung bzw. Sicherung des Vorsteueranspruchs.

4.3.2
Optionsfähige Umsätze

Nach § 9 Abs. 1 UStG kann der Unternehmer nur Umsätze, die nach § 4 Nr. 8 Buchstabe a – g, Nr. 9 Buchstabe a, Nr. 12, 13 oder 19 UStG steuerfrei sind, als steuerpflichtig behandeln.

Von den vorstehend genannten Umsätzen, für die ein Verzicht auf die Steuerbefreiung möglich ist, sind für die Wohnungswirtschaft nachfolgende Umsätze von besonderer Bedeutung:

§ 4 Nr. 9 a
Umsätze, die unter das Grunderwerbsteuergesetz fallen,

§ 4 Nr. 12
Umsätze, die die Überlassung von Grundstücken und ähnlichen Rechten zum Inhalt haben,

§ 4 Nr. 13
Leistungen der Wohnungseigentümergemeinschaften an die Wohnungseigentümer.

4.3.3
Umsätze nach § 4 Nr. 9 a und § 4 Nr. 12 UStG

Voraussetzung für einen Verzicht auf die Steuerbefreiung ist zunächst, dass der Umsatz **an einen anderen Unter-**

nehmer für dessen **Unternehmen** ausgeführt wird (§ 9 Abs. 1 UStG).

Diese generelle Optionsmöglichkeit wurde jedoch für Umsätze gemäß § 4 Nr. 9 a und § 4 Nr. 12 UStG zum 01. 01. 1982 modifiziert. Danach war bei der Vermietung oder Verpachtung eines Grundstücks die Option nur noch dann möglich, soweit der Unternehmer nachweist, dass das Grundstück nicht Wohnzwecken dient oder zu dienen bestimmt ist.

Zum 01. 01. 1985 erfuhr die Optionsmöglichkeit eine weitere Einschränkung. Danach war der Verzicht auf Steuerbefreiungen bei der Bestellung und Übertragung von Erbbaurechten (§ 4 Nr. 9 a UStG) und bei der Vermietung oder Verpachtung von Grundstücken (§ 4 Nr. 12 a UStG) und bei den in § 4 Nr. 12 b und c UStG bezeichneten Umsätzen nur noch zulässig, wenn der Unternehmer nachweist, dass das Grundstück darüber hinaus **auch nicht anderen nicht unternehmerischen Zwecken dient oder zu dienen bestimmt ist.**

Diese weitergehende Einschränkung trat nicht für solche Objekte in Kraft, die vor dem 01. 01. 1986 fertiggestellt worden sind, wenn mit ihrer Errichtung vor dem 01. 01. 1984 begonnen worden war.

Mit Wirkung vom 01. 01. 1994 wurde die Optionsmöglichkeit weiter eingeschränkt, und zwar in der Weise, dass der Verzicht auf die Steuerbefreiung bei grundstücksbezogenen Umsätzen nur noch zulässig ist, **soweit der Leistungsempfänger das Grundstück ausschließlich für Umsätze verwendet oder zu verwenden beabsichtigt, die bei ihm den Vorsteuerabzug nicht ausschließen.** Der leistende Unternehmer hat die Voraussetzungen nachzuweisen.

Diese neuerliche einschränkende Regelung ist jedoch **nicht** anzuwenden, wenn das auf dem Grundstück errichtete Gebäude vor dem 01. 01. 1998 fertiggestellt worden ist und wenn mit der Errichtung des Gebäudes vor dem 11. 11. 1993 begonnen wurde.

Der Vermieter muss bei der Vermietung von Neubauten darauf achten, dass die Mietinteressenten die Gewerberäume ausschließlich für Umsätze verwenden, die bei ihnen den Vorsteuerabzug nicht ausschließen. Der Vermieter ist deshalb gehalten, sich mit jedem Mieter dahingehend zu verständigen, ob der Mieter zunächst grundsätzlich vorsteuerabzugsberechtigt ist und ob er eventuell in den Räumen Tätigkeiten auszuüben beabsichtigt, die gegebenenfalls den Vorsteuerabzug einschränken könnten.

Eine bis zu 5%ige Nutzung für Umsätze, die den Vorsteuerabzug ausschließen, wird jedoch als unschädlich angesehen (**Bagatellgrenze** vgl. Abschnitt 148 a Abs. 3 UStR 2005).

Der Vermieter ist deshalb gehalten, den Mieter darauf hinzuweisen, dass ein Verzicht auf die Steuerbefreiung nur möglich ist, wenn der Mieter die Räume ausschließlich (mindestens 95 %) für Umsätze verwendet, die bei ihm den Vorsteuerabzug nicht ausschließen. Es ist ratsam, dies in den Mietvertrag aufzunehmen und den Mieter gleichzeitig vertraglich zu verpflichten, Änderungen dieser Verhältnisse dem Vermieter anzuzeigen.

4.3.4
Umsätze der Wohnungseigentümergemeinschaften nach § 4 Nr. 13 UStG

Voraussetzung für einen Verzicht auf die Steuerfreiheit ist auch hier, dass der Umsatz an einen anderen Unternehmer für dessen Unternehmen ausgeführt wird. Dadurch wird gewährleistet, dass die Steuerbefreiungen bei Umsätzen an Letztverbraucher erhalten bleiben. Eine Option ist deshalb möglich bei Leistungen an Unternehmer, um den wirtschaftlichen Nachteil einer Steuerbefreiung zu vermeiden.

Bei Leistungen von Wohnungseigentümergemeinschaften an die Wohnungseigentümer und Teileigentümer ist allerdings zu beachten, dass sowohl steuerbare Leistungen als auch nicht steuerbare Gemeinschaftsleistungen vorliegen können. Die Steuerbefreiung und deshalb der

Verzicht auf die Steuerbefreiung kann sich nur auf die steuerbaren Leistungen der Wohnungseigentümergemeinschaft beziehen.

Als steuerbare Leistungen gelten:

- Verwaltung
- Lieferungen von Wärme und Wasser
- Instandhaltung und Instandsetzung des gemeinschaftlichen Eigentums
- Flurbeleuchtung
- Müllabfuhr, Straßenreinigung, Entwässerung
- Schornsteinfeger
- Hausmeister etc.

Die Umlagen für die vorgenannten Leistungen stellen das Entgelt für steuerbare Leistungen der Wohnungseigentümergemeinschaft an ihre Mitglieder dar.

Die Wohnungseigentümergemeinschaft kann einen Umsatz als steuerpflichtig behandeln, wenn er an ein Mitglied mit Unternehmereigenschaft für Zwecke seines Unternehmens ausgeführt wird. Für die Option ist ein Beschluss der Wohnungseigentümergemeinschaft erforderlich. Ein Miteigentümer kann einen entsprechenden Beschluss in aller Regel verlangen, er muss die Gemeinschaft dann aber von etwaigen Folgekosten freistellen.

4.3.5
Zum Verzicht berechtigte Unternehmer

Auf die Steuerfreiheit gemäß § 9 UStG kann nur der **Unternehmer** verzichten.

Da auch die einmalige Vermietung oder Verpachtung von Grundstücken oder Grundstücksteilen eine unternehmerische Tätigkeit darstellt, wenn durch sie ein auf die Erzielung von Einnahmen gerichteter Dauerzustand hergestellt wird, gilt § 9 UStG auch für Unternehmer, die sich ihrer Unternehmereigenschaft wegen der grundsätzlichen Steuerfreiheit ihrer Vermietungsumsätze gar nicht bewusst sind.

4.3.6
Die Option

Der Verzicht auf die Steuerbefreiung ist an **keine besondere Form** gebunden, mit Ausnahme der Umsätze im Sinne von § 4 Nr. 9 a UStG (vgl. § 9 Abs. 3 UStG). Der Unternehmer kann auf die Steuerbefreiung eines Grundstücksumsatzes verzichten, in dem er ihn als steuerpflichtig behandelt. Dies geschieht regelmäßig dadurch, dass er die Leistung dem Leistungsempfänger gegenüber unter gesondertem Ausweis der Umsatzsteuer in Rechnung stellt oder in seiner Steueranmeldung als steuerpflichtig behandelt.

Weil § 9 UStG **keine Fristsetzung** enthält, kann der Unternehmer die Umsätze auch noch nachträglich als steuerpflichtig behandeln, wenn die Festsetzung für den Besteuerungszeitraum, in dem die Umsätze ausgeführt worden sind, noch nicht unanfechtbar ist oder wenn die Steuerfestsetzung unter dem Vorbehalt der Nachprüfung (§ 164 AO) steht.

Der Unternehmer hat bei jedem einzelnen Umsatz die Möglichkeit zu entscheiden, ob der Umsatz steuerpflichtig behandelt werden soll oder nicht. Das bedeutet, dass der Unternehmer gleichartige Umsätze unterschiedlich behandeln kann.

Unter den vorgenannten Voraussetzungen kann der **Verzicht** auch wieder **rückgängig** gemacht werden. Sind für diese Umsätze Rechnungen oder Gutschriften mit gesondertem Steuerausweis erteilt worden, entfällt die Steuerschuld nur, wenn die Rechnungen oder Gutschriften berichtigt werden bzw. der Vorsteueranspruch nicht gefährdet ist. Einer Zustimmung des Leistungsempfängers zur Rückgängigmachung des Verzichts bedarf es nicht.

4.3.7
Andere Unternehmer für deren Unternehmen

Die Option setzt voraus, dass die Leistung an **einen anderen Unternehmer für dessen Unternehmen** ausgeführt wird.

Ausgeschlossen ist deshalb die Option für Leistungen an Personen, die keine Unternehmer sind. Eine Option für Leistungen an die **öffentliche Hand** ist somit nur möglich, wenn die Leistung an einen **Betrieb gewerblicher Art** erfolgt, da nur diese Unternehmereigenschaft haben. Alle übrigen Einrichtungen der öffentlichen Hand haben keine Unternehmereigenschaft. Eine Option ist hierfür somit nicht möglich.

Wird das Grundstück oder der Grundstücksteil vom Mieter nicht nur für unternehmerische sondern auch für nicht unternehmerische Zwecke genutzt, so liegt ein optionsfähiger Umsatz nur insoweit vor, als die Vermietungsleistung für den unternehmerischen Bereich des Mieters bestimmt ist. Dies gilt auch dann, wenn für die unternehmerische und die nicht unternehmerische Nutzung ein einheitliches Entgelt vereinbart worden ist.

Für die Option ist es zunächst (abgesehen von der Einschränkung ab 11. 11. 1993/01. 01. 1998) unerheblich, ob der Leistungsempfänger (Unternehmer) zum Vorsteuerabzug berechtigt ist oder nicht. Eine Option ist somit auch gegenüber Ärzten etc. sowie Kleinunternehmern i. S. d. § 19 UStG möglich.

Die Anwendung des § 9 UStG setzt weiter voraus, dass die Leistung nicht nur an einen anderen Unternehmer, sondern auch für **dessen Unternehmen** bewirkt wird.

Neben der Möglichkeit der **Aufteilung der Option** nach räumlicher Nutzung besteht auch die Möglichkeit, die Option nach zeitlicher Nutzung vorzunehmen.

4.3.8
Nebenleistungen

Wie bereits bei der Frage der Steuerfreiheit von Leistungen erörtert, teilen **Nebenleistungen** grundsätzlich das Schicksal der Hauptleistung, d. h. ist die Hauptleistung steuerbar und steuerpflichtig, trifft dies ebenfalls für die Nebenleistung zu.

Im Zusammenhang mit der Option ergibt sich daraus folgende Konsequenz:

Wird für eine Hauptleistung auf die Steuerfreiheit verzichtet, erstreckt sich dieser Verzicht auch auf sämtliche Nebenleistungen.

4.4 Besteuerung von Kleinunternehmern (§ 19 UStG)

§ 19 UStG stellt eine **Vereinfachungsregel** dar. Wenn bestimmte Umsatzgrößen nicht überschritten werden, wird keine Umsatzsteuer erhoben. § 19 UStG bringt für die betreffenden Unternehmer eine weitgehende Gleichstellung mit **Nichtunternehmern**. Der Unternehmer hat jedoch die Möglichkeit, gegen diese Verwaltungsvereinfachung hin zur Umsatzsteuerpflicht zu **optieren**. Bei der **Beurteilung der Kleinunternehmereigenschaft** ist nicht das Unternehmen mit seinen gesamten Umsätzen maßgebend, sondern lediglich bestimmte Geschäfte.

Nimmt ein Unternehmer die **Kleinunternehmerregelung** in Anspruch

- wird die für Umsätze nach § 1 Abs. 1 Nr. 1 UStG geschuldete Umsatzsteuer nicht erhoben,
- hat der Unternehmer keinen Vorsteuerabzug gemäß § 15 UStG,
- kann der Unternehmer nicht auf die Steuerbefreiungen nach § 9 UStG verzichten,
- darf in den Ausgangsrechnungen kein gesonderter Ausweis der Umsatzsteuer erfolgen, ansonsten wird die Umsatzsteuer nach § 14 c Abs. 2 UStG als unberechtigt ausgewiesene Umsatzsteuer geschuldet.

Die für Umsätze im Sinne des § 1 Abs. 1 Nr. 1 UStG geschuldete Umsatzsteuer wird nicht erhoben, wenn der Umsatz im vorangegangenen Kalenderjahr 17 500 EUR nicht überstiegen hat und im laufenden Kalenderjahr 50 000 EUR voraussichtlich nicht übersteigen wird.

Bei der Ermittlung des maßgeblichen Umsatzes sind bestimmte steuerbefreite Umsätze nicht zu berücksichtigen (z. B. nach § 4 Nr. 12 UStG umsatzsteuerbefreite Vermietungsumsätze).

Die **Optionsmöglichkeit** ist in § 19 Abs. 2 UStG geregelt. Sie ermöglicht es dem Unternehmer, obwohl er die Umsatzgrenzen nicht überschreitet, steuerpflichtige Umsätze zu tätigen. Mit dem Verzicht auf die Anwendung der Kleinunternehmerregelung ist die Umsatzsteuer nach den allgemeinen Vorschriften zu ermitteln. Die Option bindet den Unternehmer für mindestens fünf Kalenderjahre.

Ein **Wechsel von der Nichtbesteuerung zur Besteuerung und umgekehrt** tritt ein, wenn die Umsatzgrenzen über- oder unterschritten werden bzw. wenn der Unternehmer auf die Anwendung der Kleinunternehmerregelung verzichtet oder diese in Anspruch nimmt. Erfasst wird die Steuer für diejenigen Umsätze, die in dem betreffenden (steuerpflichtigen) Kalenderjahr ausgeführt werden.

4.5
Vorsteuerabzug (§ 15 UStG)

4.5.1
Allgemeines

Ein Unternehmer kann die ihm in Rechnung gestellten Umsatzsteuerbeträge unter bestimmten Bedingungen als Vorsteuer abziehen und dadurch seine Kosten um die in den Vorstufen der Herstellung des Gegenstandes oder der Leistungserbringung berechnete Steuer auf den jeweils geschaffenen Mehrwert verringern.

Voraussetzungen für den Vorsteuerabzug gem. § 15 Abs. 1 Satz 1 Nr. 1 UStG sind:

- Die als Grundlage für die Zahlung erhaltene Rechnung entspricht den Anforderungen der §§ 14, 14 a UStG.[54] Erleichterungen hinsichtlich der Anforderungen an bestimmte Rechnungen, z. B. sog. Kleinbetragsrechnungen, sind in den §§ 31 ff. UStDV geregelt.

- Die berechnete Lieferung oder sonstige Leistung wurde

    - für das Unternehmen
    - von einem anderen Unternehmer
    - im Rahmen seines Unternehmens im Inland ausgeführt.

- Die in Anspruch genommene Lieferung oder sonstige Leistung wird nicht für die Ausführung von steuerfreien Umsätzen oder von unentgeltliche Lieferungen und sonstigen Leistungen, die steuerfrei wären, wenn sie gegen Entgelt ausgeführt würden, verwendet (sog. Ausschlussumsätze).

---

54 Zu den Pflichtangaben in der Rechnung vgl. auch BMF-Schreiben vom 29. 01. 2004, IV B 7 – S 7280 – 19/04, BStBl. I 2004, S. 258 ff., BMF-Schreiben vom 03. 08. 2004, IV B 7 – S 7280a – 145/04, BStBl. I 2004, S. 739 f. und BMF-Schreiben vom 26. 09. 2005, IV A 5 – S 7280a – 82/05, BStBl. I 2005, S. 937 f.

Wird die bezogene Lieferung oder sonstige Leistung zum Teil für **Ausschlussumsätze** verwendet, kann die Vorsteuer für diesen Teil nicht abgezogen werden.

Vom Vorsteuerabzug ausgeschlossen sind **Kleinunternehmer** im Sinne des § 19 UStG (vgl. § 19 Abs. 1 Satz 4 UStG).

Ein Immobilienunternehmen, das ausschließlich umsatzsteuerfreie **Vermietungsleistungen** erbringt, ist zum Vorsteuerabzug nicht berechtigt. Werden vom Immobilienunternehmen sowohl steuerfreie als auch steuerpflichtige Umsätze erbracht, so ist ein Vorsteuerabzug nur insoweit zulässig, als sich die empfangenen Lieferungen und sonstigen Leistungen dem steuerpflichtigen Umsatz wirtschaftlich zuordnen lassen. Im Bedarfsfall sind gemäß § 15 Abs. 4 Satz 2 UStG die Teilbeträge im Weg der sachgerechten **Schätzung** zu ermitteln.

Die gesondert in Rechnung gestellte Umsatzsteuer für Lieferungen und sonstige Leistungen, die an das Unternehmen ausgeführt worden sind (§ 15 Abs. 1 Satz 1 Nr. 1 UStG), sind von der Steuerschuld in dem Voranmeldungszeitraum abzuziehen, in dem

- die Lieferung oder sonstige Leistung ausgeführt wurde **und**
- die Rechnung mit gesondertem Umsatzsteuerausweis vorliegt.

Der **Zeitpunkt des Vorsteuerabzuges** ist unabhängig von der Bezahlung der Rechnung. Dies gilt sowohl für die Besteuerung nach vereinbarten als auch nach vereinnahmten Entgelten. Geht eine Rechnung im Februar ein und wird erst im Mai bezahlt, ist in der Umsatzsteuervoranmeldung für Februar bereits der entsprechende Vorsteuerabzug zu berücksichtigen.

Der Vorsteuerabzug ist zeitlich unabhängig von dem mit der bezogenen Lieferung oder Leistung zu erbringenden Umsatz.

Wurde ein **Vorsteuerabzug versehentlich unterlassen**, so kann er innerhalb des Kalenderjahres durch Abgabe einer korrigierten Umsatzsteuervoranmeldung und nach Ablauf des Kalenderjahres bis zur Rechtskraft der Steuerfestsetzung (Ablauf der Einspruchsfrist ohne Einlegen eines Einspruches bzw. unanfechtbare Einspruchsentscheidung) für das entsprechende Kalenderjahr nachgeholt werden. Steht die Steuerfestsetzung unter dem Vorbehalt der Nachprüfung gemäß § 164 Abs. 1 AO, so kann bis zum Ablauf der Festsetzungsfrist (vgl. §§ 169, 170 AO) ein Antrag auf Änderung der Steuerfestsetzung nach § 164 Abs. 2 AO gestellt werden.

Bei **fehlerhaften Rechnungen**, die dem Rechnungsaussteller zurückgesandt wurden und später berichtigt im Unternehmen wieder vorliegen, kann der Vorsteuerabzug nicht rückwirkend für den Zeitraum, in dem die erstmalige (unkorrekte) Rechnungsstellung erfolgte, geltend gemacht werden. Voraussetzung für den Vorsteuerabzug ist das Vorliegen einer Rechnung, die den Anforderungen des § 14 UStG genügt. Diese Voraussetzungen liegen erst mit der berichtigten Rechnung vor, also darf auch erst in diesem Voranmeldungszeitraum die Vorsteuer in Abzug gebracht werden.

Vorsteuerabzug bei Zahlung der Rechnung vor Empfang der Leistung (Abschlagszahlungen oder Vorauszahlungen)

Der **Vorsteuerabzug bei Zahlungen vor Erhalt der Leistung** setzt voraus, dass

1. eine Rechnung oder Gutschrift mit einem gesonderten Steuerausweis vorliegt **und**
2. die Vorauszahlung oder Abschlagszahlung geleistet worden ist.

Der Vorsteuerabzug kommt erst in dem Besteuerungszeitraum in Betracht, in dem beide Voraussetzungen erfüllt sind.

In der Rechnung muss ein Hinweis darauf erfolgen, dass die Leistung erst später erbracht wird. Ansonsten handelt es sich um eine Scheinrechnung, da der Eindruck entsteht, dass die Lieferung oder sonstige Leistung bereits erbracht worden ist. In diesem Fall ist der Vorsteuerabzug nicht zulässig.

Erhält der Unternehmer eine Rechnung über den Gesamtbetrag einer noch zu erbringenden Leistung und zahlt verschiedene Abschläge auf diese Rechnung, kann er in dem jeweiligen Monat der Zahlung die Vorsteuer auf seinen Zahlbetrag als Abzugsbetrag geltend machen.

4.5.2
Aufteilung der Vorsteuerbeträge

Bei der Einschätzung der **Abzugsfähigkeit der Vorsteuern** sind drei Gruppen zu unterscheiden:

1. Vorsteuerbeträge bei Aufwendungen, die ausschließlich steuerpflichtigen Umsätzen dienen, somit Vorsteuerabzug in voller Höhe.
2. Vorsteuerbeträge bei Aufwendungen, die ausschließlich umsatzsteuerfreien Umsätzen dienen, somit Ausschluss vom Vorsteuerabzug.
3. Vorsteuerbeträge bei Aufwendungen, die teils für steuerpflichtige und teils für steuerfreie Umsätze anfallen.

Die in § 15 Abs. 1 Nr. 1 bis 3 UStG bezeichneten Vorsteuerbeträge dürfen nicht abgezogen werden, wenn der Unternehmer bestimmte **umsatzsteuerfreie** oder bestimmte **nicht steuerbare Umsätze** ausführt.

Vom Vorsteuerabzug ausgeschlossen sind nicht nur die Beträge, bei denen ein unmittelbarer **wirtschaftlicher Zusammenhang** mit den zum Ausschluss vom Vorsteuerabzug führenden Umsätzen des Unternehmens besteht. Der Ausschluss umfasst auch die Vorsteuerbeträge, die in einem mittelbaren wirtschaftlichen Zusammenhang stehen.

Werden Lieferungen und sonstige Leistungen von einem Unternehmer sowohl für steuerpflichtige als auch für steuerfreie Umsätze verwendet, so sind die angefallenen

Vorsteuerbeträge in einen abziehbaren und einen nicht abziehbaren Teil aufzuteilen.

Das gilt auch, wenn die maßgeblichen Umsätze erst in einem späteren Besteuerungszeitraum bewirkt werden. Über die Aufteilung ist im Zeitpunkt des Leistungsbezuges unter Berücksichtigung der **Verwendungsabsicht** des Unternehmers bereits endgültig über den Vorsteuerabzug zu entscheiden. Bei einer späteren Verwendung zu vorsteuerschädlichen Umsätzen ist eine Vorsteuerkorrektur nach § 15 a UStG vorzunehmen.

Es ist der Teil der Vorsteuern nicht abzugsfähig, der auf die Aufwendungen, die wirtschaftlich der Erzielung der Ausschlussumsätze zuzurechnen sind, entfällt. Gemäß § 15 Abs. 4 Satz 2 UStG können die nicht abziehbaren Teilbeträge im Wege einer sachgerechten Schätzung ermittelt werden. Kriterien für eine **sachgerechte Schätzung** werden im Gesetz nicht ausdrücklich umschrieben.

Bei Gebäuden wird die Vorsteuer in der Regel nach dem Verhältnis der tatsächlichen **Nutzflächen** oder des umbauten Raums aufgeteilt. Nur wenn keine andere wirtschaftliche Zurechnung möglich ist, kann der nicht abziehbare Teil der Vorsteuerbeträge nach dem Verhältnis der Umsätze ermittelt werden (§ 15 Abs. 4 Satz 3 UStG).

Verwaltungsgemeinkosten können aus Vereinfachungsgründen nach einem einheitlichen Verhältnis ggf. schätzungsweise aufgeteilt werden, auch wenn einzelne Vorsteuerbeträge dieses Bereiches an sich den bestimmten Umsätzen direkt zurechenbar wären.

4.5.3
Berichtigung des Vorsteuerabzugs (§ 15 a UStG)

Zweck der Vorschrift

Für den Vorsteuerabzug gemäß § 15 UStG sind bei einem Wirtschaftsgut die Verhältnisse im Zeitpunkt des Leistungsbezugs (anhand der beabsichtigten Nutzung) maßgebend. Ändern sich in den Folgejahren (innerhalb des maßgeblichen Berichtigungszeitraumes von 5 bzw. 10

Jahren) die Verhältnisse, ist eine Berichtigung des Vorsteuerabzuges vorzunehmen. Eine Änderung der Verhältnisse liegt vor, wenn sich in den Jahren nach der erstmaligen Nutzung ein höherer oder niedrigerer Vorsteuerabzug ergäbe, als er nach den Verhältnissen, die für den ursprünglichen Vorsteuerabzug maßgeblich waren, zulässig war. Hierbei sind die Verhältnisse in jedem einzelnen Folgejahr gesondert mit dem ursprünglichen Vorsteuerabzug zu vergleichen.

Diese Vorschrift bezog sich bis 31. 12. 2004 auf solche Wirtschaftsgüter, die dem Unternehmen längerfristig dienen. In der Regel sind es Gegenstände des Anlagevermögens und nachträgliche Anschaffungs- und Herstellungskosten für diese Wirtschaftsgüter.

Für nach dem 01. 01. 2005 entstandene Aufwendungen ist eine Vorsteuerberichtigung auch vorzunehmen für:[55]

a) Gegenstände des Umlaufvermögens,
b) Gegenstände, die nachträglich in ein Wirtschaftsgut eingehen,
c) Sonstige Leistungen an Wirtschaftsgütern,
d) Sonstige Leistungen, die zur Ausübung von Umsätzen bezogen werden.

Der § 15 a UStG ergänzt den § 15 Abs. 4 UStG (Aufteilung der Vorsteuer) und soll **ungerechtfertigt** hohen **Vorsteuerabzügen**, die sich ergeben könnten, wenn ausschließlich die Verhältnisse ausschlaggebend wären, die für den ursprünglichen Vorsteuerabzug maßgeblich waren, entgegenwirken. Gleichzeitig ermöglicht die Vorschrift dem Unternehmer während des Berichtigungszeitraumes bei Änderung der Verhältnisse hin zu einem höheren Vorsteuerabzug, diesen zeitanteilig geltend zu machen. Die Berichtigung erfolgt sowohl zu Gunsten als auch zu Ungunsten des Unternehmers.

Der Unternehmer lässt sich im Zeitraum des Leistungsbezuges die Vorsteuer entsprechend der geplanten Verhältnisse vom Finanzamt auszahlen. Sollte sich die vor-

---

55 vgl. BMF-Schreiben vom 06. 12. 2005, IV A 5 – S 7316 – 25/05, BStBl. I 2005, S. 1068 ff.

steuerschädliche umsatzsteuerfreie Nutzung während des Berichtigungszeitraumes vermindern, kann der Unternehmer zusätzliche Auszahlungen von Vorsteuer fordern. Erhöht sich die vorsteuerschädliche umsatzsteuerfreie Nutzung während des Berichtigungszeitraumes, ist die zu Unrecht ausgezahlte Vorsteuer an das Finanzamt zurückzuzahlen.

Durch diese Vorschrift wird der Vorsteuerabzug so ausgeglichen, dass er den Verhältnissen entspricht, die sich für den gesamten, im Einzelfall maßgeblichen Berichtigungszeitraum ergeben.

4.5.4
Berichtigungszeitraum

Gemäß § 15 a Abs. 1 UStG beträgt der **Berichtigungszeitraum** 5 Jahre. Bei Grundstücken einschließlich der wesentlichen Bestandteile (Einbauten, Betriebsvorrichtungen), bei grundstücksgleichen Rechten und bei Gebäuden auf fremden Grund und Boden gilt ein Berichtigungszeitraum von 10 Jahren.

Der Berichtigungszeitraum kann sich nach folgenden Kriterien bemessen:

- Berichtigungszeitraum nach Gesetz (5 oder 10 Jahre) **oder**
- betriebsgewöhnliche Nutzungsdauer **oder**
- tatsächliche Nutzungsdauer.

Maßgebend ist jeweils der kürzeste Zeitraum.

Bei einer **Gesamtrechtsnachfolge** – wie der Geschäftsveräußerung im Ganzen i. S. d. § 1 Abs. 1 a UStG, dem Erbfall, der Verschmelzung oder Spaltung bzw. formwechselnden Umwandlung einer Gesellschaft – tritt der erwerbende Unternehmer an die Stelle des Veräußerers. Der maßgebliche Berichtigungszeitraum für Wirtschaftsgüter wird durch diese Veräußerung oder Übertragung nicht unterbrochen oder beendet. Der Erwerber muss den Berichtigungszeitraum fortführen und beachten.

4.5.5
Beginn und Ende des Berichtigungszeitraumes

Der **Berichtigungszeitraum beginnt** mit dem Tag der erstmaligen Verwendung. Er ist unabhängig vom Geschäftsjahr oder Kalenderjahr. Infolge der unterschiedlichen Anschaffung und erstmaligen Nutzung von Wirtschaftsgütern im Unternehmen gibt es gewöhnlich viele verschiedene Berichtigungszeiträume.

Endet der Berichtigungszeitraum **vor** dem 16. des Kalendermonats, so bleibt dieser Monat unberücksichtigt. Endet er **nach** dem 15. eines Monats, so ist der Monat voll zu berücksichtigen.

Bei nachträglichen Anschaffungs- und Herstellungskosten ist ein **gesonderter Berichtigungszeitraum** gegenüber den ursprünglichen Anschaffungs- und Herstellungskosten zu ermitteln.

Endet der Berichtigungszeitraum innerhalb eines Kalenderjahres, sind nur die Verhältnisse bis zum Ablauf des Berichtigungszeitraumes zu berücksichtigen. Nach Ablauf dieses Zeitraumes vorgenommene Geschäfte (z. B. steuerpflichtige Veräußerung bei bisher überwiegend steuerfreier Nutzung) haben keinen Einfluss mehr auf die Vorsteuerberichtigung.

4.5.6
Ermittlung des Berichtigungsbetrages

Der **Berichtigungsbetrag** ergibt sich aus einer gleichmäßigen Verteilung der auf die (nachträglichen) Anschaffungs- und Herstellungskosten entfallenden Vorsteuer auf den Berichtigungszeitraum. Der Berichtigungsbetrag ist im Kalenderjahr der Berichtigung ggf. zeitanteilig entsprechend der Verwendung zu ermitteln.

4.5.7
Vereinfachungen bei der Berichtigung des Vorsteuerabzuges

Die Regelung des § 44 UStDV sieht verschiedene Vereinfachungen vor. Beispielsweise entfällt die Berichtigung des Vorsteuerabzugs, wenn die auf die Anschaffungs- oder Herstellungskosten von Wirtschaftsgütern oder auf sonstige Leistungen entfallende Vorsteuer nicht mehr als 1 000 EUR beträgt.

4.5.8
Aufzeichnungspflichten für die Berichtigung des Vorsteuerabzuges

Nach § 22 Abs. 4 UStG sind **Aufzeichnungspflichten** für die Berichtigung des Vorsteuerabzuges zu beachten. Es müssen Aufzeichnungen mit folgenden Informationen vorhanden sein, die eindeutig und leicht nachprüfbar sind:[56]

- Anschaffungs- und Herstellungskosten bzw. Aufwendungen für das betreffende Berichtigungsobjekt und die darauf entfallenden Vorsteuerbeträge,
- Zeitpunkt der erstmaligen tatsächlichen Verwendung,
- Verwendungsdauer und Berichtigungszeitraum,
- Anteile, zu denen das Berichtigungsobjekt zur Ausführung von den Vorsteuerabzug ausschließenden bzw. von zum Vorsteuerabzug berechtigten Umsätzen verwendet wurde,
- bei Veräußerung des Berichtigungsobjektes während des Berichtigungszeitraums: Zeitpunkt und umsatzsteuerliche Behandlung des Umsatzes,
- bei vorzeitiger Unbrauchbarkeit des Berichtigungsobjektes: Ursache und Angabe des Zeitpunkts und Hinweis auf entsprechende Unterlagen.

---

56 vgl. BMF-Schreiben vom 06. 12. 2005, IV A 5 – S 7316 – 25/05, BStBl. I 2005, S. 1068 ff., Tz. 65 ff.

4.6
Umkehr der Umsatzsteuerabführungspflicht gemäß § 13 b UStG

4.6.1
Werklieferungen und sonstige Leistungen eines im Ausland ansässigen Unternehmers (§ 13 b Abs. 1 Satz 1 Nr. 1 UStG)

Für Werklieferungen und sonstige Leistungen eines im Ausland ansässigen Unternehmers, die im Inland ausgeführt bzw. erbracht werden, schuldet der Leistungsempfänger die Umsatzsteuer, wenn er ein Unternehmer ist.

4.6.2
Umsätze, die unter das Grunderwerbsteuergesetz fallen (§ 13 b Abs. 1 Satz 1 Nr. 3 UStG)

Die Steuerschuldnerschaft des Leistungsempfängers gilt ab 01. 04. 2004 bei allen steuerpflichtigen Umsätzen, die unter das Grunderwerbsteuergesetz fallen. Zu den Umsätzen, die unter das Grunderwerbsteuergesetz fallen, gehören insbesondere die Umsätze von unbebauten und bebauten Grundstücken.

Diese Umsätze sind zunächst grundsätzlich nach § 4 Nr. 9 a UStG steuerfrei. Die Umkehr der Steuerschuldnerschaft kann deshalb nur in den Fällen zum Tragen kommen, in denen ein wirksamer Verzicht auf die Steuerbefreiung durch den Lieferer vorliegt. Der Verzicht auf die Steuerbefreiung bei Lieferung von Grundstücken ist zwingend im notariell zu beurkundenden Vertrag zu erklären. Bei der Lieferung von Grundstücken im Zwangsversteigerungsverfahren ist eine Option nur bis zur Aufforderung zur Abgabe von Geboten zulässig.

4.6.3
Umsätze aus Bauleistungen (§ 13 b Abs. 1 Satz 1 Nr. 4 UStG)

Die Umkehr der Steuerschuldnerschaft gilt auch bei bestimmten **Bauleistungen**[57], wenn der leistende Unternehmer ein im Inland ansässiger Unternehmer ist. Zu den Bauleistungen gehören Werklieferungen und sonstige Leistungen, die der Herstellung, Instandsetzung, Instandhaltung, Änderung oder Beseitigung von Bauwerken dienen. Dabei ist der Begriff des Bauwerks weit auszulegen.

Ausgenommen sind ausdrücklich Planungs- und Überwachungsarbeiten. Hierunter fallen ausschließlich planerische Leistungen (z. B. von Statikern, Architekten, Garten- und Innenarchitekten, Vermessungsprüf- und Bauingenieuren), Labordienstleistungen oder reine Leistungen zur Bauüberwachung, zur Prüfung von Bauabrechnungen und zur Durchführung von Ausschreibungen und Vergaben.

Materiallieferungen, Lieferungen von Wasser und Energie, Zurverfügungstellung von Baugeräten etc. fallen nicht unter die Regelungen zur Umkehr der Steuerschuldnerschaft.

Reparatur- und Wartungsleistungen an Bauwerken oder Teilen von Bauwerken sind **nicht** als Bauleistungen anzusehen, wenn das (Netto-)Entgelt für den einzelnen Umsatz bis zu 500 EUR beträgt.

Werden im Rahmen eines Vertragsverhältnisses mehrere Leistungen erbracht, ist zur Beurteilung der Frage nach der Umkehrung der Steuerschuldnerschaft von der zu erbringenden Hauptleistung auszugehen. Nebenleistungen teilen das Schicksal dieser Hauptleistung.

Der Leistungsempfänger ist dann **Steuerschuldner**, wenn er Unternehmer ist und selbst **nachhaltig** Bauleis-

---

[57] zum Begriff der Bauleistungen vgl. ausführlich Kapitel 7.2

tungen im vorgenannten Sinne erbringt oder erbracht hat. Davon ist gemäß Finanzverwaltung[58] auszugehen, wenn der Leistungsempfänger im vorangegangenen Kalenderjahr Bauleistungen erbracht hat, deren Bemessungsgrundlage mehr als 10 % der Summe der steuerbaren Umsätze betragen hat, **oder** wenn der Leistungsempfänger dem leistenden Unternehmer eine im Zeitpunkt der Ausführung des Umsatzes gültige Freistellungsbescheinigung nach § 48 b EStG vorlegt.

Da sich die zuvor genannte 10 %-Umsatzgrenze auf die steuerbaren Umsätze bezieht, fallen hierunter auch die nach § 4 Nr. 12 UStG steuerbefreiten Vermietungsumsätze. Im Ergebnis bedeutet das, dass Wohnungsunternehmen, die im vorangegangenen Geschäftsjahr lediglich Bauleistungen von bis zu 10 % der Summe ihrer Umsatzerlöse an Dritte erbracht haben, generell von der Umkehr der Umsatzsteuerabführungsverpflichtung nach § 13 b Abs. 1 Satz 1 Nr. 4 UStG ausgenommen sind. Wohnungsunternehmen sind also in der Regel von der Umkehr der Steuerschuldnerschaft für bezogene Bauleistungen nicht betroffen.

Die Umkehr der Umsatzsteuerabführungsverpflichtung kann auch dann eintreten, wenn Wohnungsunternehmen als städtebauliche Sanierungs- oder Entwicklungsträger tätig werden und deshalb Bauleistungen im eigenen Namen und für fremde Rechnung erbringen, so dass der Tatbestand der sog. Dienstleistungskommission nach § 3 Abs. 11 UStG erfüllt ist. In diesen Fällen wird dem Wohnungsunternehmen auch der Bauumsatz im Treuhandvermögen zugerechnet, was zum Überschreiten der 10 %-Grenze führen kann (vgl. hierzu Kapitel 4.7).

Bei der Beantwortung der Frage nach der Umkehr der Steuerschuldnerschaft ist es unerheblich, ob die an den Leistungsempfänger erbrachten Bauleistungen, für die der Leistungsempfänger Steuerschuldner ist, mit vom Leistungsempfänger selbst erbrachten Bauleistungen unmittelbar zusammenhängen.

---

58 vgl. BMF-Schreiben vom 31. 03. 2004, IV D 1 – S 7279 – 107/04, BStBl. I 2004, S. 453 ff. und BMF-Schreiben vom 02. 12. 2004, IV A 6 – S 7279 – 100/04, BStBl. I 2004, S. 1129 ff.

Bei **Organschaftsverhältnissen** ist die Steuerschuldnerschaft des Leistungsempfängers nur dann beim Organträger bzw. bei den Organgesellschaften anzuwenden, wenn diese selbst nachhaltig Bauleistungen erbringen. Es erfolgt keine Infizierung des gesamten Organkreises, selbst wenn eine Organgesellschaft nachhaltig Bauleistungen erbringt. Erfolgen Bauleistungen an den Organträger, der selbst keine Bauleistungen erbringt, verbleibt es bei der Steuerschuldnerschaft des leistenden Unternehmers.

Der Unternehmer, der die Bauleistung erbringt, schuldet dann selbst keine Umsatzsteuer auf die von ihm erbrachte Leistung mehr. Er darf deshalb in der Rechnung über die Bauleistung keine Umsatzsteuer gesondert ausweisen. Er ist jedoch verpflichtet, in der Rechnung auf die Steuerschuldnerschaft des Leistungsempfängers hinzuweisen (§ 14 a Abs. 5 UStG).

Der Leistungsempfänger entrichtet den Rechnungsbetrag nur noch netto. Aufgrund der Umkehrung der Steuerschuldnerschaft ist er verpflichtet, die sich aus dem Rechnungsbetrag ergebende Umsatzsteuer zu ermitteln und bei dem für ihn zuständigen Finanzamt anzumelden. Gegebenenfalls steht ihm in gleicher Höhe ein Vorsteuerabzug zu (§ 15 Abs. 1 Satz 1 Nr. 4 UStG).

4.7 Leistungskommission nach § 3 Abs. 11 UStG

Ein Unternehmer, der in die Erbringung einer sonstigen Leistung eingeschaltet wird und dabei im **eigenen Namen** und für **fremde Rechnung** handelt, wird so gestellt, als ob diese Leistung als an ihn und von ihm erbracht gilt. Die Vorschrift des § 3 Abs. 11 UStG fingiert dabei eine Leistungskette. Sie behandelt den Auftragnehmer im Rahmen der Dienstleistungskommission als Leistungsempfänger und zugleich Leistenden. Für die Besorgungsleistung gelten somit die Regelungen der besorgten Leistung entsprechend.

Diese Regelung ist insbesondere im Rahmen von Geschäftsbesorgungsverträgen, bei denen der leistende Unternehmer im eigenen Namen aber für fremde Rechnung auftritt, von Bedeutung.

Dies soll durch die folgende Abbildung verdeutlicht werden:

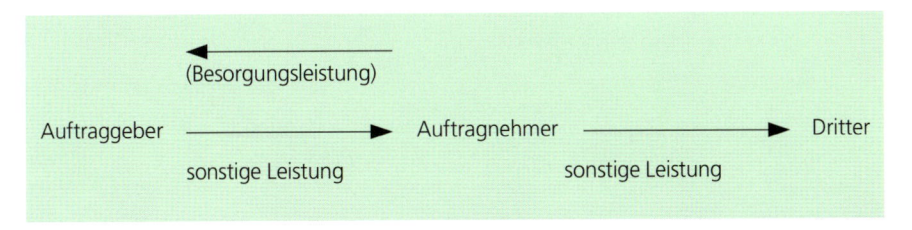

```
                    ◄─────────────────────
                    (Besorgungsleistung)

Auftraggeber  ──────────────►  Auftragnehmer  ──────────────►  Dritter
    sonstige Leistung                sonstige Leistung
```

Die beiden Leistungen, d. h. die vom Auftraggeber an den Auftragnehmer erbrachte und die vom Auftragnehmer an den Dritten ausgeführte Leistung werden bezüglich ihres Leistungsinhalts gleich behandelt. Die Leistungen werden zum selben Zeitpunkt erbracht. Die vorstehend dargestellte Besorgungsleistung ist nicht mehr Gegenstand einer gesonderten umsatzsteuerlichen Betrachtung.

Umsatzsteuerliche Behandlung der Leistungen städtebaulicher Sanierungs- und Entwicklungsträger

Die Vorschrift des § 3 Abs. 11 UStG findet ebenfalls Anwendung, wenn Sanierungsträger nach § 157 BauGB, die ihre Aufgaben nach § 159 Abs. 1 BauGB im eigenen Namen und für Rechnung der Gemeinde als deren Treuhänder erfüllen, Leistungen erbringen und hierfür andere Unternehmer beauftragen. Die von den beauftragten Unternehmern erbrachten Leistungen (i. d. R. Bauleistungen) gelten damit als an den Sanierungsträger und von diesem an die Gemeinde erbracht.[59]

Diese Fiktion einer Leistungskette hat zur Folge, dass Wohnungsunternehmen, die selbst keine oder nur in sehr geringem Umfang eigene Bauleistungen erbringen, durch ihre zusätzliche Tätigkeit als Sanierungsträger auch für ihren gesamten eigenen Wohnungsbestand in den Anwendungsbereich von § 13 b Abs. 1 Satz 1 Nr. 4 UStG fallen können, weil ihnen die Bauleistungen im Treuhandvermögen zugerechnet werden (vgl. hierzu auch Kapitel 4.6.3).

Die vorstehenden Grundsätze gelten entsprechend für vergleichbare Leistungen der Entwicklungsträger nach § 167 BauGB.

---

[59] vgl. BMF-Schreiben vom 17. 10. 2005, IV A 5 – S 7100 – 150/05, BStBl. I 2005, S. 938 f.

4.8
Umsatzsteuerliche Organschaft

Juristische Personen des Privatrechts (AG, GmbH, Genossenschaften etc.) sind selbständig tätig, soweit sie nicht als Organgesellschaft in das Unternehmen eines Organträgers eingegliedert sind (§ 2 Abs. 2 Nr. 2 Satz 1 UStG). Organträger und Organgesellschaften bilden ein Unternehmen **(Organschaft)**. Die Umsätze der Organgesellschaften werden dem **Organträger** zugerechnet.

Organträger kann jedes unternehmensfähige Wirtschaftsgebilde sein. Neben natürlichen und juristischen Personen kommen daher auch nichtrechtsfähige Personenvereinigungen in Betracht. Einen Sonderfall stellen die juristischen Personen des öffentlichen Rechts dar (Städte, Gemeinden etc.). Sie können nur im Rahmen ihres Betriebes gewerblicher Art Organträger sein.

Organgesellschaft kann nur eine juristische Person des privaten Rechts sein.

Voraussetzung für eine Organschaft ist, dass die Organgesellschaft (Tochter) in das Unternehmen des Organträgers (Mutter) finanziell, wirtschaftlich und organisatorisch eingegliedert ist. Die **Eingliederungsmerkmale** decken sich seit dem 01. 01. 2001 nicht mehr mit denen der körperschaftsteuerlichen und gewerbesteuerlichen Organschaft, für deren Bestehen seit diesem Zeitpunkt neben dem Vorliegen ergänzender Voraussetzungen die finanzielle Eingliederung der Organgesellschaft in das Unternehmen des Organträgers ausreicht. Der Abschluss eines Ergebnisabführungsvertrages ist für das Vorliegen einer umsatzsteuerlichen Organschaft nicht erforderlich.

Die durch Organschaft verbundenen Unternehmen werden umsatzsteuerrechtlich als ein Unternehmen angesehen. Alle Umsätze der Organgesellschaft gelten als Umsätze des Organträgers. Diese Folge tritt unabhängig davon ein, dass die Organgesellschaft selbstverständlich im Rechtsverkehr Umsätze im eigenen Namen auf eigene Rechnung tätigt. Gleichzeitig ist der Organträger berechtigt, die der Organgesellschaft von Dritten für bezogene

Lieferungen und Leistungen in Rechnung gestellte Umsatzsteuer als Vorsteuer abzuziehen. Unternehmer im umsatzsteuerlichen Sinne ist der Organträger, der somit Schuldner der Umsatzsteuer und Gläubiger von Erstattungsbeträgen ist. Ihn treffen somit auch verfahrensrechtliche Pflichten wie Aufzeichnungs- und Anmeldungspflichten. In den Leistungsbeziehungen zwischen dem Organträger und der Organgesellschaft sind nur **nichtsteuerbare Innenumsätze** möglich, so dass nur Rechnungen ohne Umsatzsteuerausweis auszustellen sind.

In der Praxis ermitteln Organträger und Organgesellschaft die jeweiligen **Besteuerungsgrundlagen** getrennt. Diese werden in monatlich oder vierteljährlich abzugebenden Voranmeldungen und in der Jahreserklärung durch den Organträger zusammengefasst. Hierzu ist es sinnvoll, dass die Organgesellschaft die für sie zutreffenden Besteuerungsgrundlagen durch Verwendung eines den Steuerformularen entsprechenden Vordruckes dem Organträger mitteilt. Um die abziehbare Vorsteuer bei der Organgesellschaft ermitteln zu können, ist neben der Bestimmung der eigenen steuerpflichtigen Ausgangsumsätze insbesondere eine Mitteilung des Organträgers über den jeweiligen umsatzsteuerlichen Verwendungszweck der an ihn ausgeführten nichtsteuerbaren Innenumsätze (Verwendung zu steuerpflichtigen oder steuerfreien Leistungen) unerlässlich. Die durch die Organgesellschaft für ihr Unternehmen ermittelte Zahllast ist durch Überweisung an den Organträger bzw. durch Überweisung des Organträgers an die Organgesellschaft auszugleichen.

Der entscheidende **Vorteil einer umsatzsteuerlichen Organschaft** liegt in der Nichtsteuerbarkeit des Leistungsaustausches von nicht mit Vorsteuern belasteten Leistungen zwischen den beteiligten Unternehmen. Die positive Wirkung einer Aufwandsminderung für den jeweiligen Leistungsempfänger durch die Nichtsteuerbarkeit von Leistungen innerhalb des Organkreises ergibt sich, wenn eine an sich steuerbare und steuerpflichtige Leistung, der keine mit Vorsteuern behaftete eigene Aufwendungen zugrunde liegen, an einen anderen Unternehmer erbracht wird, der nicht zum Vorsteuerabzug berechtigt ist, weil seine Leistungen umsatzsteuerfrei sind.

4.9
Änderung des Umsatzsteuersatzes

4.9.1
Anwendungsregelung für Änderungen des Umsatzsteuergesetzes (§ 27 Abs. 1 UStG)

Nach § 27 Abs. 1 Satz 1 UStG sind Änderungen des Umsatzsteuergesetzes, die Lieferungen, sonstige Leistungen und den innergemeinschaftlichen Erwerb (§ 1 Abs. 1 Nrn. 1, 5 UStG) betreffen, soweit nichts anderes bestimmt ist, auf Umsätze dieser Art anzuwenden, die **ab dem Inkrafttreten** der jeweiligen Änderungsvorschrift ausgeführt werden.

Werden statt einer Gesamtleistung **Teilleistungen** (§ 13 Abs. 1 Nr. 1 Buchstabe a Satz 2 und 3 UStG) erbracht, so kommt es für die Anwendung einer Änderungsvorschrift (z. B. der Anhebung des Umsatzsteuersatzes) nicht auf den Zeitpunkt der Gesamtleistung, sondern darauf an, wann die einzelnen Teilleistungen ausgeführt werden.

Änderungen des Umsatzsteuergesetzes sind nach § 27 Abs. 1 Satz 2 UStG auf die ab dem Inkrafttreten der jeweiligen Änderungsvorschrift ausgeführten Lieferungen und sonstigen Leistungen auch insoweit anzuwenden, als die Umsatzsteuer dafür – z. B. bei **Anzahlungen** und **Vorauszahlungen** – in den Fällen der Istbesteuerung bereits vor dem Inkrafttreten der betreffenden Änderungsvorschrift entstanden ist. Zur Vereinfachung ist zugelassen worden, dass die Steuerberechnung in diesen Fällen erst in dem Voranmeldungszeitraum zu berichtigen ist, in dem die Leistung ausgeführt wird.[60]

4.9.2
Auswirkungen der Erhöhung des Umsatzsteuersatzes

Die Änderung des Umsatzsteuersatzes ist auf die Lieferungen, sonstigen Leistungen und die innergemeinschaftlichen Erwerbe anzuwenden, die nach der Änderung des

---

60 vgl. BMF-Schreiben vom 11. 08. 2006, IV A 5 – S 7210 – 23/06, BStBl. I 2006, S. 477 ff.

Umsatzsteuersatzes bewirkt werden (§ 27 Abs. 1 UStG). Maßgebend für die Anwendung des neuen Steuersatzes ist stets der **Zeitpunkt, in dem der jeweilige Umsatz ausgeführt wird**. Auf den Zeitpunkt der vertraglichen Vereinbarung kommt es ebenso wenig an wie auf den Zeitpunkt der Entgeltsvereinnahmung oder der Rechnungserteilung. Entsprechendes gilt für Teilleistungen.

Werden **nach der Erhöhung des Umsatzsteuersatzes** Entgelte oder Teilentgelte für Leistungen bzw. Teilleistungen vereinnahmt, die der Unternehmer vor der Erhöhung ausgeführt hat und auf die der allgemeine Umsatzsteuersatz anzuwenden ist, so ist die auf diese Beträge entfallende Umsatzsteuer nach dem bis zur Steuererhöhung geltenden Steuersatz zu berechnen.

4.9.2.1
Umsatzbesteuerung und Vorsteuerabzug bei der Abrechnung von Teilentgelten, die vor der Erhöhung für nach der Erhöhung des Umsatzsteuersatzes ausgeführte Leistungen vereinnahmt werden

Erteilt das Wohnungsunternehmen über **Teilentgelte**, die es **vor der Erhöhung des Umsatzsteuersatzes** für steuerpflichtige Leistungen oder Teilleistungen **(Abschlagsleistung)** vereinnahmt, die dem allgemeinen Umsatzsteuersatz unterliegen und nach der Erhöhung des Umsatzsteuersatzes ausgeführt werden, eine Rechnung mit gesondertem Steuerausweis, so ist in dieser Rechnung die nach dem bis zur Steuersatzerhöhung geltenden Steuersatz berechnete Umsatzsteuer anzugeben. Der Leistungsempfänger ist, sofern die übrigen Voraussetzungen des § 15 UStG vorliegen, berechtigt, die in der jeweiligen Rechnung ausgewiesene Umsatzsteuer als Vorsteuer abzuziehen, wenn er die Rechnung erhalten und die verlangte Zahlung geleistet hat. Einer Berichtigung des Steuerausweises in dieser Rechnung bedarf es nicht, wenn in einer Endrechnung die Umsatzsteuer für die gesamte Leistung oder Teilleistung mit dem **nach der Erhöhung** geltenden allgemeinen Steuersatz ausgewiesen oder in einer Restrechnung die für die vor der Steuersatzerhöhung vereinnahmten Teilentgelte geschuldete weitere Umsatzsteuer zusätzlich angegeben wird.

Die **weitere Umsatzsteuer**, die auf die im Voraus vereinnahmten Teilentgelte entfällt, ist grundsätzlich für den Voranmeldungszeitraum anzumelden und zu entrichten, in dem die Leistung oder Teilleistung erbracht wird. Der Vorsteuerabzug kann insoweit vom Leistungsempfänger beansprucht werden, sobald die Leistung ausgeführt ist und die Endrechnung oder Restrechnung vorliegt.

Wird der Steuernachweis in den Rechnungen, die über die vor der Steuersatzerhöhung vereinnahmten Teilentgelte ausgestellt worden sind, nach der Erhöhung wegen der Erhöhung der Umsatzsteuer berichtigt, so sind die **Berichtigungen** der für die Teilentgelte geschuldeten Umsatzsteuer und ggf. des Vorsteuerabzugs für den Voranmeldungszeitraum vorzunehmen, in dem das Wohnungsunternehmen den Steuerausweis berichtigt. Das gilt grundsätzlich auch dann, wenn das Wohnungsunternehmen zugleich mit der Berichtigung des Steuerausweises einen Ausgleichsanspruch nach § 29 Abs. 2 UStG geltend macht und den Umsatzsteuermehrbetrag nachberechnet. In diesem Falle bedarf es einer weiteren Berichtigung der Umsatzsteuerberechnung und des Vorsteuerabzugs, wenn der nachberechnete Betrag nicht im Voranmeldungszeitraum der Steuerausweisberichtigung, sondern später gezahlt wird.

Es bestehen keine Bedenken dagegen, dass in Rechnungen, die vor der Erhöhung des Umsatzsteuersatzes über die vor diesem Zeitpunkt vereinnahmten Teilentgelte für nach der Steuersatzerhöhung erbrachte steuerpflichtige Leistungen oder Teilleistungen ausgestellt werden, die Umsatzsteuer mit dem nach der Erhöhung geltenden allgemeinen Steuersatz ausgewiesen wird.

4.9.2.2 Umsatzbesteuerung und Vorsteuerabzug bei der Erteilung von Vorausrechnungen für nach der Erhöhung des Umsatzsteuersatzes ausgeführte Leistungen

Keine Entgeltsvereinnahmung vor der Umsatzsteuersatzerhöhung

Das Wohnungsunternehmen, das über die dem allgemeinen Umsatzsteuersatz unterliegenden steuerpflichtigen Leistungen oder Teilleistungen, die es nach der Steuererhöhung ausführt, vor der Erhöhung **Vorausrechnungen** erteilt, ist nach § 14 Abs. 2 und 4 UStG berechtigt und ggf. verpflichtet, darin die Umsatzsteuer mit dem nach der Erhöhung des Umsatzsteuersatzes geltenden allgemeinen Umsatzsteuersatz anzugeben. Die ausgewiesene Umsatzsteuer entsteht in diesem Falle bei der Besteuerung nach vereinbarten Entgelten mit Ablauf des Voranmeldungszeitraum, in dem die Leistung oder die Teilleistung erbracht wird (§ 13 Abs. 1 Nr. 1 Buchstabe a UStG). Der Leistungsempfänger kann, wenn die übrigen Voraussetzungen des § 15 UStG vorliegen, die ausgewiesene Umsatzsteuer für den Voranmeldungszeitraum als Vorsteuer abziehen, in dem die Leistung oder Teilleistung an ihn ausgeführt wird.

Entgeltsvereinnahmung vor der Umsatzsteuererhöhung

Hat das Wohnungsunternehmen für eine steuerpflichtige Leistung oder Teilleistung, die es nach der Erhöhung des Umsatzsteuersatzes ausführt, vor der Erhöhung eine **Vorausrechnung** erteilt, in der die Umsatzsteuer mit dem nach der Steuersatzerhöhung geltenden allgemeinen Umsatzsteuersatz ausgewiesen ist, und vereinnahmt es vor der Erhöhung das gesamte Entgelt oder Teilentgelt, so entsteht die Umsatzsteuer für diese Entgelte in entsprechender Höhe. Der Leistungsempfänger kann, sofern die übrigen Voraussetzungen des § 15 UStG vorliegen, die mit dem nach der Erhöhung geltenden allgemeinen Umsatzsteuersatz berechnete Umsatzsteuer, die auf die vorausgezahlten Entgelte entfällt, für den Voranmeldungszeitraum der Zahlung als Vorsteuer abziehen. Eine

Berichtigung der Steuerberechnung nach § 27 Abs. 1 Satz 3 UStG entfällt.

4.9.2.3
Abrechnung von Leistungen und Teilleistungen im Rahmen der Istversteuerung von Anzahlungen

Nach § 14 Abs. 5 Satz 2 UStG hat das Wohnungsunternehmen, das im Rahmen der **Istversteuerung von Anzahlungen** (§ 13 Abs. 1 Nr. 1 Buchstabe a Satz 4 UStG) über eine von ihm erbrachte Leistung oder Teilleistung eine Endrechnung erteilt, darin vereinnahmte Teilentgelte (Anzahlungen) und die auf sie entfallenden Umsatzsteuerbeträge abzusetzen, wenn über diese Teilentgelte Rechnungen mit gesondertem Steuerausweis erteilt worden sind. Hat das Wohnungsunternehmen für eine nach der Erhöhung des Umsatzsteuersatzes ausgeführte Leistung oder Teilleistung vor der Erhöhung Teilentgelte vereinnahmt, so ist bei der Erteilung der Endrechnung zu berücksichtigen, dass auch insoweit bei der Anwendung des allgemeinen Umsatzsteuersatzes die Besteuerung nach dem nach der Erhöhung geltenden Steuersatz vorzunehmen ist.

4.9.2.4
Steuerausweis und Berücksichtigung der umsatzsteuerlichen Mehrbelastung bei langfristigen Verträgen (Altverträge)

Grundsätzliches

Wohnungsunternehmen sind nach § 14 Abs. 2 und § 14 a UStG berechtigt und ggf. verpflichtet, über Leistungen (Lieferungen, sonstige Leistungen und ggf. Teilleistungen), die nach der Steuersatzerhöhung ausgeführt werden und dem allgemeinen Umsatzsteuersatz unterliegen, Rechnungen zu erteilen, in denen die Umsatzsteuer mit dem nach der Erhöhung geltenden Steuersatz ausgewiesen ist. Das gilt auch, wenn die Verträge über diese Leistungen vor der Steuersatzerhöhung geschlossen worden sind und dabei von dem bis dahin geltenden allgemeinen Umsatzsteuersatz ausgegangen worden ist. Aus der Regelung über den Steuerausweis folgt aber nicht, dass die

Unternehmer berechtigt sind, bei der Abrechnung der vor der Erhöhung vereinbarten Leistungen die Preise entsprechend der ab der Erhöhung des Umsatzsteuersatzes eingetretenen umsatzsteuerlichen Mehrbelastung zu erhöhen. Es handelt sich dabei vielmehr um eine besondere zivilrechtliche Frage, deren Beantwortung von der jeweiligen Vertrags- und Rechtslage abhängt.

Berechnung der Umsatzsteuer gegenüber dem Leistungsempfänger bei gesetzlich vorgeschriebenen Entgelten

Für **bestimmte Leistungsbereiche** sind **Entgelte** (Vergütungen, Gebühren, Honorare usw.) **vorgeschrieben**, die entsprechend dem umsatzsteuerlichen Entgeltsbegriff die Umsatzsteuer für die Leistungen nicht einschließen.

Derartige Entgeltsregelungen enthalten insbesondere die **Bundesgebührenordnung für Rechtsanwälte**, die **Steuerberatergebührenverordnung**, die **Kostenordnung für Notare** und die **Honorarordnung für Architekten und Ingenieure**. Soweit die Unternehmer in diesen Fällen berechtigt sind, die für die jeweilige Leistung geschuldete Umsatzsteuer zusätzlich zu dem vorgeschriebenen Entgelt zu berechnen, können sie für ihre nach der Erhöhung des Umsatzsteuersatzes ausgeführten Leistungen ohne Rücksicht auf den Zeitpunkt der vertraglichen Vereinbarung die Umsatzsteuer nach der Erhöhung geltenden allgemeinen Umsatzsteuersatz dem Entgelt hinzurechnen.

Ansprüche auf Ausgleich der umsatzsteuerlichen Mehrbelastung nach § 29 Abs. 2 UStG

Nach § 29 Abs. 2 UStG kann das Wohnungsunternehmen, wenn es eine Leistung nach der Steuersatzerhöhung ausführt, von dem Empfänger dieser Leistung unter bestimmten Voraussetzungen einen angemessenen Ausgleich der umsatzsteuerlichen Mehrbelastung verlangen. Die Vertragspartner dürfen nichts anderes vereinbart haben (z. B., dass Ausgleichsansprüche im Fall einer Anhebung eines Umsatzsteuersatzes ausgeschlossen sind).

4.9.3
Übergangsregelungen

Um den Übergang zur Anwendung des ab der Erhöhung des Umsatzsteuersatzes geltenden neuen allgemeinen Umsatzsteuersatzes in der Praxis zu erleichtern, werden in den nachfolgenden Abschnitten besondere **Übergangsregelungen** erläutert. Die damit zugelassenen Erleichterungen und Verfahren können von allen Wohnungs- und Immobilienunternehmen angewandt werden. Einer Genehmigung durch das zuständige Finanzamt bedarf es dazu nicht.

4.9.3.1
Werklieferungen und Werkleistungen

Grundsätzliches

Werklieferungen oder **Werkleistungen**, auf die der allgemeine Umsatzsteuersatz anzuwenden ist, unterliegen insgesamt der Besteuerung nach dem neuen allgemeinen Steuersatz, wenn sie nach der Steuersatzerhöhung ausgeführt werden. Eine andere umsatzsteuerrechtliche Behandlung kommt nur in Betracht, soweit Werklieferungen und Werkleistungen wirtschaftlich teilbar sind und in Teilleistungen erbracht werden.

Ausführung und Abrechnung von Teilleistungen

Teilleistungen sind wirtschaftlich **abgrenzbare Teile einheitlicher Leistungen** (z. B. Werklieferungen und Werkleistungen), für die das Entgelt gesondert vereinbart wird und die demnach statt der einheitlichen Gesamtleistung geschuldet werden. Auf Teilleistungen, die vor der Erhöhung des Umsatzsteuersatzes erbracht werden und die der Umsatzsteuer nach dem Regelsteuersatz unterliegen, ist der bis zur Erhöhung geltende allgemeine Steuersatz anzuwenden. Später ausgeführte Teilleistungen sind der Besteuerung nach dem neuen allgemeinen Umsatzsteuersatz zu unterwerfen.

Zur Abgrenzung von Teilleistungen in der Bauwirtschaft wird auf die als **Anlage 3** abgedruckte Zusammenstellung von Teilungsmaßstäben für Bauleistungen verwiesen.[61]

Vor der Steuersatzerhöhung erbrachte Teilleistungen werden als solche anerkannt, wenn folgende Voraussetzungen erfüllt sind:

1. Es muss sich um einen wirtschaftlich abgrenzbaren Teil einer Werklieferung oder Werkleistung handeln.
2. Der Leistungsteil muss, wenn er Teil einer Werklieferung ist, vor der Steuersatzerhöhung abgenommen worden sein; ist er Teil einer Werkleistung, so muss er vor der Erhöhung vollendet oder beendet worden sein.
3. Vor der Erhöhung des Umsatzsteuersatzes muss vereinbart worden sein, dass für Teile einer Werklieferung oder Werkleistung entsprechende Teilentgelte zu zahlen sind. Sind für Teile einer Werklieferung oder Werkleistung zunächst keine Teilentgelte gesondert vereinbart worden, so muss die vertragliche Vereinbarung vor der Steuersatzerhöhung entsprechend geändert werden.
4. Das Teilentgelt muss gesondert abgerechnet werden.

Werden Teilleistungen vor der Erhöhung des Steuersatzes ausgeführt, aber es wurden keine Vereinbarungen getroffen, können diese Vereinbarungen bis zur Steuersatzerhöhung rückwirkend getroffen werden.

4.9.3.2
Dauerleistungen

Grundsätzliches

Auswirkungen hat die Anhebung des allgemeinen Umsatzsteuersatzes insbesondere für Leistungen, **die sich über einen längeren Zeitraum erstrecken** (Dauerleistungen), sofern der Zeitpunkt des Inkrafttretens des

---

[61] Zur Abgrenzung von Leistungen und Teilleistungen in der Bauwirtschaft vgl. auch Verfügung der OFD Karlsruhe vom 19. 09. 2005, S 7270 , StEK, UStG 1980, § 13, Nr. 41.

neuen Steuersatzes in den für die Leistung vereinbarten Zeitraum fällt. Bei den Dauerleistungen kann es sich sowohl um sonstige Leistungen (z. B. Vermietungen, Leasing, Wartungen, Überwachungen) als auch um die Gesamtheit mehrerer Lieferungen (z. B. von Baumaterial) handeln. Für Dauerleistungen werden unterschiedliche Zeiträume (z. B. $^1/_2$ Jahr, ein Jahr, ein Kalenderjahr, fünf Jahre) oder keine zeitliche Begrenzung vereinbart.

Dauerleistungen werden ausgeführt:

1. im Fall einer **sonstigen Leistung** an dem Tag, an dem der vereinbarte Leistungszeitraum endet.

> **Beispiel**
>
> Das Wohnungsunternehmen vermietet umsatzsteuerpflichtig eine Fläche für eine Werbetafel. Die Mietzahlungen sind immer am 01.06. eines Jahres für ein Jahr im Voraus zu bezahlen. Am 01.01. wird der Steuersatz erhöht.
>
> Es ist der neue Umsatzsteuersatz anzuwenden, da die Dauerleistung an dem Tag als ausgeführt gilt, an dem der vereinbarte Leistungszeitraum endet. Der Leistungszeitraum endet hier am 31.05. des Jahres, in das die Steuersatzänderung fällt.

2. im Fall **wiederkehrender Lieferungen** – ausgenommen Lieferungen von elektrischem Strom, Gas, Wärme und Wasser – am Tag jeder einzelnen Lieferung. Auf Dauerleistungen, die hiernach vor der Erhöhung des Umsatzsteuersatzes erbracht werden und die der Umsatzbesteuerung nach dem Regelsteuersatz unterliegen, ist der bis zur Erhöhung geltende allgemeine Steuersatz anzuwenden. Später ausgeführte Dauerleistungen sind der Besteuerung nach dem neuen allgemeinen Umsatzsteuersatz zu unterwerfen.

Ausführungen und Abrechnung in Teilleistungen

Wird eine Dauerleistung nicht insgesamt für den vereinbarten Leistungszeitraum, sondern für kürzere Zeitabschnitte (z. B. Vierteljahr, Kalendermonat) abgerechnet, so liegen insoweit **Teilleistungen** im Sinne des § 13 Abs. 1 Nr. 1 Buchstabe a Satz 3 UStG vor. Dies gilt ebenso für unbefristete Dauerleistungen, soweit diese für bestimmte Zeitabschnitte abgerechnet werden. Teilleistungen sind auch dann anzuerkennen, wenn in einer Rechnung neben dem Gesamtentgelt der auf einen kürzeren Leistungsabschnitt entfallende Teilbetrag angegeben wird und es dem Leistungsempfänger überlassen bleibt, das Gesamtentgelt oder die Teilentgelte zu entrichten. Die Anwendung des alten und des neuen allgemeinen Steuersatzes richtet sich nach dem Zeitpunkt der Ausführung der jeweiligen Teilleistung, für den die gleichen Grundsätze gelten wie für den Zeitpunkt der Dauerleistung selbst.

4.9.3.3
Änderungen der Bemessungsgrundlagen

Entgeltsminderungen und -erhöhungen allgemein

Tritt nach der Erhöhung des Umsatzsteuersatzes eine **Minderung** oder **Erhöhung** der Bemessungsgrundlage für einen vor der Erhöhung ausgeführten steuerpflichtigen Umsatz im Sinne des § 1 Abs. 1 Nr. 1 UStG ein (z. B. durch Skonto, Rabatt oder einen sonstigen Preisnachlass oder durch Nachberechnung), so hat das Wohungsunternehmen, das diesen Umsatz ausgeführt hat, nach § 17 Abs. 1 Satz 1 UStG den dafür geschuldeten Umsatzsteuerbetrag zu berichtigen. Dabei ist sowohl im Fall der Besteuerung nach vereinbarten Entgelten (Solleinnahmen) als auch im Fall der Besteuerung nach vereinnahmten Entgelten (Isteinnahmen) bei einem Umsatz, der dem Regelsteuersatz unterliegt, der bis zur Erhöhung geltende allgemeine Steuersatz anzuwenden. Das Gleiche gilt für die Berichtigung des Vorsteuerabzugs.

Eine **Steuerberichtigung** nach § 17 Abs. 1 UStG scheidet aus, soweit sich die Entgelte für nichtsteuerbare und steuerfreie Umsätze nachträglich ändern. Führt das Wohnungsunternehmen Umsätze aus, die verschiedenen Steuersätzen unterliegen, so ist bei einer nachträglichen Änderung der Bemessungsgrundlage die Umsatzsteuer nach dem Steuersatz zu berichtigen, der auf den jeweils zugrunde liegenden Umsatz anzuwenden war. Dies kann in der Praxis einen unangemessen großen Arbeitsaufwand erfordern. Zur Vereinfachung wird deshalb zugelassen, nachträgliche Änderungen der Bemessungsgrundlagen für die vor der Erhöhung des Umsatzsteuersatzes ausgeführten Umsätze nach dem Verhältnis zwischen den verschiedenen Steuersätzen unterliegenden Umsätzen sowie den steuerfreien und nichtsteuerbaren Umsätzen des Voranmeldungszeitraums aufzuteilen, in dem die Änderungen der Bemessungsgrundlagen tatsächlich eingetreten sind. Entsprechendes gilt für die Berichtigung des Vorsteuerabzugs.

4.9.3.4
Besteuerung von Strom-, Gas- und Wärmelieferungen

Die **Lieferungen von Strom, Gas und Wärme durch Versorgungsunternehmen** an Tarifabnehmer werden nach Ablesezeiträumen (z. B. vierteljährlich) abgerechnet. Wohnungs- und Immobilienunternehmen sind dem Versorgungsunternehmen gleichgestellt. Sofern die Ablesezeiträume nicht am Stichtag, sondern zu einem späteren Zeitpunkt enden, sind grundsätzlich die Lieferungen des gesamten Ablesezeitraums dem ab der Erhöhung des Umsatzsteuersatzes geltenden allgemeinen Steuersatz zu unterwerfen.

Das gilt nicht, wenn die **innerhalb der Ablesezeiträume** vor der Erhöhung ausgeführten Lieferungen in Übereinstimmung mit den zugrunde liegenden Liefer- und Vertragsbedingungen gesondert abgerechnet werden. In diesem Falle unterliegen die vor der Steuersatzerhöhung ausgeführten Lieferungen ohne Rücksicht auf den Ablauf des sonst üblichen Ablesezeitraums dem bisherigen allgemeinen Steuersatz. Umsatzsteuerrechtlich bestehen keine Bedenken dagegen, diese Abrechnungen bei Tarifabnehmern in der Weise vorzunehmen, dass die Ergebnisse der Ablesezeiträume, in die der Stichtag fällt, im Verhältnis zwischen den Tagen vor und ab dem Stichtag aufgeteilt werden. Ist der Ablesezeitraum länger als drei Monate, so hat das Versorgungsunternehmen bei der Aufteilung grundsätzlich eine Gewichtung vorzunehmen, damit die Verbrauchsunterschiede in den Zeiträumen vor und ab dem Stichtag entsprechend berücksichtigt werden.

Soweit wesentliche Verbrauchsunterschiede nicht bestehen, kann mit Genehmigung des Finanzamtes auf die Gewichtung verzichtet werden.

Zur Vermeidung von Übergangsschwierigkeiten können die Finanzämter auf Antrag ein **vereinfachtes Abrechnungsverfahren** für solche Versorgungsunternehmen zulassen, die bei ihren Tarifabnehmern ein manuelles direktes Inkassoverfahren anwenden. Sofern in diesem Inkassoverfahren bei Tarifabnehmern mit gleichen Ablesezeiträumen zu unterschiedlichen Zeitpunkten abgelesen wird und sich die Ablesezeiträume unterschiedlich um den Stichtag verteilen, kann zum Ausgleich der unterschiedlichen Ablesezeitpunkte für die letzte Ablesung vor dem Stichtag ein mittlerer Ablesezeitpunkt gebildet werden.

Die Rechnungen an die Tarifabnehmer sind nach den entsprechend den vorstehenden Grundsätzen ermittelten Ergebnissen auszustellen. Spätere Entgeltsberichtigungen sowie Änderungen der nach den vorstehenden Grundsätzen vorgenommenen Aufteilung der Lieferungen sind umsatzsteuerlich entsprechend zu berücksichtigen.

5
Grunderwerbsteuer

Die Grunderwerbsteuer gehört zu den **Verkehrssteuern** und besteuert den Übergang, also den Umsatz inländischer Grundstücke.

5.1
Gegenstand der Grunderwerbsteuer

Der Grundstücksbegriff des Grunderwerbsteuergesetzes entspricht dem des bürgerlichen Rechts und umfasst den Grund und Boden einschließlich seiner Bestandteile, z. B. Gebäude, aber ohne die Betriebsvorrichtungen. Wie Grundstücke behandelt werden Erbbaurechte und Gebäude auf fremdem Grund und Boden.

Der Grunderwerbsteuer unterliegen Verträge, die den Anspruch auf Übereignung eines Grundstücks begründen, aber auch Auflassungen, andere Eigentumsübertragungen und Meistgebote im Zwangsversteigerungsverfahren, deren Gegenstand ein Grundstück ist.

Um Missbräuche auszuschließen, unterliegt auch die Übertragung von Gesellschaftsanteilen der Grunderwerbsteuer, wenn durch diese Übertragung 95 % oder mehr der Anteile an einer Kapitalgesellschaft in der Hand des Erwerbers vereinigt werden (§ 1 Abs. 3 GrEStG). Ändert sich innerhalb von fünf Jahren der Gesellschafterbestand einer Personengesellschaft unmittelbar oder mittelbar dergestalt, dass mindestens 95 % oder mehr der Anteile am Gesellschaftsvermögen auf neue Gesellschafter übergehen, gilt dies als ein auf die Übereignung eines Grundstücks auf eine neue Personengesellschaft gerichtetes Rechtsgeschäft und unterliegt ebenfalls der Grunderwerbsteuer (§ 1 Abs. 2 a GrEStG).

5.2
Steuerbare Vorgänge der Grunderwerbsteuer nach § 1 Abs. 1 und 2 GrEStG

5.2.1
Grundstücksverträge

Der Grunderwerbsteuer unterliegen alle Rechtsvorgänge, die es einem anderen rechtlich oder wirtschaftlich ermöglichen, ein inländisches Grundstück (= Steuerobjekt) auf eigene Rechnung zu verwerten.

Obwohl erst durch die Eintragung das Eigentum erworben wird, entsteht die Steuerschuld bereits beim Abschluss des Kaufvertrages. Maßgebend ist nicht der tatsächliche Eigentumsübergang (= Eintragung ins Grundbuch), sondern bereits der Abschluss eines zivilrechtlich wirksamen notariellen Kaufvertrages.

Darüber hinaus darf der Grundbuchbeamte die Umschreibung erst vornehmen, wenn die Grunderwerbsteuer nachweislich bereits entrichtet ist („Unbedenklichkeitsbescheinigung der Steuerbehörde").

Bei Kaufverträgen, die zu ihrer Wirksamkeit zuvor genehmigt werden müssen, entsteht die Grunderwerbsteuerpflicht, wenn die Genehmigung erteilt worden ist. Dies ist insbesondere der Fall bei Verträgen mit beschränkt geschäftsfähigen Personen oder bei Eigentumswohnungen, wenn in der Teilungserklärung bestimmt ist, dass der Verwalter der Übertragung zustimmen muss.

Bei einem **Tausch** von Grundstücken muss die Grunderwerbsteuer für jede Grundstücksübereignung entrichtet werden.

Die **Realteilung** von BGB-Gesellschaften wird besteuert, wenn zum Gesellschaftsvermögen ein inländisches Grundstück gehört.

Die **Einbringung** von Grundstücken im Wege der Sacheinlage oder sonstigen Zuzahlung in eine Kapitalgesellschaft oder Gesamthand unterliegt der Grunderwerbsteuer.

Eine **Anwachsung** liegt vor, wenn beim Ausscheiden des vorletzten Gesellschafters einer Personengesellschaft der verbleibende Gesellschafter Alleineigentümer wird. Voraussetzung für die Grunderwerbsteuerpflicht ist, dass zum Vermögen der Personengesellschaft ein inländisches Grundstück gehört.

Der Grunderwerbsteuer unterliegen ebenfalls die Bestellung, Übertragung und Verlängerung von **Erbbaurechten**.

Die für die **Enteignung** gezahlte Entschädigung unterliegt der Grunderwerbsteuer.

Auch bei **treuhänderischem Erwerb** fällt wegen des Rechtsträgerwechsels Grunderwerbsteuer an.

Die **Einräumung von Dauernutzungsrechten** löst keine Grunderwerbsteuer aus.

5.2.2
Umwandlungsvorgänge

Grunderwerbsteuer fällt bei der Verschmelzung, Spaltung und Vermögensübertragung nach dem Umwandlungssteuergesetz an.

Nicht grunderwerbsteuerpflichtig ist jedoch die nur rechtsformwechselnde Umwandlung eines Rechtsträgers, wie z. B. der Umwandlung einer GmbH in eine AG. Hier ändert sich nur das „Rechtskleid" des Unternehmens. Auch die Umwandlung einer Kapital- in eine Personengesellschaft stellt einen nicht steuerpflichtigen Rechtsformwechsel dar.

Befristete Grunderwerbsteuerbefreiung bei Fusionen von Wohnungsunternehmen mit in den neuen Ländern belegenen Grundstücken[62]

Gemäß § 4 Nr. 8 GrEStG war von der Grunderwerbsteuer befreit der Erwerb eines in den Ländern Brandenburg, Mecklenburg-Vorpommern, Sachsen, Sachsen-Anhalt, Thüringen oder Berlin (mit Ausnahme der Arbeitsmarktregion Berlin) belegenen Grundstücks durch Verschmelzung oder Spaltung nach dem Umwandlungsgesetz oder durch einen Vorgang, der einer solchen Verschmelzung oder Spaltung entspricht, soweit an der Verschmelzung oder Spaltung nur Wohnungsgesellschaften oder Wohnungsgenossenschaften beteiligt waren, wenn die Verschmelzung oder Spaltung ab dem 01. Januar 2004 und bis zum 31. Dezember 2006 erfolgte.

---

62 § 4 Nr. 8 GrEStG angef. mWv 01. 12. 2004 durch EU-Richtlinien-Umsetzungsgesetz, BGBl. I 2004, S. 3310 ff.

5.3 Gesellschafterwechsel bei Personengesellschaften nach § 1 Abs. 2 a GrEStG

Ein grunderwerbsteuerpflichtiges Rechtsgeschäft zur Übereignung der Grundstücke im Gesellschaftsvermögen ist der mindestens 95 %ige, unmittelbare oder mittelbare Gesellschafterwechsel bei einer Personengesellschaft innerhalb von fünf Jahren. Voraussetzung ist, dass zum Vermögen der Personengesellschaft ein inländisches Grundstück gehört.

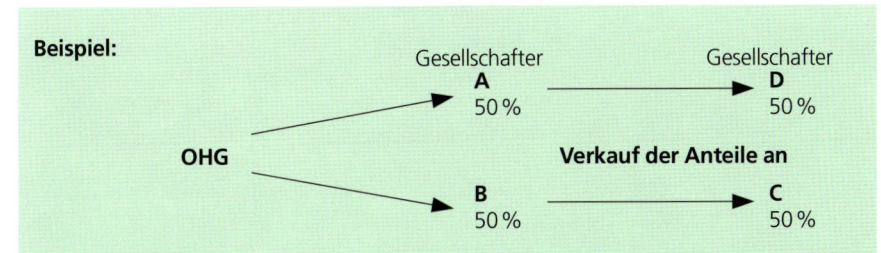

Beispiel:

```
                    Gesellschafter              Gesellschafter
                         A         ──────────►       D
                        50 %                        50 %
         ┌─────────────►
  OHG                              Verkauf der Anteile an
         └─────────────►
                         B         ──────────►       C
                        50 %                        50 %
```

Fall 1:
A verkauft seine Gesellschaftsanteile an der OHG an D und der Gesellschafter B an C.

Dieser Vorgang ist grunderwerbsteuerpflichtig, da mehr als 95 % aller Gesellschaftsanteile übertragen werden.

Fall 2:
A verkauft seine Gesellschaftsanteile an der OHG an D, B bleibt Gesellschafter.

Dieser Vorgang unterliegt nicht der Grunderwerbsteuer, da nur 50 % der Gesellschaftsanteile wechseln.

5.4 Anteilsvereinigung in einer Hand nach § 1 Abs. 3 GrEStG

Gehört zum Vermögen einer inländischen Gesellschaft ein inländisches Grundstück, so unterliegen der Grunderwerbsteuer alle Rechtsgeschäfte, die unmittelbar oder mittelbar mindestens 95 % der Gesellschaftsanteile in der Hand des Erwerbers vereinigen.

Bei der Ermittlung der 95 %-Grenze sind eigene Anteile nicht zu berücksichtigen.

Unmittelbare Anteilsvereinigung

Beispiel:

Gesellschafter A besitzt 70 % der Anteile an der GmbH A. Er erwirbt die bislang von B gehaltenen Anteile in Höhe von 30 % dazu.

Es liegt eine unmittelbare Anteilsvereinigung von mind. 95 % aller Anteile bei Gesellschafter A vor. Der Vorgang unterliegt deshalb der Grunderwerbsteuer.

Mittelbare Anteilsvereinigung

Beispiel:

Gesellschafter A besitzt an der GmbH A 70 % der Anteile. Die restlichen Anteile werden von der GmbH B gehalten.

Fall 1:
A erwirbt sämtliche Anteile an der GmbH B.

Es liegt eine mittelbare Anteilsvereinigung an der GmbH A bei Gesellschafter A vor (70 % der Anteile werden unmittelbar gehalten, 30 % mittelbar über die 100%ige Beteiligung an der GmbH B). Der Vorgang unterliegt der Grunderwerbsteuer.

Fall 2:
A erwirbt 90 % der Anteile an der GmbH B.

Voraussetzung für eine mittelbare Anteilsvereinigung ist, dass die Anteile an der GmbH B in der Hand von A unmittelbar anteilsvereinigt i. S. d. § 1 Abs. 3 GrEStG sind. Dies ist im vorliegenden Fall nicht gegeben, da A nicht mehr als 95 % der Anteile an der B GmbH hält. Eine mittelbare Anteilsvereinigung liegt deshalb nicht vor (vgl. Gleichlautende Erlasse der obersten Finanzbehörden der Länder vom 02. 12. 1999, BStBl. I 1999, S. 99).

Keine Anteilsvereinigung

Beispiel:

Gesellschafter A besitzt 50 % und Gesellschafter B 50 % der Anteile an der GmbH C.

A erwirbt in Höhe von 44,9 % der bislang von B gehaltenen Anteile an C. Bei B verbleibt ein sog. Splitteranteil in Höhe von 5,1 % der Anteile an der GmbH.

Es liegt keine Anteilsvereinigung bei Gesellschafter A vor, da nur eine Beteiligung in Höhe von 94,9 % vorliegt. Der Vorgang unterliegt deshalb nicht der Grunderwerbsteuer.

5.5 Steuersatz

Der Steuersatz der Grunderwerbsteuer betrug bisher bundeseinheitlich 3,5 % der Bemessungsgrundlage. Im Rahmen der Mitte 2006 verabschiedeten Föderalismusreform wurde das Grundgesetz geändert. Künftig haben die Länder die Befugnis zur Bestimmung des Steuersatzes bei der Grunderwerbsteuer (Artikel 105 Abs. 2 a Satz 2 Grundgesetz).[63]

---

63 vgl. Gesetz zur Änderung des Grundgesetzes, BGBl. I 2006, S. 2034 ff.

5.6 Bemessungsgrundlage

Die Steuer bemisst sich nach dem Wert der Gegenleistung. Dies ist in der Regel der vereinbarte Kaufpreis.

Ist kein Kaufpreis vorhanden, dann ist in diesen besonderen Fällen ersatzweise der, nach den Regelungen der §§ 138 ff. Bewertungsgesetz (vgl. Kapitel 6.2), gesondert ermittelte Wert, anzusetzen. Dies ist beispielsweise der Fall,

- wenn eine Gegenleistung nicht vorhanden oder nicht zu ermitteln ist,
- bei Umwandlungen im Sinne des Umwandlungssteuergesetzes, bei einer Einbringung sowie bei anderen Erwerbsvorgängen auf gesellschaftsvertraglicher Grundlage,
- bei Anteilsvereinigungen von mind. 95 % der Anteile (innerhalb von 5 Jahren) bei Personengesellschaften und die Vereinigung von mind. 95 % der Anteile bei Kapitalgesellschaften.

Zur Gegenleistung zählen neben dem tatsächlich gezahlten Kaufpreis auch vom Käufer übernommene sonstige Leistungen, wie die Übernahme von Schulden, mit denen das Grundstück behaftet ist, oder dem Verkäufer evtl. eingeräumte Nutzungen. Bei Erbbaurechten ist Gegenleistung der kapitalisierte Wert der Erbbauzinsen.

Maßgebend für die Bewertung der Gegenleistung ist der im Kaufvertrag vereinbarte Grundstückszustand.

Gemäß § 13 b Abs. 1 Satz 1 Nr. 3 UStG kommt es bei allen Umsätzen, die unter das Grunderwerbsteuergesetz fallen und bei denen durch den Veräußerer wirksam auf die Steuerbefreiung des § 4 Nr. 9 a UStG verzichtet wurde (§ 9 Abs. 1 und 3 UStG), zur Umkehr der Steuerschuldnerschaft auf den Leistungsempfänger, wenn dieser ein Unternehmer ist.

Der Übergang der Steuerschuldnerschaft auf den Erwerber hat zur Folge, dass die Umsatzsteuer nicht in die Bemessungsgrundlage der Grunderwerbsteuer einzubeziehen ist, da die Umsatzsteuer kein Bestandteil des an den Veräußerer zu zahlenden Kaufpreises ist.[64]

---

64 vgl. Erlass des FinMin Baden-Württemberg vom 22. 06. 2004, 3 – S 4521/24, StEK, GrEStG 1983, § 9, Nr. 123.

5.7
Nicht steuerbare Erwerbsvorgänge

Auf Grund besonderer Vorschrift sind bestimmte Erwerbsvorgänge von der Besteuerung ausgenommen und somit nicht steuerbar. Folgende Übertragungsvorgänge unterliegen **nicht** der Grunderwerbsteuer u. a.:

Bagatellverkäufe

Dazu rechnen Grundstücksverkäufe bis zu einer Freigrenze von 2 500 EUR. Wird dieser Betrag nicht überschritten, fällt keine Grunderwerbsteuer an.

Erwerb von Zubehör

Zum Zubehör zählen Einrichtungsgegenstände, wie Küche oder Sauna. Der auf den Miterwerb von Zubehör entfallende Teil des Kaufpreises unterliegt nicht der Grunderwerbsteuer.

Einbaumöbel können wesentliche Bestandteile des Gebäudes oder auch Zubehör sein. Sind Einbaumöbel den Maßen des Raums angepasst, handelt es sich um Zubehör, das nicht der Grunderwerbsteuer unterliegt. Sind die Einbaumöbel aber so eingepasst, dass sie mit den sie umschließenden Gebäudeteilen vereinigt sind, handelt es sich um wesentliche Bestandteile des Gebäudes und ihr Erwerb unterliegt der Grunderwerbsteuer.[65]

Instandhaltungsrücklage nach WEG

Bei der Veräußerung von Eigentumswohnungen geht auch der Anteil an der Instandhaltungsrücklage auf den neuen Eigentümer über. Nach der Rechtsprechung des Bundesfinanzhofes stellt der Anteil an der Instandhaltungsrücklage eine Finanzforderung dar, die nicht der Grunderwerbsteuer unterliegt.

---

65 vgl. Erlass des FinMin Sachsen vom 11. 10. 1993, 34-S 4521-17-50943, StEK, GrEStG 1983, § 9, Nr. 3.

Grundstücksübergang auf eine Gesamthand (§ 5 GrEStG)

Beim Übergang eines Grundstücks auf eine Gesamthand wird die Steuer insoweit nicht erhoben, als der Anteil des Eigentümers am Grundstück seinem Anteil am Vermögen der Gesamthand entspricht. Dies gilt aber nur, wenn und insoweit der einzelne Gesamthänder am Vermögen der Gesamthand während der nächsten 5 Jahre beteiligt bleibt.

Grundstücksübergang von einer Gesamthand (§ 6 GrEStG)

Ein Grundstück kann von der Gesamthand

- in das Miteigentum mehrerer an der Gesamthand Beteiligter übergehen,
- in das Alleineigentum eines Gesamthänders übergehen,
- auf eine andere Gesamthand übergehen, an der ganz oder teilweise dieselben Gesamthänder beteiligt sind.

Soweit der einzelne Gesamthänder weiterhin am Grundstück partizipiert, wird keine Steuer erhoben.

Umwandlung gemeinschaftlichen Eigentums in Flächeneigentum (§ 7 GrEStG)

§ 7 GrEStG enthält Vergünstigungsvorschriften zur flächenweisen Teilung eines Grundstücks zwischen Miteigentümern oder mehreren an einer Gesamthand beteiligten Personen.

Für die Steuerbefreiung nach § 7 GrEStG ist es wesentlich, dass mehrere Personen eine wirtschaftliche Einheit entsprechend einem vorher gefassten Plan in mehrere wirtschaftliche Einheiten zerlegen und wertgleich unter sich aufteilen. Ein „Mehr" an erhaltener Wertsubstanz wird jedoch besteuert.

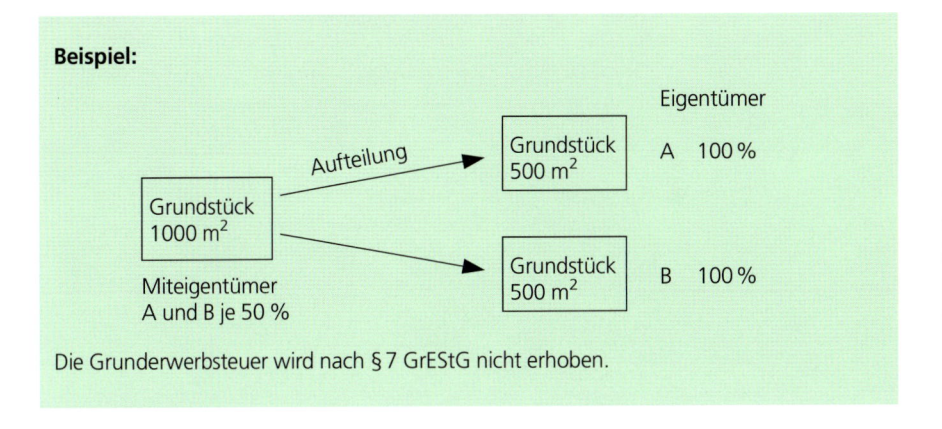

Beispiel:

```
                                                      Eigentümer
                           Aufteilung    Grundstück
                         ───────────▶    500 m²      A   100 %
    Grundstück
    1000 m²
                                         Grundstück
                         ───────────▶    500 m²      B   100 %
    Miteigentümer
    A und B je 50 %
```

Die Grunderwerbsteuer wird nach § 7 GrEStG nicht erhoben.

5.8
Entstehungszeitpunkt, Festsetzung und Fälligkeit

Die Grunderwerbsteuer entsteht grundsätzlich bereits in dem Zeitpunkt, in welchem die Rechtsgeschäfte abgeschlossen werden, die den Anspruch auf Übereignung begründen. Daraus ergibt sich, dass die Grunderwerbsteuer bereits anfallen kann, ohne dass bereits das Eigentum übergegangen ist.

Bei Fusionen entsteht die Grunderwerbsteuer erst mit Eintragung der Fusion in das Handels-/Genossenschaftsregister der übernehmenden Körperschaft.

Die Grunderwerbsteuer wird vom Finanzamt durch einen Steuerbescheid festgesetzt.

Die Steuer wird einen Monat nach der Bekanntgabe des Steuerbescheides fällig.

5.9 Meldepflichten

In der Regel sind bei grunderwerbsteuerpflichtigen Erwerben keine Steuererklärungen abzugeben, weil aufgrund der Meldungen des Notars bzw. der Grundbuchämter das Finanzamt von den Erwerben Kenntnis erhält und daraufhin Grunderwerbsteuerbescheide erlässt.

Es gibt aber auch Fälle, in denen der Steuerschuldner dem Finanzamt eine Meldung über den Erwerbsvorgang machen muss. Diese Fälle sind abschließend in § 19 GrEStG geregelt. Wesentliche Fälle des § 19 GrEStG sind:

- Erwerb von Gebäuden auf fremden Grundstücken,
- Änderungen im Gesellschafterbestand bzw. bei den Geschäftsanteilen, die dazu führen, dass mindestens 95 % der Anteile an der Gesellschaft in einer Hand vereinigt werden,
- alle Erwerbe, bei denen ein Notar, ein Gericht oder eine Behörde keine Meldung nach § 18 GrEStG zu erstatten hat,
- Leistungen, die der Erwerber des Grundstücks anderen Personen als dem Veräußerer als Gegenleistung dafür gewährt, dass sie auf den Erwerb des Grundstücks verzichten,
- Änderungen im Gesellschafterbestand einer Gesamthand,
- jede Erhöhung der Gegenleistung des Erwerbers durch Gewährung von zusätzlichen Leistungen neben der beim Erwerbsvorgang vereinbarten Gegenleistung,
- Fusionen von Wohnungs- und Immobilienunternehmen.

Zu beachten ist, dass meldepflichtig alle an einem Kaufvertrag Beteiligten (Käufer und Verkäufer) sind. Dies gilt auch dann, wenn die Grunderwerbsteuerzahlung – wie üblich – auf den Erwerber überwälzt wurde.

Werden die Meldepflichten nicht eingehalten, führt dies zu einer Hemmung des Anlaufs der Festsetzungsfrist (§ 170 Abs. 2 Satz 1 Nr. 1 AO) um bis zu drei Jahre.[66] Überdies kann die Unterlassung der Meldung eine Ordnungswidrigkeit darstellen, die zu einer Verlängerung der Festsetzungsfrist von 4 auf 5 Jahre führt.

---

66 vgl. Pahkle/Franz, Grunderwerbsteuergesetz, Kommentar, 3. Auflage, § 19 Tz. 16, letzter Satz.

5.10 Steuerschuldner

Steuerschuldner (= Steuersubjekt) der Grunderwerbsteuer sind regelmäßig die am Erwerbsvorgang beteiligten Personen, also **Veräußerer und Erwerber**. Jedem der Beteiligten wird jeweils der Grunderwerbsteuerbetrag zur Hälfte zugerechnet.

Insoweit mehrere Personen die Grunderwerbsteuer schulden, so schulden sie diese gesamtschuldnerisch, d. h. die Finanzbehörde kann den gesamten Steuerbetrag von einem der Beteiligten einfordern. Ist dieser nicht zahlungsfähig, so kann der gesamte Betrag von dem anderen bzw. einem weiteren Beteiligten eingefordert werden. Dies gilt auch dann, wenn in einem Kaufvertrag die Grunderwerbsteuerpflicht auf einen der Beteiligten überwälzt wurde.

Bei der Änderung des Gesellschafterbestandes einer Personengesellschaft (§ 1 Abs. 2 a GrEStG) ist die Personengesellschaft selbst Steuerschuldner.

Abweichend hiervon ist bei der Anteilsvereinigung von Anteilen an Kapitalgesellschaften der Erwerber Steuerschuldner, in dessen Hand diese Vereinigung stattfindet.

5.11
Nichtfestsetzung der Steuer, Aufhebung oder Änderung der Steuerfestsetzung nach § 16 GrEStG

Änderungen jeder Art erfolgen **nur auf Antrag**.

Die Grunderwerbsteuer entsteht bereits bei Abschluss des Kaufvertrages, also zu einem sehr frühen Zeitpunkt. Die Grunderwerbsteuer wird daher auf Antrag nicht erhoben bzw. erstattet, wenn:

- eine Aufhebung des (im Grundbuch noch nicht vollzogenen) Vertrags erfolgt,
- das Verpflichtungsgeschäft innerhalb von zwei Jahren seit der Entstehung rückgängig gemacht wird durch
  - Vereinbarung,
  - Ausübung eines vorbehaltenen Rücktrittrechts oder
  - Ausübung eines Wiederkaufrechts,
- das Verpflichtungsgeschäft, zeitlich unbeschränkt, wegen Nichterfüllung der Vertragsbedingungen auf Grund eines Rechtsanspruch rückgängig gemacht wird.

In diesen vorgenannten Fällen wird auf Antrag die Grunderwerbsteuer nicht festgesetzt bzw. die Festsetzung aufgehoben.

Erwirbt der Veräußerer das Eigentum am veräußerten Grundstück zurück, wenn

- der Rückerwerb innerhalb von zwei Jahren stattfindet (einschließlich Auflassung und Antrag auf Grundbucheintragung) oder
- der Erwerbsvorgang nichtig ist oder
- das Verpflichtungsgeschäft zeitlich unbeschränkt wegen Nichterfüllung der Vertragsbedingungen auf Grund eines Rechtsanspruchs rückgängig gemacht wird,

wird auf Antrag sowohl die Steuer für den Ersterwerb als auch für den Rückerwerb nicht erhoben.

Die Grunderwerbsteuer wird auf Antrag herabgesetzt, wenn

- innerhalb von zwei Jahren seit der Entstehung der Steuer eine Herabsetzung der Gegenleistung (Minderung) erfolgt oder
- zeitlich unbeschränkt eine Herabsetzung der Gegenleistung wegen der Sachmängelhaftung nach § 459 BGB erfolgt.

6
Steuerliche Bewertung des Grundbesitzes und Grundsteuer

Im Nachfolgenden sollen die Grundsätze der steuerlichen Bewertung des Grundbesitzes für die Zwecke der Grundsteuer, der gewerbeertragsteuerlichen Kürzung und der Bemessung der Grunderwerbsteuer in Sonderfällen dargestellt werden. Rechtsgrundlage für diese Bewertung ist das Bewertungsgesetz.

Diesbezüglich ist zu beachten, dass in Umsetzung der Bundesverfassungsgerichtsurteile aus 1995 zur Verfassungswidrigkeit der Erbschaftsbesteuerung und Vermögensbesteuerung die Grundstücksbewertung ab 01. 01. 1996 bzw. 01. 01. 1997 geändert worden ist. Dies gilt allerdings nur für die Zwecke der Erbschaftsteuer und der Grunderwerbsteuer in Sonderfällen. Für die Grundsteuer und die gewerbesteuerliche Kürzung bleibt es vorerst bei der Notwendigkeit der Feststellung von Einheitswerten der Grundstücke. Deshalb soll im Nachfolgenden auch kurz das Einheitswertverfahren dargestellt werden.

6.1 Ermittlung des Einheitswertes für Betriebsgrundstücke für die Grundsteuer und die Gewerbesteuer

Die Einheitsbewertung der Betriebsgrundstücke (§ 99 BewG) als Unterart des inländischen Grundbesitzes wird in den §§ 68–94 BewG geregelt. Dabei wird zunächst der Begriff des Grundvermögens sowie der Begriff der unbebauten und bebauten Grundstücke definiert. Im Anschluss wird auf die spezielle Bewertung des Grundvermögens eingegangen.

Gemäß § 76 BewG ist der Einheitswert des Grundstücks bei Mietwohngrundstücken, Geschäftsgrundstücken, gemischt genutzten Grundstücken, Einfamilien- und Zweifamilienhäusern im Wege des Ertragswertverfahrens nach §§ 78–82 BewG zu ermitteln. Für die sonstigen bebauten Grundstücke ist der Wert im Wege des Sachwertverfahrens gem. §§ 83–90 BewG zu ermitteln. Das Sachwertverfahren ist jedoch abweichend auch für Ein- und Zweifamilienhäuser anzuwenden, wenn diese aufgrund besonderer Gestaltung oder Ausstattung wesentlich von den üblichen Ein- und Zweifamilienhäusern abweichen.

§ 77 BewG regelt, dass der für ein bebautes Grundstück anzusetzende Wert nicht geringer sein darf als der Wert, mit dem der Grund und Boden allein als unbebautes Grundstück zu bewerten wäre.

Die Fortschreibung eines einmal festgestellten Einheitswertes im Rahmen einer sog. Wertfortschreibung ist vorzunehmen, wenn aufgrund der Veränderung der tatsächlichen Grundstücksverhältnisse der sich auf den Fortschreibungszeitpunkt ergebende Einheitswert des Grundstücks vom Einheitswert des letzten vorhergehenden Feststellungszeitpunktes abweicht und bestimmte Wertfortschreibungsgrenzen überschritten werden (§ 22 BewG). Eine Fortschreibung des Einheitswertes kann z. B. in den Fällen des Wegfalls der öffentlichen Förderung oder bei beabsichtigtem Gebäudeabriss in Frage kommen.

Darstellung des Ertragswertverfahrens (§§ 78 ff. BewG)

Der Grundstückswert umfasst den Bodenwert, den Gebäudewert und den Wert der Außenanlagen. Er ergibt sich durch Anwendung eines Vervielfältigers (§ 80 BewG) auf die Jahresrohmiete (§ 79 BewG) unter Berücksichtigung der §§ 81 und 82 BewG.

Jahresrohmiete ist das Gesamtentgelt, das der Mieter für die Benutzung des Grundstücks auf Grund vertraglicher Vereinbarungen nach dem Stand im Feststellungszeitpunkt für ein Jahr zu entrichten hat (nach den Wertverhältnissen zum 01. 01. 1964 bzw. in den neuen Ländern zum 01. 01. 1935).

Die Jahresrohmiete ist die Sollmiete. Mietausfälle sind nicht zu berücksichtigen. Zur Jahresrohmiete gehören auch Betriebskosten, die durch die Gemeinde von den Mietern unmittelbar erhoben werden. Soweit die Umlagen jedoch an den Vermieter bezahlt werden, werden sie nicht berücksichtigt. Nicht in die Jahresrohmiete einzubeziehen sind außerdem Untermietzuschläge, Kosten des Betriebes der zentralen Heizungs-, Warmwasserversorgungs- und Brennstoffversorgungsanlagen sowie des Fahrstuhls.

Gemäß § 79 Abs. 2 BewG gilt für Grundstücke oder Grundstücksteile, die eigengenutzt, ungenutzt, zu vorübergehendem Gebrauch oder unentgeltlich überlassen sind, sowie für Grundstücke oder Grundstücksteile, die der Eigentümer dem Mieter zu einer um mehr als 20 % von der üblichen Miete abweichenden tatsächlichen Miete überlassen hat, anstatt der tatsächlichen Jahresrohmiete die übliche Miete als Jahresrohmiete. Es ist jedoch zu beachten, dass auch preisrechtlich gebundene Mieten als tatsächliche Jahresrohmieten zugrunde zu legen sind.

Auf die ermittelte Jahresrohmiete ist der Vervielfältiger nach Anlagen 3 – 8 des BewG anzuwenden. Der aus Jahresrohmiete und Vervielfältiger errechnete Grundstückswert ist nach § 82 BewG zu ermäßigen oder zu erhöhen, wenn Umstände tatsächlicher Art vorliegen, die weder in der Jahresrohmiete noch im Vervielfältiger einen Ausdruck gefunden haben. Die Summe der Zu- und Abschläge ist gem. § 82 Abs. 3 BewG auf max. 30 % des gesamten Grundstückswertes beschränkt.

6.2
Bedarfsbewertung für die Grunderwerbsteuer in Sonderfällen

Im Rahmen des Jahressteuergesetzes 1997 wurde für die Bewertung ein vereinfachtes Ertragswertverfahren beschlossen. Dieses Verfahren ist seit dem 01.01.1997 für die Wertermittlung für Zwecke der Grunderwerbsteuerbemessung in Sonderfällen, insbesondere z. B. im Fall von Umwandlungen, also auch Verschmelzungen, maßgeblich. Dieses Jahresmietenverfahren wird nachfolgend kurz in seinen Grundzügen dargestellt.

Jahresmietenverfahren (§ 146 BewG) ab 2007

Wert des bebauten Grundstücks	=	12,5 x Jahresmiete
		./. Wertminderung wegen Alters
		(+ Zuschlag: EFH und ZFH 20 %)
Jahresmiete	=	Im Besteuerungszeitpunkt **vereinbartes** Gesamtentgelt des Mieters **ohne** Betriebskosten im Sinne der Betriebskostenverordnung
		Bei Nichtvermietung (Leerstand), Selbstnutzung oder verbilligter Vermietung ist anstatt tatsächlicher Miete die **„übliche"** Miete anzusetzen.
Wertminderung wegen Alters	=	0,5 % jährlich, höchstens jedoch 25 %
Mindestwert	=	Wert des unbebauten Grundstücks = m^2 x (Bodenrichtwert ./. Abschlag von 20 %)
Sonderfall (§ 147 BewG)		Lässt sich die übliche Miete nicht ermitteln (z. B. Fabrikgebäude):
		Bodenwert = m^2 x (Bodenrichtwert ./. Abschlag von 30 %)
		Gebäudewert = Wert gemäß ertragsteuerlicher Bewertungsvorschriften (Steuerbilanzwert)

6.3 Grundsteuer

6.3.1
Höhe – Bemessungsgrundlage – Verfahren

Steuergegenstand der Grundsteuer ist der Grundbesitz im Sinne des Bewertungsgesetzes. Das Aufkommen der Grundsteuer steht den Gemeinden zu. Sie haben auch ein grundgesetzlich geschütztes Hebesatzrecht für diese Steuer. Die Grundsteuer ist neben der Gewerbesteuer die wichtigste Steuer in der Kommunalfinanzierung.

Das Verfahren der Grundsteuererhebung ist auf die Finanzbehörden und die Gemeinden aufgeteilt.

Das zuständige **Lagefinanzamt** stellt zunächst die Bemessungsgrundlage (Einheitswert zum 01.01.1964 bzw. zum 01.01.1935 in den neuen Ländern) fest. Die Festlegung des Steuermessbetrages obliegt ebenfalls dem Lagefinanzamt. Der Steuermessbetrag ergibt sich aus der Anwendung der Steuermesszahl[67] (§ 15 GrStG) von bei Mietwohngebäuden und gewerblichen Immobilien 3,5 ‰ auf den Einheitswert.

Die **Gemeinde** setzt den Hebesatz und auch die zu entrichtende Grundsteuer fest.

Grundsteuer = Einheitswert des Grundstücks x 3,5 ‰ (Steuermesszahl) × Hebesatz

In den neuen Bundesländern kann, soweit keine Einheitswerte auf den 01.01.1935 festgestellt sind, ein vereinfachtes Verfahren nach § 42 GrStG zum Zuge kommen.

---

[67] In den neuen Ländern gem. § 41 GrStG abweichende Steuermesszahlen auf Grundlage der §§ 29 – 33 der GrStDV vom 01.07.1937.

6.3.2
Erlass der Grundsteuer bei wesentlicher Ertragsminderung

Nach § 33 GrStG besteht unter bestimmten Voraussetzungen ein Anspruch auf Erlass der Grundsteuer. Voraussetzung ist, dass der normale Rohertrag (der Grundlage der Einheitsbewertung ist; vgl. Kapitel 6.1) wesentlich, also um mindestens 20 % gemindert ist, und der Steuerschuldner diese Minderung nicht zu vertreten hat.

Das Verwaltungsgericht Braunschweig hat in einem Urteil vom 24. 08. 2004[68] klargestellt, dass ein Wohnungsunternehmen ein Mietshaus bei Überlassung zu Wohnzwecken nicht eigengewerblich i. S. d. § 33 Abs. 1 Satz 2 GrStG nutzt. Vielmehr ist auf ein tatsächliches Moment („genutzt") abzustellen, „dass heißt auf die faktische Ausübung einer eigengewerblichen Tätigkeit und die Einrichtung eines Betriebes auf dem Grundstück". Unabhängig davon, ob Mieteinnahmen im steuerrechtlichen Sinn als gewerbliche Einnahmen zu qualifizieren sind, fehlt es bei einer Überlassung zu Wohnzwecken an der Ausübung einer eigengewerblichen Tätigkeit auf dem Grundstück.

Seit einer Entscheidung des Bundesverwaltungsgerichts vom 04. 04. 2001[69] ist klargestellt, dass der Erlass dann ausgeschlossen ist, wenn der normale Rohertrag wegen eines nicht nur vorübergehenden Leerstands, sondern wegen strukturellen Leerstands um mehr als 20 % gemindert ist. Das Bundesverwaltungsgericht begründet seine Auffassung damit, dass struktureller Leerstand sich auf die Bemessungsgrundlage der Grundsteuer, also den Einheitswert auswirken müsste, und zwar bei der gesetzlich alle sechs Jahre vorgeschriebenen Hauptfeststellung der Einheitswerte. Da die Hauptfeststellung tatsächlich seit Jahrzehnten nicht mehr erfolgt ist (in den alten Ländern letztmalig 01. 01. 1964, in den neuen Ländern 01. 01. 1935) und wohl auch nicht mehr stattfinden wird, bezeichnet das Bundesverwaltungsgericht diesen Zustand als verfassungsrechtlich bedenklich.

---

68 vgl. Urteil des VerwG Braunschweig vom 24. 08. 2004, 5 A 425 / 02.
69 vgl. Urteil des BVerwG vom 04. 04. 2001, 11 C 12/00, BStBl. II 2002, S. 889 ff.

Gleichwohl ist auf der Grundlage dieser Entscheidung des Bundesverwaltungsgerichtes zurzeit bei strukturellem Leerstand wohl kein Erlass der Grundsteuer erreichbar.

7
Steuerabzug bei Bauleistungen (§§ 48 ff. EStG)

7.1
Steuerabzugspflicht

Die Bauabzugsteuer findet seit 01. 01. 2002 Anwendung. Konsequenz ist, dass Wohnungsunternehmen als Auftraggeber von Bauleistungen ab 01. 01. 2002 grundsätzlich verpflichtet sind, von allen Leistungsentgelten an Auftragnehmer von Bauleistungen 15 % für Rechnung des Auftragnehmers einzubehalten und an das für den Auftragnehmer zuständige Finanzamt anzumelden und abzuführen, wenn der Auftragnehmer dem Wohnungsunternehmen keine Freistellungsbescheinigung des für ihn zuständigen Finanzamtes vorlegt.

7.2 Begriff der Bauleistungen

Bauleistungen sind alle Leistungen, die der Herstellung, Instandsetzung, Instandhaltung, Änderung oder Beseitigung von Bauwerken dienen. Voraussetzung ist, dass sich die Leistung unmittelbar auf die Substanz des Bauwerks auswirkt, also eine Substanzerweiterung, Substanzverbesserung oder Substanzbeseitigung eintritt. Somit sind die Tätigkeiten, die in der Baubetriebeverordnung genannt sind, Bauleistungen.

Zu den Bauleistungen gehören u. a. der Einbau von Fenstern und Türen sowie Bodenbelägen, Aufzügen und Heizungsanlagen, aber auch von Einrichtungsgegenständen, wenn sie mit einem Gebäude verbunden werden, wie Ladeneinbauten, Schaufensteranlagen, Einbauküchen in Mietwohngebäuden und Gaststätteneinrichtungen.

Auch die Herstellung der Hausanschlüsse (auf dem eigenen Grundstück) für Wasser, Strom etc. sind Bauleistungen.

Folgende Leistungen fallen für sich genommen **nicht** unter den Steuerabzug:

- Planungsleistungen (Architekt, Statiker, Fachingenieure),
- Reinigungen von Räumlichkeiten und Flächen (wird aber durch die Reinigung die Oberfläche verändert, liegen Bauleistungen vor, z. B. beim Sandstrahlen von Fassaden),
- Arbeitnehmerüberlassungen, auch wenn die überlassenen Arbeitnehmer für den Entleiher Bauleistungen erbringen,
- Materiallieferungen (z. B. durch Baustoffhändler oder Baumärkte),
- Zurverfügungstellen von Baugeräten,
- Vermietung von mobilen Toilettenanlagen,
- Anlegen von Bepflanzungen und deren Pflege, außer bei Dachbegrünungen.

Werden im Rahmen eines Vertragsverhältnisses mehrere Leistungen erbracht, bei denen es sich teilweise um Bauleistungen handelt, ist für die Beurteilung entscheidend, welche Leistung im Vordergrund steht. Eine Abzugsverpflichtung besteht dann, und zwar insgesamt, wenn die Bauleistung als Hauptleistung anzusehen ist.

7.3
Abzugsverpflichteter/Leistender

7.3.1
Abzugsverpflichteter

Zum Abzug der Bauabzugsteuer sind Wohnungsunternehmen verpflichtet, sofern sie Bauleistungen für ihr Unternehmen beziehen.

Zum Steuerabzug verpflichtet ist auch ein Generalunternehmer, der sich zur Erfüllung seiner Leistungspflicht Subunternehmer bedient. Der Generalunternehmer gilt im Verhältnis zum Auftraggeber auch dann als Leistender, wenn er selbst keine Bauleistung erbringt, sondern lediglich über solche Leistungen abrechnet. Im Verhältnis zu den Subunternehmern handelt es sich indessen bei dem Generalunternehmer um einen Leistungsempfänger, der als Unternehmer zum Steuerabzug verpflichtet ist.

Leistungen von Bauträgern im Sinne des § 3 Makler- und Bauträgerverordnung unterliegen nur dann dem Steuerabzug für Bauleistungen, wenn der Abnehmer der von dem Bauträger erstellten oder zu erstellenden Bauwerke als Bauherr anzusehen ist.

Wohnungseigentümergemeinschaften sind als Leistungsempfänger zur Durchführung des Steuerabzugs nur verpflichtet, wenn Gemeinschaftseigentum betroffen ist.

Bei einer umsatzsteuerlichen Organschaft ist der Organträger Unternehmer. Bei Bauleistungen, die von Auftragnehmern außerhalb des Organkreises an die Organgesellschaft erbracht werden, ist deshalb der Organträger Leistungsempfänger und zur Durchführung des Steuerabzugs verpflichtet. Es wird nicht beanstandet, wenn die Durchführung des Steuerabzugs durch die Organgesellschaft im Auftrage des Organträgers erfolgt.

Bei Innenumsätzen zwischen verschiedenen Organgesellschaften bzw. zwischen der Organgesellschaft und dem Organträger besteht keine Abzugsverpflichtung.

7.3.2
Leistender

Das Wohnungsunternehmen hat den Steuerabzug unabhängig davon durchzuführen, ob der Leistende (Auftragnehmer) im Inland oder im Ausland ansässig ist. Es kommt nicht darauf an, ob es zum Unternehmenszweck des Auftragnehmers gehört, Bauleistungen zu erbringen oder ob er mit seinem Unternehmen überwiegend Bauleistungen erbringt.

Als Leistender gilt auch derjenige, der über eine Leistung abrechnet, ohne sie selbst erbracht zu haben.

Erbringt eine Organgesellschaft Bauleistungen an Leistungsempfänger außerhalb des umsatzsteuerlichen Organkreises, ist Leistender die Organgesellschaft.

Abrechnungen einer Wohnungseigentümergemeinschaft gegenüber Wohnungseigentümern fallen nicht unter den Steuerabzug.

7.4
Steuerabzug/Abstandnahme vom Steuerabzug

7.4.1
Steuerabzug

Die Verpflichtung zum Steuerabzug entsteht in dem Zeitpunkt, indem die Gegenleistung erbracht wird, d. h. beim Leistungsempfänger selbst oder bei einem Dritten, der für den Leistungsempfänger zahlt, abfließt. Gegenleistung im Sinne des Gesetzes ist jede Zahlung des Leistungsempfängers an den Leistenden, also auch Anzahlungen und Abschlagszahlungen.

Bis zum 10. des Monats, der dem Monat folgt, in dem die Bauabzugsteuer einbehalten wurde, ist die Abzugsteuer auf amtlich vorgeschriebenem Vordruck bei dem für den Auftragnehmer zuständigen Finanzamt anzumelden und für Rechnung des Auftragnehmers abzuführen.

Der Leistungsempfänger hat für jeden Leistenden eine eigene Anmeldung abzugeben, auch wenn mehrere Leistende bei einem Finanzamt geführt werden.

Die benötigten Adressen der zuständigen Finanzämter bzw. Konto-Nummern können regelmäßig beim Leistenden erfragt werden. Darüber hinaus können Informationen auch im Internet unter **www.finanzamt.de** ermittelt werden.

Sofern die Anmeldung nicht rechtzeitig abgegeben wird, kann ein Verspätungszuschlag von bis zu 10 % des Abzugsbetrages (höchstens 25 000 EUR) auferlegt werden. Erfolgt die Zahlung verspätet, entstehen Säumniszuschläge.

Der Leistungsempfänger ist verpflichtet, mit dem Leistenden über den einbehaltenen Steuerabzug abzurechnen. Dazu hat er dem Leistenden (Auftragnehmer) eine Abrechnung zu erteilen, die folgende Angaben enthalten muss:

- Name und Anschrift des Leistenden,
- Rechnungsbetrag, Rechnungsdatum und Zahlungstag,
- Höhe des Steuerabzugs,
- Finanzamt, bei dem der Abzugsbetrag angemeldet worden ist.

Dem Steuerabzug unterliegt der volle Betrag der Gegenleistung. Zur Gegenleistung gehört das Entgelt für die Bauleistung zuzüglich der Umsatzsteuer. Das gilt auch im Fall der Steuerschuldnerschaft, wenn das Wohnungsunternehmen Schuldner der Umsatzsteuer ist. Der Steuerabzug beträgt 15 % der Gegenleistung. Ein Solidaritätszuschlag wird auf den Abzugsbetrag nicht erhoben.

Zahlt nach Ablauf der Gewährleistungspflicht ein Wohnungsunternehmen die Sicherheitseinbehalte aus, stellt dies die Erbringung einer Gegenleistung dar. Liegt keine Freistellungsbescheinigung vor und sind die unten aufgeführten Bagatellbeträge überschritten, ist hierauf ein Steuerabzug vorzunehmen.

7.4.2
Abstandnahme vom Steuerabzug

Vom Steuerabzug kann Abstand genommen werden, wenn die Gegenleistung im Kalenderjahr voraussichtlich 15 000 EUR nicht übersteigt und das Wohnungsunternehmen nur (ausschließlich) steuerfreie Vermietungsumsätze nach § 4 Nr. 12 UStG ausführt.

Ebenso entsteht keine Abzugsverpflichtung, wenn die Gegenleistung im Kalenderjahr voraussichtlich nicht 5 000 EUR übersteigt und das Wohnungsunternehmen auch Umsätze ausführt, die nicht nach § 4 Nr. 12 UStG steuerfrei sind.

Wenn der Bauhandwerker eine Freistellungsbescheinigung vorlegt, entfällt die Abzugsverpflichtung.

Um den Verwaltungsaufwand für den Einbehalt und die Abführung der Bauabzugsteuer zu vermeiden, empfiehlt es sich von allen Bauhandwerkern Freistellungsbescheinigungen zu verlangen.

7.5
Verfahren

7.5.1
Kontrollverfahren des Leistungsempfängers

Vorsorge ist zu treffen, dass in den Fällen, in denen keine Freistellungsbescheinigung vorliegt bzw. die Freistellungsbescheinigung widerrufen wurde, die Bauabzugsteuer einbehalten wird.

In der Betriebsorganisation ist deshalb sicherzustellen, dass bei der Bezahlung von Bauleistungen bekannt ist, ob eine Freistellungsbescheinigung beigebracht wurde und deshalb auf den Einbehalt der Bauabzugsteuer verzichtet werden kann.

Wichtig ist, dass klare Verantwortlichkeiten für die Einholung und Kontrolle der Freistellungsbescheinigungen geschaffen werden. Grundsätzlich kann die Verantwortlichkeit hierfür in der technischen Abteilung angesiedelt werden, die dann im Rahmen der Rechnungsprüfung und -freigabe dem Rechnungswesen mitteilt, dass eine Freistellungsbescheinigung vorliegt und deshalb keine Bauabzugsteuer einzubehalten ist. Die Dokumentation könnte z. B. in der Weise erfolgen, dass auf den Stempeln bzw. Rechnungsbegleitzetteln über die rechnerische und sachliche Prüfung der Baurechnungen vermerkt wird, dass die Bauabzugsteuer nicht einzubehalten ist.

Die Verantwortlichkeit für die Freistellungsbescheinigungen kann auch im Rechnungswesen angesiedelt werden, da hier die Zahlung erfolgt und dabei ggf. der Einbehalt der Bauabzugsteuer vorzunehmen ist. Hier müsste dann bei jeder Zahlung geprüft werden, ob eine Freistellungsbescheinigung vorliegt. Wird ein neuer Auftragnehmer beschäftigt, hat dies aber den Nachteil, dass man ggf. erst bei Zahlung feststellt, dass keine Freistellungsbescheinigung vorliegt. Insofern sind klare Anweisungen an die technische Abteilung zu erteilen, dass bei der Beauftragung eines neuen Auftragnehmers von vornherein eine Freistellungsbescheinigung zwingend anzufordern ist.

Der Leistungsempfänger ist verpflichtet, die Freistellungsbescheinigung zu überprüfen. Diese enthält eine zwölfstellige Sicherheitsnummer und ist mit einem Dienstsiegel versehen.

Vor der Zahlung durch den Leistungsempfänger hat sich dieser nach Auffassung der Finanzverwaltung zu vergewissern, dass die Freistellungsbescheinigung Name, Anschrift und Steuernummer des Leistenden sowie ein Dienstsiegel und eine Sicherheitsnummer enthält. Des Weiteren müssen bei Vorlage einer Kopie alle Angaben auf der Freistellungsbescheinigung lesbar sein. Der Leistungsempfänger ist nicht dazu verpflichtet, sich vor jeder Zahlung aufs Neue zu vergewissern, ob die Freistellungsbescheinigung in der Zwischenzeit widerrufen wurde.[70]

7.5.2
Freistellungsverfahren

Der Antrag auf Freistellung ist formlos vom Leistenden (Auftragnehmer) bei dem für ihn zuständigen Finanzamt zu stellen. Die Finanzverwaltung wird nur in Zweifelsfällen die Antragsteller zur Beantwortung eines Fragebogens in Gänze oder in Teilen auffordern. In allen Fällen, in denen die Voraussetzungen aus Sicht der Finanzverwaltung zur Erteilung der Freistellungsbescheinigung zweifelsfrei vorliegen, verzichtet die Finanzverwaltung auf die Bearbeitung des Fragebogens.

Freistellungsbescheinigungen werden mit einer Geltungsdauer von längstens drei Jahren ab Antragstellung erteilt. Sie können bei ausländischen Auftragnehmern auch auf einzelne Projekte beschränkt werden.

Bauleistende sollten jeweils rechtzeitig vor Ablauf des jeweiligen Dreijahreszeitraums neue Freistellungsbescheinigungen beantragen, entsprechend sollten Empfänger von Bauleistungen die Gültigkeit der Freistellungsbescheinigungen jeweils zum Jahreswechsel überprüfen.

---

70 vgl. Verfügung der OFD Münster vom 25. 02. 2002, S 2303 – 2 – St 13 – 31, StEK, EStG, § 48 b, Nr. 5.

Ist die Freistellung nicht projektbezogen beschränkt, genügt die Vorlage einer Ablichtung der Freistellungsbescheinigung an den Auftraggeber. Bei projektbezogenen Freistellungsbescheinigungen muss dem Auftraggeber die Freistellungsbescheinigung im Original überlassen werden.

8
Eigenheimzulage

8.1
Die Förderung durch das Eigenheimzulagengesetz

Die Förderung durch die Eigenheimzulage wurde für Neufälle ab 2006 abgeschafft.[71]

Das Eigenheimzulagengesetz in seiner bis zum 31. 12. 2005 geltenden Fassung ist letztmalig anzuwenden, wenn der Anspruchsberechtigte

- im Fall der Herstellung vor dem 01. 01. 2006 mit der Herstellung des Objektes begonnen hat[72] oder

- im Fall der Anschaffung die Wohnung aufgrund eines vor dem 01. 01. 2006 rechtswirksam abgeschlossenen obligatorischen Vertrags (d. h. notarieller Kaufvertrag) oder gleichstehenden Rechtsakts angeschafft hat oder

- in den Fällen des § 17 EigZulG vor dem 01. 01. 2006 einer Genossenschaft beigetreten ist.

Von der zum 01. 01. 2006 erfolgten Abschaffung des Eigenheimzulagengesetzes bleiben alle bis zum 31. 12. 2005 von der Förderung erfassten Sachverhalte unberührt, d. h. bei Vorliegen der rechtlichen Voraussetzungen für die Inanspruchnahme der Eigenheimzulage gelten weiterhin die bisherigen Regelungen des Eigenheimzulagengesetzes über den gesamten Förderzeitraum von 8 Jahren.

---

71 vgl. Gesetz zur Abschaffung der Eigenheimzulage, BGBl. I 2005, S. 3680.

72 Als Beginn der Herstellung gilt bei Objekten, für die eine Baugenehmigung erforderlich ist, der Zeitpunkt, in dem der Bauantrag gestellt wird.

8.1.1
Anspruchsberechtigung (§ 1 EigZulG)

Anspruch auf die Eigenheimzulage hat nur ein Steuerpflichtiger, der seinen Wohnsitz oder seinen gewöhnlichen Aufenthalt in der Bundesrepublik Deutschland hat.

Anspruchsberechtigt ist weiterhin nur der bürgerlich-rechtliche oder der wirtschaftliche Eigentümer, der die Anschaffungs- oder Herstellungskosten getragen hat.

Beispiel:

Herr A erhält von seinem Großvater eine Eigentumswohnung geschenkt, für die Modernisierung wendet Herr A 20 000 EUR auf.

Bemessungsgrundlage für die Eigenheimzulage sind 20 000 EUR, da nur für diesen Betrag bei A Aufwand angefallen ist.

8.1.2
Begünstigte Wohnobjekte (§ 2 EigZulG)

Die Förderung der Eigenheimzulage umfasst die Herstellung oder Anschaffung einer Wohnung in einem eigenen Haus oder einer eigenen Eigentumswohnung.

Durch das Haushaltsbegleitgesetz 2004 entfiel für Neufälle ab 01. 01. 2004 die Zulagenbegünstigung von Ausbauten und Erweiterungen an einer Wohnung in einem eigenen Haus bzw. an einer eigenen Eigentumswohnung.

Die Zulage kann nur für eine im Inland belegende Wohnung in Anspruch genommen werden.

Begünstigt ist jede Wohnung, die im bewertungsrechtlichen Sinne als Wohnung gilt. Die Grundstücksart ist unmaßgeblich.

Somit kann eine Eigentumswohnung, ein Einfamilienhaus oder eine Wohnung in einem Ein-, Zwei- oder Mehrfamilienhaus begünstigt sein. Nebenräume wie z. B. Keller, Waschküche, Trockenraum, Boden usw. gehören auch zur Wohnung und sind damit ebenfalls zulagenbegünstigt.

Nicht begünstigt nach dem EigZulG sind folgende Objekte:

- Ferienwohnungen und Wochenendwohnungen,
- Wohnungen, für die eine doppelte Haushaltsführung geltend gemacht wird,
- Wohnungen, die ein Ehegatte, vom anderen Ehegatten erworben hat, wenn im Zeitpunkt der Anschaffung die Voraussetzungen der Zusammenveranlagung nach § 26 Abs. 1 EStG vorgelegen haben,
- „Schwarzbauten" (Bauten ohne Baugenehmigung),
- Bauten auf fremdem Grund und Boden,
- Ausbauten und Erweiterungen.

8.1.3
Förderzeitraum (§ 3 EigZulG)

Der Förderzeitraum beträgt grundsätzlich acht Jahre. Er beginnt mit dem Jahr der Anschaffung oder Fertigstellung der Wohnung.

Die Förderung setzt jedoch voraus, dass die Wohnung entweder vom Eigentümer selbst oder von einem Angehörigen unentgeltlich genutzt wird.

Erfolgt der wirtschaftliche Übergang der Wohnung kurz vor Jahresende, der Bezug aber erst im Folgejahr, so geht ein Jahr des Förderzeitraums verloren, weil die Voraussetzung der Selbstnutzung nicht erfüllt ist (sog. Neujahrsfalle). Der Anspruchsberechtigte erhält also nur eine Förderung für 7 Jahre.

8.1.4
Nutzung zu eigenen Wohnzwecken (§ 4 EigZulG)

Nach § 4 Satz 1 EigZulG wird die Eigenheimzulage nur für Kalenderjahre des Förderzeitraums gewährt, in denen der Anspruchsberechtigte die Wohnung zu eigenen Wohnzwecken nutzt.

Diese Voraussetzung ist erfüllt, wenn der Anspruchsberechtigte in der Wohnung allein oder gemeinsam mit seiner Familie einen eigenständigen Haushalt führt. Eine Nutzung zu eigenen Wohnzwecken liegt nach § 4 Satz 2 EigZulG auch vor, wenn der Eigentümer die Wohnung unentgeltlich an einen Angehörigen im Sinne des § 15 Abgabenordnung zu Wohnzwecken überlässt.

Angehörige in diesem Sinne sind:

- Verlobte,
- Ehegatten und deren Geschwister, auch geschiedene Ehegatten,
- Verwandte und verschwägerte in gerader Linie,
- Geschwister und deren Ehegatten,
- Kinder der Geschwister,
- Geschwister der Eltern,
- Pflegeeltern und Pflegekinder.

Beispiel:

Kaufvertragsabschluss am 19. 10. 2004. Übergang von Nutzen und Lasten am 31. 12. 2004. Unentgeltliche Überlassung an die geschiedene Ehefrau ab 01. 02. 2005.

Es liegt eine Eigennutzung i. S. d. § 4 EigZulG vor. Der Förderzeitraum beginnt 2004. Die Eigenheimzulage kann aber frühestens ab 2005 gewährt werden, da die Wohnung 2004 nicht zu eigenen Wohnzwecken genutzt wird (sog. Neujahrsfalle).

8.1.5
Bemessungsgrundlage der Eigenheimzulage (§ 8 EigZulG)

Bemessungsgrundlage für den Fördergrundbetrag nach § 9 Abs. 2 EigZulG sind die Herstellungs- oder Anschaffungskosten der Wohnung zuzüglich die Anschaffungskosten für den dazugehörenden Grund und Boden. D. h., dass im Gegensatz zur Ermittlung einer Abschreibungsbemessungsgrundlage eine Aufteilung des Gesamtkaufpreises in Grund und Boden-Anteil sowie Gebäude-Anteil bei der Eigenheimzulage nicht erfolgen muss.

Begünstigt werden neben den Anschaffungs- und Herstellungskosten des Gebäudes und des Grund und Bodens auch Aufwendungen für Instandsetzungs- und Modernisierungsmaßnahmen, die innerhalb von zwei Jahren nach der Anschaffung durchgeführt werden. Zu den Aufwendungen gehören nicht die Aufwendungen für Erhaltungsarbeiten, die jährlich üblicherweise anfallen.

Beispiel:

Eine Wohnung wird zum 01. 06. 2004 angeschafft.
Kaufpreis einer Wohnung lt. Kaufvertrag	100 000 EUR
Grunderwerbsteuer	3 500 EUR
Notargebühren für Kaufvertrag	1 200 EUR
Notargebühren für Auflassung	500 EUR
Notargebühren für Grundschuldbestellung	1 500 EUR

Die Bemessungsgrundlage setzt sich zusammen aus den Anschaffungskosten und den Anschaffungsnebenkosten und beträgt 105 200 EUR.

Nicht begünstigt sind die Finanzierungs-(neben-)kosten i. H. v. 1 500 EUR.

Im ersten Jahr der Selbstnutzung fallen Modernisierungskosten von 10 000 EUR und im zweiten Jahr von 15 000 EUR an.

Bemessungsgrundlage im Jahr 2004
Anschaffungskosten	105 200 EUR
Modernisierungskosten	10 000 EUR
Bemessungsgrundlage	115 200 EUR

Bemessungsgrundlage im Jahr 2005
Bemessungsgrundlage im Jahr 2004	115 200 EUR
Modernisierungskosten	15 000 EUR
	130 200 EUR
Ansatz aber nur bis zur maximalen Bemessungsgrundlage von	125 000 EUR

8.1.6
Höhe der Eigenheimzulage (§ 9 EigZulG)

8.1.6.1
Fördergrundbetrag (§ 9 Abs. 2 EigZulG)

Der Fördergrundbetrag richtet sich nach den Herstellungs- und Anschaffungskosten für die Wohnung.

Er beträgt jährlich:

1 % der Bemessungsgrundlage, höchstens 1 250 EUR.

Neubauten und Bestandsgebäude sind seit 2004 in der Förderung gleichgestellt.

Die Höchstbemessungsgrundlage wird damit bereits bei einer Bemessungsgrundlage von 125 000 EUR erreicht.

8.1.6.2
Kinderzulage (§ 9 Abs. 5 EigZulG)

Die Kinderzulage orientiert sich an der Zahl der Kinder des Anspruchsberechtigten und beträgt für jedes zu berücksichtigende Kind jährlich 800 EUR.

Ein zu berücksichtigendes Kind liegt immer dann vor, wenn der Anspruchsberechtigte für das Kind im jeweiligen Kalenderjahr einen Kinderfreibetrag oder Kindergeld erhält. Da für das Kindergeld und den Kinderfreibetrag das Monatsprinzip gilt, erhält ein Anspruchsberechtigter die volle Kinderzulage auch wenn das Kindergeld oder die Kinderzulage nur für einen Monat gewährt wird.

8.1.6.3
Begrenzung der Förderungsbeträge insgesamt (§ 9 Abs. 6 EigZulG)

Die Summe der Fördergrundbeträge zuzüglich der Kinderzulagen, darf nicht höher sein, als die Bemessungsgrundlage (Anschaffungskosten/Herstellungskosten) des geförderten Objektes. Mit dieser Vorschrift wird die

Höhe der Förderung auf die Höhe der tatsächlich entstandenen Aufwendungen beschränkt.

8.1.7
Einkunftsgrenze (§ 5 EigZulG)

Nach den Maßgaben des Eigenheimzulagengesetzes werden nur Personen bis zu einem bestimmten Höchsteinkommen gefördert. Maßgebend für die Einhaltung der Einkommensgrenzen ist „die Summe der positiven Einkünfte". Eine Verrechnung positiver und negativer Einkünfte ist nicht möglich.

Nach § 5 EigZulG kann der Anspruchsberechtigte die Eigenheimzulage ab dem Jahr in Anspruch nehmen, in dem die Summe der **positiven** Einkünfte des Erstjahres zuzüglich der Summe der **positiven** Einkünfte des vorangegangenen Jahres (Vorjahr) 70 000 EUR bei Ledigen und 140 000 EUR bei Verheirateten nicht übersteigt. Die Beträge erhöhen sich um 30 000 EUR pro Kind für das eine Kinderzulage gewährt wird.

Beispiel 1:

Ein Ehepaar ohne Kinder hat folgende Einkünfte:

	Vorjahr	Erstjahr
	EUR	EUR
Kapitalvermögen	30 000	2 000
Nichtselbstständige Arbeit	60 000	60 000
Vermietung und Verpachtung	– 10 000	– 10 000
Summe der positiven Einkünfte	90 000	62 000

Die Summe der positiven Einkünfte beträgt 152 000 EUR. Da die Einkommensgrenze von 140 000 EUR überschritten ist, hat das Ehepaar keinen Anspruch auf Eigenheimzulage.

Beispiel 2:

Gleicher Sachverhalt wie bei Beispiel 1, nur hat das Ehepaar zwei steuerlich anzuerkennende Kinder.

Die Einkommensgrenze beträgt 200 000 EUR (140 000 EUR und 2 x 30 000 EUR für die Kinder). Die Eigenheimzulage ist zu gewähren.

Erstjahr ist stets das Jahr, in dem erstmals alle sonstigen Voraussetzungen für die Gewährung der Eigenheimzulage vorliegen. Erstjahr kann damit frühestens das Jahr der erstmaligen Eigennutzung sein, nicht bereits das ggf. frühere Jahr der Fertigstellung oder Anschaffung. Der Gesamtbetrag der Einkünfte ergibt sich aus dem jeweiligen Einkommensteuerbescheid.

Beispiel 3:

A erwirbt im Juni 2004 (= Übergang von Nutzen und Lasten) eine Eigentumswohnung. Im August bezieht er die Wohnung. Die für die Einkommensprüfung maßgebenden Jahre sind 2004 (Erstjahr) und 2003 (Vorjahr).

Wird die Einkunftsgrenze in den Folgejahren überschritten, ist dieses für die Förderung der Eigenheimzulage unerheblich. Der Anspruch bleibt weiterhin bestehen. Wird die Einkunftsgrenze im Erstjahr überschritten, so wird diese in den jeweiligen Folgejahren erneut geprüft. Unterschreitet der Anspruchsberechtigte die Einkunftsgrenze in den Folgejahren, so steht ihm die Eigenheimzulage für die verbleibenden Jahre zu.

8.1.8
Objektbeschränkung (§ 6 EigZulG)

Grundsätzlich kann jeder Bauherr bzw. Erwerber die Eigenheimzulage nur einmal im Leben erhalten. Der Anteil an einer Wohnung steht dabei dem Eigentum an der gesamten Wohnung gleich.

In Anspruch genommene Förderung auch bei Miteigentumsanteilen bewirkt auch den so genannten Objektverbrauch. Dies gilt nicht bei Ehegatten, wenn die Voraussetzungen der Zusammenveranlagung nach § 26 EStG vorgelegen haben. Bei Ehegatten gelten die jeweiligen Miteigentumsanteile an einer Wohnung als ein Objekt.

Ehegatten können damit für insgesamt zwei Objekte die Eigenheimzulage in Anspruch nehmen. Die zeitgleiche Förderung von zwei Objekten, die in einem räumlichen Zusammenhang stehen, ist nicht möglich.

Objekte, für die bereits die Förderung in Form der erhöhten AfA nach § 7 b EStG oder die Steuerbegünstigung nach § 10 e EStG gewährt wurde, werden auf die Objektbegrenzung nach dem EigZulG angerechnet.

8.1.9
Folgeobjekt (§ 7 EigZulG)

Nach § 7 EigZulG kann der bei einem Erstobjekt nicht ausgenutzte Fördergrundbetrag auf ein Folgeobjekt übertragen werden. Voraussetzung für die Übertragung des verbleibenden Förderzeitraums auf ein weiteres Objekt ist, dass der Anspruchsberechtigte die Wohnung nicht bis zum Ablauf des Förderzeitraums zu eigenen Wohnzwecken nutzt.

Das Folgeobjekt ist ein in jeder Beziehung eigenständiges Objekt. Der Förderzeitraum für das Folgeobjekt ist um die Anzahl der Jahre zu kürzen, die der Förderzeitraum des Erstobjekts umfasst hat.

Das EigZulG sieht keine zeitlichen Grenzen vor. Das bedeutet, dass bisher nicht ausgenutzte Jahre der Förderung bei einem Objekt nach § 7 b oder § 10 e EStG auf ein nach dem EigZulG gefördertes Objekt übertragen werden können.

Die Übertragung nicht ausgeschöpfter Förderung auf ein Folgeobjekt, bei dem der Herstellungsbeginn oder die Anschaffung nach dem 31. 12. 2005 liegt, ist nicht möglich, da das Folgeobjekt gemäß § 7 Satz 2 EigZulG ein eigenständiges Objekt darstellt und die Förderung durch das Eigenheimzulagengesetz für Neufälle ab 01.01.2006 abgeschafft wurde.

8.1.10
Verfahrensregelungen (§§ 10 ff. EigZulG)

Die Vorschriften zur Entstehung und Festsetzung der Eigenheimzulage sind erforderlich, da die Eigenheimzulage außerhalb des Verfahrens zur Veranlagung der Einkommensteuer festgesetzt und ausgezahlt wird und deshalb die Regeln für die Entstehung und Festsetzung der Einkommensteuer nicht angewendet werden können.

Der Anspruch auf die Eigenheimzulage entsteht nach § 10 EigZulG mit Beginn der Nutzung zu eigenen Wohnzwecken. Ab diesem Zeitpunkt kann die Eigenheimzulage – unabhängig von der Abgabe der Einkommensteuererklärung – beantragt werden. Der Antrag ist nach § 12 Abs. 1 EigZulG auf einem amtlichen Vordruck zu stellen und vom Antragsteller eigenhändig zu unterschreiben.

8.1.11
Festsetzung der Eigenheimzulage

8.1.11.1
Erstmalige Festsetzung der Eigenheimzulage

Für die Festsetzung ist das Finanzamt zuständig, das auch für die Festsetzung der Einkommensteuer zuständig ist. Das Finanzamt setzt die Eigenheimzulage in einem Bescheid für das Erstjahr und die Folgejahre fest. Der Bescheid hat demnach nicht nur für ein Jahr Gültigkeit, sondern bezieht sich auf den gesamten Begünstigungszeitraum.

Im Erstjahr wird die Eigenheimzulage spätestens einen Monat nach Bekanntgabe des Bescheides ausgezahlt. In den Folgejahren entsteht der Anspruch auf die Eigenheimzulage mit Beginn des Kalenderjahres.

Eine Auszahlung erfolgt allerdings erst am 15. März des entsprechenden Folgejahres. Diese Auszahlung erfolgt ohne Antrag und basiert auf dem Festsetzungsbescheid des Erstjahres.

Das bedeutet: Wenn sich die Verhältnisse beim Berechtigten im Förderzeitraum nicht ändern, reicht aus seiner Sicht ein einmaliger Antrag aus, um acht Jahre lang die Eigenheimzulage zu erhalten.

8.1.11.2
Festsetzung in Folgejahren

Ändern sich beim Anspruchsberechtigten die Verhältnisse gegenüber dem Erstbescheid, so hat entweder eine Neufestsetzung der Eigenheimzulage oder eine Aufhebung des Festsetzungsbescheides zu erfolgen. Der Anspruchsberechtigte hat nach § 12 Abs. 2 EigZulG die Pflicht, jede Änderung, die zu einer Änderung oder zum Wegfall der Eigenheimzulage führt, unverzüglich dem Finanzamt mitzuteilen.

Änderungen gegenüber dem Erstbescheid können sich beispielsweise auf Grund folgender geänderter Verhältnisse ergeben:

- durch Geburt, Beendigung der Berufsausbildung, Veränderung der Einkünfte des Kindes kann sich die Zahl der Kinder für die Ermittlung der Kinderzulage ändern;
- durch die Bewilligung von Zuschüssen kann sich die Bemessungsgrundlage und damit die Höhe der Eigenheimzulage ändern;
- durch nachträglich anfallende Anschaffungs- oder Herstellungskosten kann sich die Bemessungsgrundlage ändern.

Eine Neufestsetzung erfolgt mit Wirkung ab dem Kalenderjahr, für das sich die Abweichung bei der Eigenheimzulage ergibt.

Da es ausreicht, dass die Anspruchsvoraussetzungen im jeweiligen Kalenderjahr des Förderzeitraums zeitweise vorgelegen haben, bedeutet dies:

- Bei Änderungen, die zu einer Erhöhung, der Eigenheimzulage führen, ist die Abweichung bereits für dieses Jahr zu berücksichtigen.
- Bei Änderungen, die zu einer Minderung der Eigenheimzulage führen, ist die Abweichung erst für das folgende Jahr zu berücksichtigen.

Entfallen die Voraussetzungen für die Eigenheimzulage während des Begünstigungszeitraums, so ist die Festsetzung der Eigenheimzulage mit Wirkung ab dem folgenden Kalenderjahr aufzuheben.

Folgende Anspruchsvoraussetzungen können nachträglich wegfallen:

- unbeschränkte Steuerpflicht des Anspruchsberechtigten,
- keine Nutzung zu eigenen Wohnzwecken oder zu unentgeltlichen Wohnzwecken von Angehörigen,
- Eintritt der Objektbeschränkung durch Trennung der Eheleute.

Die Eigenheimzulage kann bereits zu einem Zeitpunkt festgesetzt werden, in dem noch nicht die Summe der positiven Einkünfte des Erstjahres oder auch des Vorjahres bekannt sind. Wird jedoch nach Festsetzung der Eigenheimzulage bekannt, dass die Summe der positiven Einkünfte die maßgebliche Einkunftsgrenze über- oder unterschreitet, sieht § 11 Abs. 4 EigZulG eine gesonderte Änderungsvorschrift vor. Hiernach ist der Bescheid über die Festsetzung der Eigenheimzulage aufzuheben oder zu ändern.

Kommt es bei der Festsetzung der Eigenheimzulage zu Fehlern, bietet § 11 Abs. 5 EigZulG eine gesonderte Änderungsvorschrift.

8.1.12
Eigenheimzulage bei der Anschaffung von Genossenschaftsanteilen (§ 17 EigZulG)

§ 17 EigZulG regelt eine staatliche Förderung bei der Anschaffung von Geschäftsanteilen an Wohnungsbaugenossenschaften, die darauf ausgerichtet sind, ihren Mitgliedern langfristig Wohneigentum zu verschaffen.

Der Anspruchsberechtigte kann die Eigenheimzulage einmal für die Anschaffung von Geschäftsanteilen in Höhe von mindestes 5 000 EUR an einer eingetragenen Genossenschaft in Anspruch nehmen. Der Fördergrundbetrag ist 3 % der Bemessungsgrundlage, höchstens 1 200 EUR, die Kinderzulage beträgt jährlich 250 EUR.

Gesetzliche Anspruchsvoraussetzungen der Förderung nach § 17 EigZulG:

- Die Genossenschaft muss nach dem 01. 01. 1995 in das Genossenschaftsregister eingetragen worden sein.
- Die Satzung der Genossenschaft muss den Mitgliedern unwiderruflich das vererbliche Recht auf Erwerb der selbstgenutzten Wohnung einräumen für den Fall, dass die Mehrheit der in einem Objekt wohnenden Mitglieder der Begründung von Wohneigentum und der Veräußerung von Wohnungen zugestimmt hat.
- Zeichnung eines Anteils von mindestens 5 000 EUR oder mehrerer Anteile von insgesamt mindestens 5 000 EUR in einem einheitlichen Vorgang.
- Selbstnutzung einer Genossenschaftswohnung innerhalb des achtjährigen Förderzeitraums.

Nach Auffassung der Finanzverwaltung[73] von der Genossenschaft zu erfüllende weitere Voraussetzungen:

- Das Handeln einer Genossenschaft, bei deren Gründung kein Wohnungsbestand vorhanden ist, muss auf die Herstellung bzw. Anschaffung von Wohnungen zur Vermietung an Genossenschaftsmitglieder gerichtet sein.
- Zwei Drittel des Geschäftsguthabens der Genossen und der aufgenommenen Kreditmittel müssen für wohnungswirtschaftliche Zwecke verwendet werden.
- Die Genossenschaft muss unverzüglich mit der Investitionstätigkeit beginnen, wobei die üblichen Vorbereitungen wie Bauland- und Gebäudebeschaffung, Planungs- und Bauantragsverfahren mit einzubeziehen sind.

---

73 vgl. BMF-Schreiben vom 21. 12. 2004, IV C 3 – EZ 1010 – 43/04, BStBl. I 2005, S. 305 ff.

Nach dem Beschluss des Finanzgerichts Baden-Württemberg vom 07. 12. 2005 (3 V 24/05) ist davon auszugehen, dass die Auffassung der Finanzverwaltung von der Finanzgerichtsbarkeit nicht bestätigt werden wird.

Bemessungsgrundlage für die Zulage ist die **geleistete** Einlage.

Die Summe der Fördergrundbeträge und der Kinderzulagen darf insgesamt die Bemessungsgrundlage nicht überschreiten.

Beispiel:

Beitritt zu einer entsprechenden Genossenschaft am 30. 05. 2004 und Zeichnung von Geschäftsanteilen in Höhe von 5 113 EUR.

Zahlung der Einlage i. H. v. 3 000 EUR und Bezug einer Genossenschaftswohnung am 30. 06. 2004 und von 2 100 EUR am 30. 06. 2006. Das Mitglied ist verheiratet und hat vier Kinder.

Der Förderzeitraum für die Genossenschaftszulage beginnt 2004 und endet 2011. Der Anspruchsberechtigte kann 2004 und 2005 eine Zulage von 1 090 EUR (3 % von 3 000 EUR Fördergrundbetrag zuzüglich 4 x 250 EUR Kinderzulagen) und 2006 und 2007 jeweils eine Zulage von 1 153 EUR (3 % von 5 100 EUR Fördergrundbetrag zuzüglich 4 x 250 EUR Kinderzulagen) in Anspruch nehmen.

Im Jahr 2008 beträgt die Zulage 614 EUR (5 100 EUR Höchstförderbetrag abzüglich bisheriger Fördergrundbeträge 2004 bis 2007 und Kinderzulagen in Höhe von insgesamt 4 486 EUR). Ab 2009 wird keine Eigenheimzulage mehr gewährt, weil der Höchstförderbetrag bereits 2008 erreicht ist.

Erhält der Anspruchsberechtigte in späteren Jahren Eigenheimzulage für ein eigenes Wohnobjekt wird der Fördergrundbetrag für dieses Objekt jeweils um den Betrag, den der Anspruchsberechtigte im jeweiligen Kalenderjahr des Förderzeitraums für die Anschaffung von Genossenschaftsanteilen nach § 17 EigZulG in Anspruch genommen hat, gekürzt.

8.2 Die Steuerbegünstigung für zu eigenen Wohnzwecken genutzte Baudenkmale und Gebäude in Sanierungsgebieten und städtebaulichen Entwicklungsbereichen nach § 10 f EStG

§ 10 f EStG begünstigt bestimmte Maßnahmen, die in Abstimmung mit den jeweiligen Behörden an bestimmten zu eigenen Wohnzwecken genutzten Gebäuden durchgeführt werden.

Voraussetzungen der Steuerbegünstigung

a) Gebäude/Gebäudeteil/Eigentumswohnung:
   - als Baudenkmal anerkannt oder
   - in einem Sanierungsgebiet belegen oder
   - in einem städtebaulichen Entwicklungsbereich belegen.

b) Begünstigte Kosten:
   - Anschaffungskosten oder
   - Herstellungskosten oder
   - Instandhaltungskosten.

c) Weitere Voraussetzungen:
   - Nutzung zu eigenen Wohnzwecken (teilweise unentgeltliche Überlassung zu Wohnzwecken ist auch begünstigt),
   - Bescheinigung der Kosten / § 177 BauGB / ggf. Abstimmung mit Denkmalamt,
   - Keine gleichzeitige Berücksichtigung der angefallenen Kosten nach dem EigZulG (bzw. weitere Eigenheimförderung des EStG),
   - keine Betriebsausgaben oder Werbungskosten.

Die Steuerbegünstigung kann pro Steuerpflichtigen nur einmal in Anspruch genommen werden (Ehegatten grundsätzlich insgesamt zwei Mal), wobei entsprechende frühere Regelungen bereits zum Objektverbrauch führen.

Steuerbegünstigung

Die angefallenen Kosten können bei Baumaßnahmen, die nach dem 31. 12. 2003 begonnen werden, im Jahr des Abschlusses der Maßnahme und den folgenden neun Jahren mit bis zu 9 % **wie Sonderausgaben** berücksichtigt werden, so dass insgesamt nur 90 % der Aufwendungen abgesetzt werden können. Eine zeitanteilige Berücksichtigung oder die Nachholung von nicht geltend gemachten Beträgen ist nicht möglich.

Anlage 1
Modernisierung von Gebäuden – zur Abgrenzung von Herstellungskosten und Instandhaltungskosten (Erhaltungsaufwand)

November 2003

Stellungnahme der Konferenz der Prüfungsdirektoren des GdW Bundesverband deutscher Wohnungsunternehmen e. V.

1 Vorbemerkungen	237
2 Definition der Herstellungskosten nach § 255 HGB	239
3 Herstellung eines Vermögensgegenstandes	239
4 Erweiterung eines Vermögensgegenstandes	241
5 Über den ursprünglichen Zustand hinausgehende wesentliche Verbesserung	243
5.1 Ursprünglicher Zustand	243
5.2 Wesentliche Verbesserung	245
6 Beispielhafte Ausstattungsstandards der für die wesentliche Verbesserung maßgeblichen Bereiche	249
7 Zusammenhängende Baumaßnahmen (Zusammentreffen von Herstellungskosten mit Erhaltungsaufwendungen)	253
8 Modernisierung in Raten	255
9 Nachträgliche Anschaffungskosten	257
10 Zusammenfassendes Prüfschema	259

1 Vorbemerkungen

Die Abgrenzung von Herstellungs- und Erhaltungsaufwand bei Modernisierungen ist eine der wichtigsten und bedeutungsvollsten Fragen in der wohnungswirtschaftlichen Bilanzierung und beschäftigt deshalb die Unternehmen, Verbände, Berater, Fachinstitute und Gerichte bereits seit Jahrzehnten.

Im Jahr 1995 ist es in dieser Frage zu mehrerer Grundsatzentscheidungen des BFH gekommen die ergänzt wurden durch eine Verwaltungsanweisung der Finanzbehörden, das BMF-Schreiben vom 16. 12. 1996[1] und eine Stellungnahme des WFA, also des wohnungswirtschaftlichen Fachausschusses des IDW, Institut der Wirtschaftsprüfer in Deutschland e. V.[2] Auf der Grundlage dieser Materialien wurde 1996 von der Konferenz der Prüfungsdirektoren eine Stellungnahme erarbeitet.

Der BFH hat nunmehr mit zwei weiteren Entscheidungen vom 12. 09. 2001[3] zu grundsätzlichen Fragen im Zusammenhang mit der Aktivierung von Modernisierungskosten Stellung genommen. Der BFH setzt sich dabei mit allgemeinen Fragen der Aktivierbarkeit von Modernisierungskosten auseinander und konkretisiert dabei auch die Kriterien, die nach § 255 HGB für eine über den ursprünglichen Zustand hinaus gehende wesentliche Verbesserung zu prüfen sind. Interessant an den beiden neuen Entscheidungen des BFH ist, dass er ein Augenmerk einerseits auf die Standards der Wohnungen legt (einfach, mittel, anspruchsvoll) und andererseits die besondere Bedeutung bestimmter Ausstattungen (Fenster, Heizung, Sanitär, Elektro) für die Wohnstandards hervorhebt.

---

1 vgl. BMF-Schreiben vom 16. 12. 1996, BStBl. I 1996, S. 1442 ff.
2 vgl. WFA 1/1996, „Zur Abgrenzung von Erhaltungsaufwand und Herstellungsaufwand bei Gebäuden", in: IDW Fachgutachten und Stellungnahmen.
3 vgl. BFH-Urteile vom 12. 09. 2001, IX R 39/97, BStBl. II 2003, S. 569 ff., IX R 52/00, BStBl. II 2003, S. 574 ff.

Zu dieser neuen BFH-Rechtsprechung ist am 18. 07. 2003 ein erläuterndes BMF-Schreiben[4] ergangen, welches das BMF-Schreiben vom 16. 12. 1996 ersetzt.

Die neue Rechtsprechung des BFH, die die frühere nicht ersetzt, sondern weiter konkretisiert, sowie das dazu ergangene BMF-Schreiben waren Anlass die Stellungnahme der Konferenz der Prüfungsdirektoren zu überarbeiten. Zielsetzung war es dabei, die vom BFH benannten Standards näher mit Beispielen zu erfüllen, so dass im Idealfall die Wohnungsunternehmen bei der Überprüfung, ob Modernisierungskosten aktivierungspflichtiger Herstellungsaufwand oder Erhaltungsaufwand sind, quasi eine Art Checkliste zur Verfügung haben.

Dabei wurden, um das Thema umfassend zu bearbeiten, auch Vertreter der Fachausschüsse Technik, Steuern sowie Betriebswirtschaft und Hausbewirtschaftung hinzugezogen. Über die vom BFH konkret entschiedenen Sachverhalte hinaus ist versucht worden, die Philosophie der neuen Rechtsprechung auf weitere in der Wohnungswirtschaft typische Fallgestaltungen anzuwenden.

Durch die Anwendung der neuen BFH-Rechtsprechung kann es in einem ersten Schritt zu einer vermehrten Aktivierung von Modernisierungsaufwendungen kommen. Führt die Aktivierung von nachträglichen Herstellungskosten zu einem Buchwert, der dauerhaft über dem beizulegenden Wert (Ertragswert) liegt, sind in einem zweiten Schritt außerplanmäßige Abschreibungen auf den niedrigeren beizulegenden Wert vorzunehmen.[5]

---

4 vgl. BMF-Schreiben vom 18. 07. 2003, BStBl. I 2003, S. 386 ff.
5 vgl. IDW RS WFA 1 und Stellungnahme der Konferenz der Prüfungsdirektoren „Ermittlung des niedrigeren beizulegenden Wertes für Wohngebäude des Anlagevermögens" (Juni 2002).

2
Definition der Herstellungskosten nach § 255 HGB

Nach § 255 Abs. 2 Satz 1 HGB sind Herstellungskosten die Aufwendungen, die für die

- Herstellung eines Vermögensgegenstandes
- seine Erweiterung oder für
- eine über den ursprünglichen Zustand hinausgehende wesentliche Verbesserung

entstehen.

Die Frage, ob Aufwendungen für bauliche Maßnahmen an bestehenden Gebäuden im Jahresabschluss als Herstellungskosten zu aktivieren sind, ist ausschließlich nach Maßgabe dieser Vorschriften des HGB zu beantworten. Dies gilt wegen des Grundsatzes der Maßgeblichkeit der Handelsbilanz für die Steuerbilanz (§ 5 Abs. 1 EStG) auch für die steuerliche Gewinnermittlung. Die vom Institut der Wirtschaftsprüfer in Deutschland e. V. herausgegebene Stellungnahme WFA 1/1996 kann ebenso wie die Rechtsprechung des Bundesfinanzhofes nur der Auslegung der handelsrechtlichen Vorschriften dienen, nicht aber neue Regeln oder andere Regeln aufstellen. Dies gilt auch für Anweisungen an die Finanzverwaltung (z. B. das BMF-Schreiben vom 18. 07. 2003 an die obersten Finanzbehörden der Länder).

3
Herstellung eines Vermögensgegenstandes

Eine bauliche Maßnahme an einem bestehenden Gebäude hat den Charakter der Herstellung eines neuen Gebäudes, wenn wesentliche Teile so sehr abgenutzt waren, dass das Gebäude unbrauchbar geworden ist (technischer Vollverschleiß) und unter Verwendung der noch nutzbaren Teile ein neues Gebäude hergestellt wird. Vollverschleiß bedeutet schwere Schäden an der Substanz des Gebäudes, insbesondere an den Teilen, die für seine Nutzbarkeit und Nutzungsdauer bestimmend sind.

Herstellung kann auch dann vorliegen, wenn das Gebäude in seiner bisherigen Funktion nicht mehr nutzbar war (wirtschaftlicher Vollverschleiß) und bauliche Maßnahmen zur Änderung seiner Zweckbestimmung durchgeführt werden. Voraussetzung ist in diesem Fall ergänzend, dass das Gebäude als neu anzusehen ist, d. h. dass verbrauchte Teile ersetzt werden, die für die Nutzungsdauer des Gebäudes bestimmend sind.[6]

Wirtschaftliche Unbrauchbarkeit orientiert sich nach der neuen BFH Rechtsprechung auch am vom Eigentümer bestimmten Zweck des Gebäudes. Will er es zu Wohnzwecken nutzen, muss es mindestens einfachen Anforderungen entsprechen.[7]

Anmerkungen:

Kann ein Gebäude, das bisher als Mietwohngebäude genutzt wurde, wegen seines Zustandes z. B. nur noch als Behelfswohnheim genutzt werden, liegt wirtschaftlicher Vollverschleiß vor.

Fehlende Vermietbarkeit kann ein Indiz für wirtschaftlichen Vollverschleiß sein. Überzogen ist in diesem Zusammenhang die Auffassung von Stuhrmann (Betriebs-Berater 1997, S. 658), der als Nachweis des (technischen und/ oder wirtschaftlichen?) Vollverschleißes die „baupolizeibehördliche Untersagung der Nutzung" vorschlägt.

Liegt Herstellung vor, ist die Nutzungsdauer für den (neuen) Vermögensgegenstand neu zu schätzen.

---

6 vgl. WFA 1/1996, a. a. O.
7 vgl. BFH-Urteil vom 21. 09. 2001, a. a. O.

4
Erweiterung eines Vermögensgegenstandes

Eine Erweiterung eines Gebäudes ist gegeben, wenn bauliche Maßnahmen dazu dienen, das Gebäude in seiner Substanz zu vermehren (z. B. Aufstockung, Anbau, sonstige Vergrößerung der nutzbaren Fläche, nachträglicher Einbau bisher nicht vorhandener Bestandteile).[8]

Vergrößerung der nutzbaren Fläche

Es reicht aus, wenn die Baumaßnahmen zu einer – wenn auch nur geringfügigen – Vergrößerung der Nutzfläche führen.[9] Aktivierungspflichtige Herstellungskosten sind dabei (wenigstens zunächst) nur die unmittelbar durch die Vergrößerung der nutzbaren Fläche verursachten Kosten. Die Qualifizierung der Kosten weiterer, mit der Vergrößerung in Zusammenhang stehender Maßnahmen als Herstellungskosten ist zulässig, wenn insoweit eine einheitliche Baumaßnahme vorliegt (vgl. Abschnitt 7).

Vermehrung der Substanz

Ein Gebäude wird in seiner Substanz vermehrt, ohne dass seine nutzbare Fläche vergrößert wird, z. B. bei Einsetzen von zusätzlichen Trennwänden, bei Errichtung einer Außentreppe, bei Einbau einer Alarmanlage.[10]

Auch hier können aktivierungspflichtige Herstellungskosten nur die unmittelbar durch den Einbau/die Substanzvermehrung verursachten Kosten sein.

Keine zu Herstellungsaufwendungen führende Substanzmehrung liegt dagegen vor, wenn der neue Gebäudebestandteil oder die neue Anlage die Funktion des bisherigen Gebäudebestandteils für das Gebäude in vergleichbarer Weise erfüllen. Von einer Substanzmehrung ist danach regelmäßig **nicht** auszugehen bei Anbringen einer

---

8 vgl. WFA 1/1996, a. a. O.

9 vgl. BMF-Schreiben vom 18. 07. 2003, a. a. O.

10 vgl. BMF-Schreiben vom 18. 07. 2003, a. a. O.

zusätzlichen Fassadenverkleidung zu Wärme- oder Schallschutzzwecken, Umstellung einer Heizungsanlage von Einzelöfen auf eine Zentralheizung, Ersatz eines Flachdaches durch ein Satteldach, wenn dadurch lediglich eine größere Raumhöhe geschaffen wird, ohne die nutzbare Fläche zu erweitern, Vergrößern eines bereits vorhandenen Fensters, Versetzen von Wänden.[11]

Eine andere Beurteilung kann sich aber bei Vorliegen einer „wesentlichen Verbesserung" ergeben (siehe Abschnitt 5).

Anmerkungen:

Durch die Mieter installierte Heizaggregate werden vom Vermieter durch neue ersetzt: Erfolgt ein nachträglicher Einbau bisher nicht vorhandener Teile zur Erhaltung der Funktionsfähigkeit im Rahmen einer Modernisierung, so liegt Erhaltungsaufwand vor; so beim Einbau zusätzlicher Heizkörper in bisher nicht beheizten Räumen im Rahmen einer Heizungsumstellung (Beck, Tz 380 zu § 255 HGB).

Erstmaliger Einbau von Thermostatventilen, einer Gegensprechanlage: wird von der Praxis meist als Substanzmehrung qualifiziert. Die Investition kann aber auch als notwendige Anpassung an den technischen Fortschritt und damit als Sicherung der Funktionsfähigkeit des Gebäudes angesehen werden (dann keine Aktivierung).

Breitbandkabelanschluss: Beurteilung wie vorstehend.

Teilungskosten bei der Bildung von Wohneigentum:
Durch die Teilung entstehen aus dem Vermögensgegenstand „Wohngebäude" mehrere **neue** Vermögensgegenstände „Teileigentum"; deswegen – nicht weil eine Substanzmehrung einträte – sind die Teilungskosten Herstellungskosten.

---

11 vgl. BMF-Schreiben vom 18. 07. 2003, a. a. O.

5
Über den ursprünglichen Zustand hinausgehende wesentliche Verbesserung

Insbesondere diesen Bereich betrifft die neue BFH-Rechtsprechung aus 2001, hier wurden die bereits bestehenden Auslegungen näher konkretisiert.

5.1
Ursprünglicher Zustand

Als ursprünglicher Zustand im Sinne von § 255 Abs. 2 Satz 1 HGB gilt der Zustand des Gebäudes zu dem Zeitpunkt, in dem der Eigentümer das Gebäude in sein Vermögen aufgenommen hat. Dies ist grundsätzlich der Zeitpunkt der Herstellung oder der Anschaffung[12]. In den neuen Ländern ist nach WFA 1/1996 der Zeitpunkt, auf den die D-Mark-Eröffnungsbilanz erstellt wurde, maßgeblich.

Sind die ursprünglichen Anschaffungs- oder Herstellungskosten aufgrund von baulichen Maßnahmen um nachträgliche Herstellungskosten erhöht worden, so ist der Zustand nach Durchführung dieser Maßnahmen als ursprünglicher Zustand anzusehen.

Das heißt also, dass, soweit bereits in der Vergangenheit nachträgliche Herstellungskosten angefallen sind, die jeweiligen Gewerke nach Abschluss dieser Maßnahmen mit den entsprechenden, nunmehr anstehenden Maßnahmen zu vergleichen sind.

Feststellung des ursprünglichen Zustandes

Da nur über den ursprünglichen Zustand hinausgehende wesentliche Verbesserungen aktivierungspflichtig sind, kommt der Feststellung des ursprünglichen Zustandes erhebliche Bedeutung zu.

---

12 vgl. WFA 1/1996, a. a. O.

Wenn zwischen der Herstellung bzw. Anschaffung und der Modernisierung ein sehr langer Zeitraum liegt, kann es allerdings schwierig sein, den ursprünglichen Zustand festzustellen. Kann der ursprüngliche Zustand des Gebäudes in Bezug auf die Standards der wesentlichen Bereiche nicht mehr eindeutig festgestellt werden, soll nach Wolff-Diepenbrock[13] aus Indizien auf den Grad der Veränderungen durch die Baumaßnahmen geschlossen werden. Indizien sind danach insbesondere

Modernisierung im Ganzen und vom Grunde auf,
Höhe der Mietsteigerung,
Höhe der Baukosten.

Dabei sind jeweils nur die Mietsteigerungen und Baukosten zu berücksichtigen, die auf für eine wesentliche Verbesserung maßgebliche Bereiche (vgl. 5.2) entfallen.

Anmerkung:

Wie sind Aufwendungen für unterlassene Instandhaltungen und Großreparaturen zu beurteilen, **die den Zeitwert der DMEB übersteigen**? Führt die Durchführung der Maßnahmen zu aktivierungspflichtigem Herstellungsaufwand, so kann es bei dessen Bemessung nicht auf die Höhe des Wertminderungsabschlages ankommen, da dieser naturgemäß Schätzcharakter hatte. „Ursprünglicher Zustand" ist demnach jener nach Durchführung der Maßnahme unter Einbeziehung aller Maßnahmen, die zu aktivierungspflichtigem Herstellungsaufwand führen.

Entsprechendes gilt, wenn unterlassene Instandhaltungen und Großreparaturen nicht wertmindernd, sondern durch die Bildung von Rückstellungen berücksichtigt werden. Werden bei der Durchführung der Maßnahmen auch Gewerke ausgeführt, für die keine oder geringere Beträge zurückgestellt wurden, so ist dies für die Beurteilung der Aktivierungspflicht dem Grunde und dem Umfang nach unerheblich.

---

13 vgl. Dr. Johannes Wolff-Diepenbrock, „Anschaffungsnahe Aufwendungen" in: Der Betrieb 2002, S. 1286 ff.

5.2
Wesentliche Verbesserung

Der BFH hat in seiner früheren Rechtsprechung eine wesentliche Verbesserung im Sinne des § 255 Abs. 2 HGB ausdrücklich nur angenommen,

wenn der Gebrauchswert des Gebäudes deutlich erhöht wird und

wenn die Gesamtnutzungsdauer des Gebäudes verlängert wird.

Die neue BFH-Rechtsprechung vom 12. 09. 2001 konkretisiert nun die Gebrauchswertverbesserung näher. Danach müssen Bereiche, die den Gebrauchswert bestimmen wesentlich verbessert werden und obendrein müssen mehrere dieser Bereiche betroffen sein.

a
Nutzungsdauer

Eine Erhöhung der Gebrauchsmöglichkeit liegt insbesondere vor im Falle einer wesentlichen Verlängerung der Nutzungsdauer. Dabei ist nicht nur die technische, sondern auch die wirtschaftliche Nutzungsmöglichkeit zu beachten. Eine wesentliche Verbesserung entsteht **nicht** schon dadurch, dass Erhaltungsaufwendungen in ungewöhnlicher Höhe zusammengeballt anfallen.[14]

b
Gebrauchswert

Der Gebrauchswert eines Gebäudes **(Nutzungspotenzial)** bestimmt sich von der Lage, der Architektur, vor allem der Anzahl und Größe der Räume.

---

14 vgl. WFA 1/1996, a. a. O.

Daneben bestimmt die **Ausstattung** den Gebrauchswert eines Gebäudes. Hier sind nach der neuen BFH-Rechtsprechung insbesondere von Wichtigkeit:

Heizungsinstallationen
Sanitärinstallationen
Elektroinstallationen
Fenster und
Türen und Fußböden (weniger wichtig).

Deutliche Steigerung

Die Verbesserung in den oben genannten zentralen Bereichen der Ausstattung muss wesentlich sein, ihr Gebrauchswert muss deutlich gesteigert werden.

Betroffenheit mehrerer zentraler Bereiche

Nach der neuen BFH-Rechtsprechung ist von einer wesentlichen Verbesserung nur dann auszugehen, wenn von den oben genannten **vier zentralen Bereichen mindestens drei einen Standardsprung** erfahren, wobei der BFH drei Wohnstandards (einfach, mittel, sehr anspruchsvoll) definiert.

Zwischenergebnis

Zusammenfassend bleibt festzuhalten, dass eine Aktivierung von Modernisierungskosten im Rahmen des Sachverhaltes „über den ursprünglichen Zustand hinausgehende wesentliche Verbesserung" nur in folgenden Fällen in Betracht kommt:

Gegenüber dem ursprünglichen Zustand, das heißt, dem Zustand des Gebäudes im Zeitpunkt der Aufnahme in das Vermögen des Bilanzierenden muss eine wesentliche Verbesserung stattgefunden haben.

Für eine wesentliche Verbesserung maßgeblich sind die Lage, Architektur, Anzahl und Größe der Räume sowie die Ausstattung im Bereich Heizungs-, Sanitär- und Elektroinstallationen sowie die Fenster und schließlich weniger wichtig, die Türen und Fußböden.

Von einer Wesentlichkeit ist nur auszugehen, wenn mehrere der zentralen Bereiche durch die Maßnahme betroffen sind, konkret, wenn drei der vier oben genannten zentralen Bereiche eine Standardänderung erfahren.

6
Beispielhafte Ausstattungsstandards der für die wesentliche Verbesserung maßgeblichen Bereiche

Ausgehend von der neuen BFH-Rechtsprechung sowie den zwischenzeitlich in der Literatur bestehenden Kommentierungen, wird der Versuch unternommen, die vom BFH als wesentlich bezeichneten Bereiche näher zu konkretisieren, also die Standards auszufüllen. Dabei wurde zwischen Hauptkriterien und Ergänzungskriterien unterschieden. So hat bereits der BFH darauf hingewiesen, dass auch die Fußböden und Türen wichtig seien, wobei allerdings weniger wichtig als die Hauptbereiche. Gleiches muss für den Wärmedämmstandard gelten, da dieser maßgeblich ein Hauptkriterium, nämlich die Heizung beeinflusst. Das Nutzungspotenzial eines Gebäudes mit einem hohen Wärmedämmstandard ist insoweit deutlich höher als das eines ohne den hohen Standard.

Beispielhafte Ausstattungsstandards

Ausstattung	Einfacher Standard	Mittlerer Standard	Anspruchsvoller Standard
1 Hauptkriterien			
Fenster	Einfachverglasung, Holzkastenfenster, Holzverbundfenster	Kunststoffverbundfenster, Isolierverglasung	Wärmeschutzverglasung, Schallschutzverglasung, Aluminiumrahmen, Aufwendige Fensterkonstruktionen
Heizung	Einzelöfen, elektrische Speicherheizung	Mehrraum-Warmkachelofen, Schwerkraftheizungen, Zentralheizungen mit Radiatoren	Energetisch optimierte Zentralheizung mit z. B. Flachheizkörpern, Flächenheizungen (z. B. Fußbodenheizung, Wandheizung), Solarthermie
Warmwasser-versorgung	Boiler für Warmwasser	dezentrale Warmwasser-versorgung	zentrale Warmwasser-versorgung
Sanitär Sanitärausstattung	Einfach-Bad z. B. mit freistehender Badewanne;	Bad mit Handwaschbecken, Einbauwanne oder Einbaudusche und WC;	Bad mit Einbauwanne und Einbaudusche, 1–2 Handwaschbecken, separates WC, Bidet, sonstige aufwendige Sanitärausstattung, Vorwandinstallation
	Installationen auf Putz	Installationen unter Putz	
Wandbehandlung	Ölanstrich, Fliesenspiegel	Fliesensockel bis 1,40 m	Fliesen tür- oder raumhoch
Bodenbelag	Kunststoff, Fliesenausschnitt	Fliesen	Großformatige Fliesen, Naturstein, sonstige aufwendige Bodenbeläge

Ausstattung	Einfacher Standard	Mittlerer Standard	Anspruchsvoller Standard
Elektroinstallation/ Informationstechnik	1 Lichtauslass und 1–2 Steckdosen,	1–2 Lichtauslässe und 2–3 Steckdosen pro Raum,	Aufwendige Elektroinstallation, informationstechnische Anlagen mit Sternverkabelung,
	Installation auf Putz	Installation unter Putz, Gemeinschaftsantenne mit Baumverkabelung,	Breitbandkabel oder Satellitenanlage
	Klingelanlage	einfache Türöffner/Gegensprechanlage	Türöffner/Gegensprechanlage mit Video, Sicherheitstechnik
2 Ergänzungskriterien			
Fassade, Dach, oberste Dachdecke Kellerdecke **(Wärmedämmstandard)**	ohne/einfach	WärmeschutzVO des Baujahres	Energieeinsparverordnung – EnEV
Fußböden	Kunststoff, Holzdielen	Teppichboden, hochwertige Kunststoffe	Hochwertige Teppichböden, Parkett, Naturstein, Fliesen
Türen	Einfache Wohnungseingangstür	Einbruchshemmende Wohnungseingangstür	Eingangstür mit hohem Sicherheitsstandard, erhöhtem Schallschutz und Wärmedämmung

Der BFH hat ausdrücklich klargestellt, dass drei Hauptkriterien im Rahmen der Modernisierung angesprochen sein müssen. Wenn man der Philosophie der BFH-Rechtsprechung folgt, müsste aber auch ausreichend sein, wenn zwei Hauptkriterien und ein Ergänzungskriterium, insbesondere der Wärmedämmstandard, angesprochen sind.

7
Zusammenhängende Baumaßnahmen (Zusammentreffen von Herstellungskosten mit Erhaltungsaufwendungen)

Bei der Prüfung der Voraussetzungen für die Aktivierung von Herstellungskosten sind gleichzeitig oder in engem zeitlichem Zusammenhang durchgeführte bauliche Maßnahmen grundsätzlich getrennt danach zu beurteilen, ob sie nur einer zeitgemäßen substanzerhaltenden Erneuerung gedient oder ob sie zu einer Erweiterung oder wesentlichen Verbesserung des Gebäudes geführt haben. Eine zusammenfassende Beurteilung ist nur dann erforderlich, wenn Maßnahmen, die für sich betrachtet lediglich eine zeitgemäße substanzerhaltende Erneuerung bewirken, mit anderen, zu Herstellungsaufwand führenden Maßnahmen in engem

räumlichen,
zeitlichen und
sachlichen

Zusammenhang stehen und insgesamt eine einheitliche Baumaßnahme bilden.[15]

Ein enger sachlicher Zusammenhang liegt vor, wenn die einzelnen Baumaßnahmen dergestalt ineinander greifen, dass sie sich bautechnisch bedingen, d. h. wenn die zu Herstellungsaufwand führenden Maßnahmen bautechnisch zwingend entweder die Durchführung bestimmter Maßnahmen voraussetzen oder die Durchführung weiterer Maßnahmen erfordern.

Ein enger zeitlicher Zusammenhang ist auch gegeben, wenn sich die Maßnahmen planmäßig über mehrere Geschäftsjahre erstrecken.[16]

---

15 vgl. WFA 1/1996, a. a. O.
16 vgl. WFA 1/1996, a. a. O.

Sind sowohl Arbeiten zur Erweiterung des Gebäudes oder Maßnahmen, die über eine zeitgemäße substanzerhaltende Erneuerung hinausgehen, als auch Erhaltungsaufwendungen durchgeführt worden, sind die hierauf jeweils entfallenden Aufwendungen grundsätzlich in Herstellungs- und Erhaltungsaufwendungen aufzuteilen.

Aufwendungen für ein Bündel von Einzelmaßnahmen, die für sich genommen teils Herstellungskosten, teils Erhaltungsaufwendungen darstellen, sind insgesamt als Herstellungskosten zu beurteilen, wenn die Arbeiten im sachlichen Zusammenhang stehen.[17]

Ein sachlicher Zusammenhang liegt vor, wenn die einzelnen Baumaßnahmen – die sich auch über mehrere Jahre erstrecken können – bautechnisch ineinander greifen. Dies ist gegeben, wenn die Erhaltungsarbeiten Vorbedingung für die Herstellungsarbeiten oder durch bestimmte Herstellungsarbeiten veranlasst (verursacht) worden sind.[18]

---

17 vgl. BMF-Schreiben vom 18. 07. 2003, Tz. 34, a. a. O.
18 vgl. BMF-Schreiben vom 18. 07. 2003, Tz. 35, a. a. O.

8
Modernisierung in Raten

Wird ein Gebäude in Raten modernisiert, dann sind die Baumaßnahmen insgesamt unter dem Gesichtspunkt der wesentlichen Verbesserung zu würdigen, wenn dahinter ein einheitliches Konzept steht.[19]

Nach Auffassung der Finanzverwaltung[20] ist von einer Sanierung in Raten, bei der die Maßnahmen Teil einer Gesamtmaßnahme sind, grundsätzlich auszugehen, wenn die Baumaßnahmen innerhalb eines **Fünfjahreszeitraums** durchgeführt worden sind.

Kann im Rahmen der Planung nicht erreicht werden, dass alle Wohnungen innerhalb des Planungshorizonts modernisiert werden, kann dennoch das ganze Gebäude wesentlich verbessert werden.[21]

Wenn ein Gebäude in der Art saniert wird, dass von einer Vielzahl von Wohnungen lediglich der Gebrauchswert einer oder mehrerer Wohnungen erhöht wird, sind die dafür entstandenen Aufwendungen nach Auffassung der Finanzverwaltung[22] dennoch als Herstellungskosten i. S. d. § 255 Abs. 2 Satz 1 HGB anzusehen. U. E. entspricht diese im BMF-Schreiben vom 18. 07. 2003 vertretene Auffassung der Finanzverwaltung i. d. R. nicht den vom BFH in seinen Urteilen dargestellten Grundsätzen, nach denen eine wesentliche Verbesserung des gesamten Gebäudes vorliegen muss. Ob dies bereits bei der Sanierung nur einzelner Wohnungen der Fall ist, ist im Einzelfall zu beurteilen.

---

19 vgl. BFH-Urteil vom 21. 09. 2001, IX R 39/97, a. a. O.
20 vgl. BMF-Schreiben vom 18. 07. 2003, Tz. 31, a. a. O.
21 vgl. Wolff-Diepenbrock, a. a. O., S. 1291
22 vgl. BMF-Schreiben vom 18. 07. 2003, Tz. 32, a. a. O.

9
Nachträgliche Anschaffungskosten

Auch wenn **kurzfristig nach der Anschaffung** eines Gebäudes Aufwendungen für bauliche Maßnahmen anfallen, liegen Herstellungskosten nur dann vor, wenn die Maßnahmen

die Herstellung eines neuen Gebäudes,
die Erweiterung des Gebäudes oder
eine über den Zustand im Anschaffungszeitpunkt hinausgehende wesentliche Verbesserung

bewirken. Aufgrund des engen zeitlichen Zusammenhangs mit der Anschaffung ist es naheliegend, dass die Aufwendungen das Gebäude nicht nur in dem Zustand erhalten, in dem es sich zum Erwerbszeitpunkt befand, sondern dass bereits zu diesem Zeitpunkt ein Bedarf an erheblichen baulichen Maßnahmen bestanden hatte, deren Durchführung das Gebäude **über seinen beim Erwerb gegebenen Zustand hinaus** verbessert.[23]

Die früher praktizierte 15%-Grenze der Finanzverwaltung ist nach der neuen BFH-Rechtsprechung aus 2001 überholt. Im Zuge des Steueränderungsgesetzes 2003 ist es vorgesehen, die bisherige Verwaltungsauffassung zur 15%-Grenze im Einkommensteuergesetz gesetzlich zu verankern. Dies führt zu einer unterschiedlichen Behandlung der Modernisierungsaufwendungen in der Handels- und Steuerbilanz, da die zu § 255 HGB ergangene BFH-Rechtsprechung unmittelbare Wirkung für die Handelsbilanz behält. D. h. bei gesetzlicher Klarstellung im oben genannten Sinne würde für die Steuerbilanz die 15%-Grenze gelten, während für die Handelsbilanz im Einzelnen zu prüfen ist, ob aufgrund der Art und Höhe der Aufwendungen eine über den ursprünglichen Zustand hinausgehende wesentliche Verbesserung vorliegt.

---

23 vgl. WFA 1/1996, a. a. O.

10
Zusammenfassendes Prüfschema

Aktivierungspflicht liegt vor, wenn eine der folgenden Fragen 1–3 mit „ja" beantwortet wird.

Zu aktivieren sind dann die auf die Maßnahmen als solche entfallenden Kosten.

Wird Frage 4 mit „ja" beantwortet, sind **alle** Kosten zu aktivieren. Anschließend ist ein Niederstwerttest nach Nummer 5 vorzunehmen.

1
Liegt Herstellung vor (wird ein neues Gebäude geschaffen)?

2
Wurde die Wohnfläche vergrößert?

Wurde die Wohnfläche zwar nicht vergrößert, wurden aber bisher nicht vorhandene Bestandteile eingebaut, so dass die Gebäudesubstanz vermehrt wird?

3
Liegt eine über den ursprünglichen Zustand (das ist der Gebäudezustand beim Zugang in das Betriebsvermögen) hinausgehende wesentliche Verbesserung vor?

Eine solche liegt vor, bei

wesentlicher Verlängerung der Nutzungsdauer oder wesentlicher Erhöhung des Gebrauchswertes.

Die Wesentlichkeit ergibt sich aus dem Verhältnis zur Situation vor Beginn der Maßnahme.

4
Liegt eine einheitliche Baumaßnahme in dem Sinne vor, dass für sich genommen Herstellungs- und Erhaltungsmaßnahmen an einem Gebäude vorliegen, zwischen diesen aber ein enger räumlicher, zeitlicher und sachlicher Zusammenhang besteht, so dass die eine Maßnahme betreffenden Aufwendungen insgesamt als Herstellungsaufwand zu qualifizieren sind?

sachlicher Zusammenhang:
die Maßnahmen bedingen sich bautechnisch

zeitlicher Zusammenhang:
ist auch dann gegeben, wenn sich die Maßnahmen planmäßig über mehrere, i. d. R. maximal 5, Geschäftsjahre erstrecken.

5[24]
Liegt der Buchwert des Gebäudes nach der Aktivierung der Modernisierungskosten dauerhaft über dem beizulegenden Wert des Mietwohngebäudes auf Grundlage eines Ertragswertverfahrens?

Führt die Aktivierung von nachträglichen Herstellungskosten zu einem Buchwert, der dauerhaft über dem beizulegenden Wert liegt, ist nach § 253 Abs. 2 Satz 3 HGB eine außerplanmäßige Abschreibung auf den niedrigeren beizulegenden Wert vorzunehmen.

---

[24] vgl. IDW RS WFA 1 und Stellungnahme der Konferenz der Prüfungsdirektoren „Ermittlung des niedrigeren beizulegenden Wertes für Wohngebäude des Anlagevermögens" (Juni 2002).

Anlage 2
Latente Steuern – Steuerabgrenzung gemäß § 274 HGB

Dezember 2004

Stellungnahme der Konferenz der Prüfungsdirektoren des GdW Bundesverband deutscher Wohnungsunternehmen e. V.

1 Gesetzliche Grundlagen – Allgemeine Grundsätze	265
1.1 Grundkonzeption der Steuerabgrenzung gemäß § 274 HGB	265
1.2 Latente Steuern im Einzelabschluss nach § 274 HGB	273
1.3 Latente Steuern im Konzernabschluss nach § 306 HGB	277
1.4 Latente Steuern nach IAS/IFRS	281
1.5 Anwendung auf steuerbefreite Vermietungsgenossenschaften	285
2 Ermittlung von Ergebnisdifferenzen und des Steuerabgrenzungspostens	287
2.1 Ermittlung und Fortschreibung von Ergebnisdifferenzen	287
2.2 Ermittlung des Steuerabgrenzungspostens	291
2.2.1 Gesamtdifferenzbetrachtung	291
2.2.2 Steuerentlastungswirkung von Verlustvorträgen	292
2.2.3 Maßgeblicher Steuersatz	293

3 Ergebnisdifferenzen resultierend aus unterschiedlichem Ansatz in Handelsbilanz und Steuerbilanz — 295

3.1 Aktivierungsunterschiede im Zusammenhang mit sog. „Anschaffungsnahem Aufwand" — 295

3.2 Ergebnisdifferenzen aus Rückstellungen — 297

3.2.1 Rückstellungen für Bauinstandhaltung — 299

3.2.2 Rückstellungen für unterlassene Aufwendungen für Instandhaltung, die im folgenden Geschäftsjahr nach Ablauf von drei Monaten nachgeholt werden — 301

3.2.3 Rückstellungen für drohende Verluste aus schwebenden Geschäften — 303

3.2.4 Sonstige steuerlich nicht anerkannte Rückstellungen — 305

3.3 Ergebnisdifferenzen aus Geldbeschaffungskosten — 309

4 Ergebnisdifferenzen resultierend aus unterschiedlicher Bewertung in Handelsbilanz und Steuerbilanz — 311

4.1 Abschreibungsdifferenzen bei Gebäuden — 311

4.2 Beteiligungen an Personengesellschaften	313
4.3 Ergebnisdifferenzen aus der Bewertung von Pensionsrückstellungen	315
4.4 Ergebnisdifferenzen aus der Abzinsungsverpflichtung von Verbindlichkeitsrückstellungen und bestimmten Verbindlichkeiten in der Steuerbilanz	317

Anlagen 319

Anlage 1 Checkliste zur Ermittlung von Ergebnisdifferenzen bei Wohnungsunternehmen	321
Anlage 1.1 Detaillierte Ermittlung zeitlicher Ergebnisdifferenzen infolge unterschiedlicher Abschreibungsdauer bei Gebäuden in Handels- und Steuerbilanz im Geschäftsjahr 20..	323
Anlage 2 Pauschale Ermittlung latenter Steuern analog IAS (liability method)	327
Anlage 3 Fallstudie zur Ermittlung der latenten Steuern	329

1 Gesetzliche Grundlagen – Allgemeine Grundsätze

1.1 Grundkonzeption der Steuerabgrenzung gemäß § 274 HGB

(1) Obwohl Handels- und Steuerbilanz durch den Grundsatz der Maßgeblichkeit miteinander verknüpft sind, ergeben sich häufig erhebliche Differenzen zwischen beiden Bilanzen. Diese Differenzen können einerseits auf der unterschiedlichen Behandlung von Aktivierungs- und Passivierungswahlrechten und andererseits auf unterschiedlichen Bewertungsvorschriften in Handels- und Steuerrecht beruhen. Latente Steuern haben ihre Ursache in der Abweichung zwischen dem handelsrechtlichen und dem steuerrechtlichen Ergebnis.

Da Berechnungsgrundlage für den tatsächlichen Steueraufwand das aus dem Steuerbilanzgewinn abgeleitete zu versteuernde Einkommen ist, entspricht der tatsächliche Steueraufwand dann nicht dem in der Handelsbilanz ausgewiesenen Gewinn, wenn Handels- und Steuerbilanz mit unterschiedlichem Ergebnis abschließen. Die Steuerabgrenzung nach § 274 HGB dient der periodengerechten Zuordnung des Steueraufwands zum handelsrechtlichen Ergebnis und damit der zutreffenden Darstellung der Vermögenslage. Darüber hinaus wirkt die Steuerabgrenzung als Ausschüttungssperre. Eine passive Abgrenzung in Form der Rückstellung für latente Steuern reserviert die für die zukünftige voraussichtliche Steuerbelastung erforderlichen Mittel. Eine Gewinnausschüttung bei Bildung eines aktiven Postens ist nur zulässig, soweit die nach Ausschüttung verbleibenden frei verfügbaren Gewinnrücklagen den aktiven Steuerabgrenzungsposten übersteigen.

(2) Zur Abgrenzung latenter Steuern existieren zwei unterschiedliche Grundkonzeptionen: das Timing-Konzept und das Temporary-Konzept.

Das Timing-Konzept orientiert sich an der GuV-Rechnung. Es werden nur diejenigen Bilanzierungs- und Bewertungsunterschiede zwischen Handels- und Steuerbilanz einbezogen, die sich bei Entstehung und Auflösung/Umkehrung auf die GuV-Rechnung auswirken. Die zutreffende Darstellung der Ertragslage steht im Vordergrund.

Das Temporary-Konzept ist im Gegensatz dazu bilanzorientiert. In die Steuerabgrenzung werden alle Bilanzierungs- und Bewertungsunterschiede einbezogen, die sich zukünftig steuerbelastend oder steuerentlastend auswirken, auch solche Differenzen, die bei ihrer Entstehung ergebnisneutral und erst bei ihrer Auflösung in späteren Geschäftsjahren erfolgswirksam behandelt werden. Die zutreffende Darstellung der Vermögenslage steht im Vordergrund.

(3) Der Steuerabgrenzung im deutschen Einzelabschluss nach § 274 HGB liegt das Timing-Konzept zu Grunde. Danach wird die Bilanzierung latenter Steuern auf zeitlich begrenzte Ergebnisdifferenzen des Geschäftsjahres und früherer Geschäftsjahre begrenzt, die sich in späteren Geschäftsjahren voraussichtlich ausgleichen. Zeitlich unbegrenzte – dauerhafte – Differenzen können nicht zu Steuerabgrenzungen im Sinne von § 274 HGB führen, da sich diese in späteren Geschäftsjahren nicht ausgleichen. Im Unterschied zum Timing-Konzept werden nach dem Temporary-Konzept neben zeitlich begrenzten auch quasi-permanente Differenzen in die Steuerabgrenzung einbezogen.

Gemäß § 298 Abs. 1 HGB ist § 274 HGB auf den Konzernabschluss entsprechend anzuwenden. Dies gilt für Bilanzierungs- und Bewertungsunterschiede, die sich aus § 300 HGB und § 308 HGB ergeben. Für Bewertungsunterschiede, die aus erfolgswirksamen Konsolidierungsmaßnahmen resultieren, kommt § 306 HGB zur Anwendung.

(4) Der vom Deutschen Standardisierungsrat (DRS) verabschiedete deutsche Rechnungslegungsstandard Nr. 10 „Latente Steuern im Konzernabschluss" (DRS 10) regelt in Ergänzung zu § 274 HGB und § 306 HGB die Bilanzie-

rung latenter Steuern im deutschen Konzernabschluss. Dem DRS kommt zwar keine Gesetzkraft zu, mit seiner ordnungsgemäßen Anwendung ist aber die Vermutung verbunden, dass die die Konzernrechnungslegung betreffenden GoB beachtet wurden (§ 342 Abs. 2 HGB). DRS 10 ist somit bei der Erstellung des Konzernabschlusses grundsätzlich zu beachten.

In diesem Zusammenhang ist strittig, ob im Rahmen der Steuerabgrenzung im Konzernabschluss nach § 306 HGB auch latente Steuern auf quasi-permanente Differenzen zu berücksichtigen sind, da der DRS 10 sowohl Elemente des Timing-Konzepts (gemäß DRS 10.4 grundsätzlich nur Einbeziehung von ergebniswirksam entstandenen zeitlichen Differenzen, deren Auflösung voraussichtlich zu steuerlichen Be- oder Entlastungen führt) als auch des Temporary-Konzepts (gemäß DRS 10.16 Einbeziehung der im Rahmen der Erstkonsolidierung ergebnisneutral entstandenen zeitlichen Differenzen in die Steuerabgrenzung) enthält.

Des Weiteren weichen in einigen Fällen die Regelungen des DRS 10 von § 274 HGB und § 306 HGB ab, insbesondere im Hinblick auf die Aktivierung latenter Steuern auf Verlustvorträge (DRS 10.11 ff.) und Steuergutschriften (DRS 10.14), das Saldierungsverbot für latente Steuern (DRS 10.36) und das Aktivierungsgebot latenter Steuern aus den Jahresabschlüssen der einbezogenen Unternehmen (DRS 10.10). Der DRS 10 ist insoweit strittig, als er nicht mit den gesetzlichen Vorschriften des HGB übereinstimmt.

(5) Die Regelungen der IAS/IFRS basieren im Gegensatz zum deutschen Handelsrecht auf dem Temporary-Konzept, so dass nicht nur zeitlich begrenzte Ergebnisdifferenzen, sondern auch quasi-permanente und sogar bestimmte permanente Ergebnisdifferenzen zu berücksichtigen sind.

Latente Steuern – Grundkonzeption

	HGB		IAS/IFRS
Gesetzliche Grundlagen	deutscher Einzelabschluss nach § 274 HGB	deutscher Konzernabschluss nach § 306 HGB	Konzernabschluss nach IAS 12 unter Beachtung DRS 10 (strittig)
Grundkonzeption zur Steuerabgrenzung	Timing-Konzept	Temporary-Konzept	Temporay-Konzept
Arten von Ergebnisdifferenzen	nur zeitlich begrenzte Ergebnisdifferenzen	zeitlich begrenzte Ergebnisdifferenzen und quasi-permanente Ergebnisdifferenzen	zeitlich begrenzte Ergebnisdifferenzen und quasi-permanente Ergebnisdifferenzen und ggf. permanente Ergebnisdifferenzen
Aktive latente Steuern	Aktivierungswahlrecht	Aktivierungspflicht	Aktivierungspflicht
Passive latente Steuern	Passivierungspflicht	Passivierungspflicht	Passivierungspflicht

Folgende Arten von Differenzen zwischen handels- und steuerrechtlichem Ergebnis **(Ergebnisdifferenzen)** werden unterschieden:

**a)
Zeitlich begrenzte Differenzen (timing differences)**

(6) Zeitlich begrenzte – temporäre – Differenzen entstehen, wenn Aufwendungen und Erträge infolge abweichender handels- und steuerrechtlicher Gewinnermittlungsvorschriften zu unterschiedlichen Zeitpunkten in Handels- und Steuerbilanz erfasst werden. Hier liegen Ergebnisunterschiede vor, die sich in einem absehbaren Zeitraum wieder umkehren. Die § 274 HGB zugrunde liegende Konzeption stellt auf diese zeitlich begrenzten Differenzen ab.

Beispiele

Die **zwei wesentlichen zeitlich begrenzte Ergebnisdifferenzen** zwischen Handels- und Steuerbilanz in der Wohnungswirtschaft, die zu Steuerabgrenzungen führen (können), resultieren aus der:

– Anwendung unterschiedlicher Abschreibungssätze auf die Gebäude in Handels- und Steuerbilanz

– Bildung von Rückstellungen für Bauinstandhaltung gem. § 249 Abs. 2 HGB, die als Aufwandsrückstellungen steuerlich nicht anerkannt werden.

Weitere zeitlich begrenzte Differenzen, die im Allgemeinen von geringerer Bedeutung sind, werden in den nachfolgenden Kapiteln 3 und 4 näher erläutert.

b)
Zeitlich unbegrenzte Differenzen (permanent differences)

(7) Bei zeitlich unbegrenzten – permanenten – Differenzen liegen Unterschiede zwischen handels- und steuerrechtlichem Ergebnis vor, die sich in späteren Geschäftsjahren nicht ausgleichen. Diese Differenzen sind in die Steuerabgrenzung nach § 274 HGB **nicht** einzubeziehen, da der Steueraufwand anderer Rechnungszeiträume nicht beeinflusst wird.

Beispiele für **permanente Differenzen**

- Bei den Abschreibungsdifferenzen aus der Aufdeckung der stillen Reserven in der steuerlichen Anfangsbilanz (Teilwertaufstockung) der ehemals gemeinnützigen Wohnungsunternehmen bei Eintritt in die Steuerpflicht handelt es sich um permanente Differenzen, da die Beträge aus der Teilwertaufstockung nur in der Steuerbilanz abgeschrieben werden. Ein Ausgleich in späteren Geschäftsjahren erfolgt aufgrund der zwingend einzuhaltenden Bewertungsobergrenze der Anschaffungs- oder Herstellungskosten in der Handelsbilanz nicht.

- Die Rückstellungen für Bauinstandhaltung gemäß § 249 Abs. 2 HGB, die von ehemals gemeinnützigen Wohnungsunternehmen vor Eintritt in die Steuerpflicht gebildet wurden (sog. Altrückstellungen), stellen ebenfalls permanente Differenzen dar, da unter Steuerpflicht kein Ausgleich in späteren Geschäftsjahren erfolgt. Gleiches gilt für zum Zeitpunkt des Eintritts in die Steuerpflicht bestehende Differenzen in den Pensionsrückstellungen zwischen Handels- und Steuerbilanz.

- steuerfreie Erträge,

- steuerrechtlich nicht abzugsfähige Aufwendungen.

c)
Quasi-permanente Differenzen (temporary differences)

(8) Diese Differenzen lassen sich nicht eindeutig als zeitlich begrenzt oder zeitlich unbegrenzt einordnen. Die oben beschriebene Umkehrung erfolgt hier nicht in einem überschaubaren Zeitrahmen, sondern erst in ferner Zukunft, gewöhnlich erst bei Veräußerung eines Vermögensgegenstandes oder Liquidation des Unternehmens. Deshalb werden diese Unterschiede wie permanente Differenzen behandelt, so dass keine Berücksichtigung bei der Berechnung der latenten Steuern im Einzelabschluss erfolgt.

Beispiel

- unterschiedlicher Wertansatz von Grund und Boden und Beteiligungen in Handels- und Steuerbilanz z. B. wegen steuerlich nicht anerkannter Abschreibungen.

1.2
Latente Steuern im Einzelabschluss nach § 274 HGB

(9) § 274 HGB regelt unter dem Begriff „Steuerabgrenzung" den Ansatz eines passiven (§ 274 Abs. 1 HGB) und eines aktiven (§ 274 Abs. 2 HGB) Steuerabgrenzungspostens in der Bilanz. Bei einer voraussichtlichen Steuerbelastung in den nachfolgenden Geschäftsjahren besteht die Verpflichtung zur Bildung einer Rückstellung, während bei einer voraussichtlichen Steuerentlastung in den nachfolgenden Geschäftsjahren ein Aktivierungswahlrecht im Sinne einer Bilanzierungshilfe besteht. Beide Steuerabgrenzungsposten sind aufzulösen, sobald die Steuerbelastung bzw. die Steuerentlastung eintritt oder mit ihr voraussichtlich nicht mehr zu rechnen ist.

Ansatzgebot für passive latente Steuern

(10) Ist in den nachfolgenden Geschäftsjahren eine Steuerbelastung zu erwarten, **muss** nach § 274 Abs. 1 HGB eine Rückstellung für ungewisse Verbindlichkeiten gemäß § 249 Abs. 1 Satz 1 HGB gebildet werden.

Passive latente Steuern entstehen, wenn:
Handelsbilanzgewinn > Steuerbilanzgewinn

Dies ist beispielsweise der Fall, wenn:

- der Gewinn in der Handelsbilanz dem Gewinn in der Steuerbilanz zeitlich vorgelagert ist, d. h. der Handelsbilanzgewinn ist zunächst höher als der Steuerbilanzgewinn; der Gewinnausweis in der Steuerbilanz wird zeitlich nachgeholt,

- Erträge handelsrechtlich früher erfasst werden als steuerrechtlich,

- Aufwendungen steuerrechtlich früher erfasst werden als handelsrechtlich.

Beispiel:

Gebäude werden in der Handelsbilanz mit 1,25 %, in der Steuerbilanz mit 2 % abgeschrieben. Die Mehrabschreibungen in der Steuerbilanz führen zu einem im Vergleich zum handelsrechtlichen Ergebnis entsprechend geringeren tatsächlichen Steueraufwand. Dieser Minderaufwand gleicht sich in späteren Geschäftsjahren durch Steuermehraufwendungen aus, wenn das entsprechende Gebäude in der Steuerbilanz voll abgeschrieben ist, während in der Handelsbilanz weiterhin 1,25 % der ursprünglichen Anschaffungs-/Herstellungskosten abgeschrieben werden.

In Höhe der höheren Steuerbelastung späterer Geschäftsjahre **ist** eine Rückstellung für ungewisse Verbindlichkeiten **zu bilden**, allerdings nur in Höhe der Ertragsteuerbelastung auf zeitlich befristete Abschreibungsdifferenzen.

Ansatzwahlrecht für aktive latente Steuern

(11) Wird in den nachfolgenden Geschäftsjahren eine Steuerentlastung erwartet, sieht § 274 Abs. 2 HGB ein **Ansatzwahlrecht** als Bilanzierungshilfe vor. Im Fall der Aktivierung ist die sog. Ausschüttungssperre gemäß § 274 Abs. 2 Satz 3 HGB zu beachten.

Aktive latente Steuern entstehen, wenn: Handelsbilanzgewinn < Steuerbilanzgewinn

Dies ist beispielsweise der Fall, wenn:

- der Gewinn in der Steuerbilanz dem Gewinn in der Handelsbilanz zeitlich vorgelagert ist, d. h. der Steuerbilanzgewinn ist zunächst höher als der Handelsbilanzgewinn; der Gewinnausweis in der Handelsbilanz wird zeitlich nachgeholt,

- Erträge steuerrechtlich früher erfasst werden als handelsrechtlich,

- Aufwendungen handelsrechtlich früher erfasst werden als steuerrechtlich.

Beispiel:

Durch die Bildung von Rückstellungen für Bauinstandhaltung gemäß § 249 Abs. 2 HGB liegt das handelsrechtliche Ergebnis um 5 Mio. EUR unter dem steuerpflichtigen Gewinn laut Steuerbilanz, da die Zuführung zu Rückstellungen für Bauinstandhaltung steuerlich keinen Aufwand darstellt. Der tatsächliche Steueraufwand laut Steuerbilanz ist um die Ertragsteuerbelastung auf die Rückstellungszuführung höher als der fiktive Steueraufwand, der sich auf der Grundlage des handelsrechtlichen Ergebnisses errechnet. Im Jahr der Inanspruchnahme der Rückstellungen für Bauinstandhaltung gleicht sich dieser Steuermehraufwand durch einen im Vergleich zum handelsrechtlichen Ergebnis entsprechend geringeren Steueraufwand aus, da die angefallenen Instandhaltungsaufwendungen steuerlich ergebniswirksam werden.

Zur periodengerechten Erfolgsermittlung **darf** in Höhe dieses in späteren Geschäftsjahren eintretenden Steuerminderaufwands ein Abgrenzungsposten als Bilanzierungshilfe auf der Aktivseite **gebildet werden**.

1.3
Latente Steuern im Konzernabschluss nach § 306 HGB

(12) § 306 HGB regelt die Behandlung latenter Steuern im handelsrechtlichen Konzernabschluss.

Die **Steuerabgrenzung gemäß § 306 HGB** ist auf Ergebnisdifferenzen aufgrund **erfolgswirksamer Konsolidierungsmaßnahmen** begrenzt. Das ist dann der Fall, wenn Abweichungen zwischen dem Konzernergebnis und der Summe der Einzelergebnisse aller einbezogenen Unternehmen führen, die sich voraussichtlich in späteren Geschäftsjahren ausgleichen. Daneben hat im Konzernabschluss die Steuerabgrenzung nach § 274 i. V. m. § 298 Abs. 1 HGB zu erfolgen, wenn Abweichungen zwischen den handelsrechtlichen Ergebnissen und den steuerlichen Einkommen der einbezogenen Unternehmen aufgrund von Bilanzierungs- und Bewertungsunterschieden vorliegen, die sich in späteren Geschäftsjahren voraussichtlich ausgleichen.

(13) Zeitlich begrenzte Differenzen nach § 306 HGB ergeben sich nur bei der **erfolgswirksamen Schuldenkonsolidierung** (§ 303 HGB) sowie bei der **Eliminierung von Zwischenergebnissen** (§ 304 HGB – mit Ausnahme für Zwischenergebnisse im nicht abnutzbaren Anlagevermögen). Die Eliminierung von Zwischenergebnissen dient der Korrektur des Konzernergebnisses und der Konzernbestände um die aus Konzernsicht noch nicht realisierten Gewinne und Verluste aus konzerninternen Lieferungen und Leistungen. Eine erfolgswirksame Schuldenkonsolidierung hat zu erfolgen, wenn konsolidierungspflichtige Forderungen und Verbindlichkeiten sich nicht in gleicher Höhe gegenüber stehen.

(14) Ein **aktiver Steuerabgrenzungsposten** entsteht, wenn der Steueraufwand im Verhältnis zum Konzernergebnis aufgrund erfolgswirksamer Konsolidierungsmaßnahmen zu hoch ist. Im Gegensatz zum Einzelabschluss (§ 274 Abs. 2 HGB) besteht für diesen Steuerabgrenzungsposten kein Aktivierungswahlrecht, sondern eine **Aktivierungspflicht**. Die Aktivierung eines Steuerabgrenzungsposten nach § 306 HGB hat im Unterschied

zur Aktivierung nach § 274 Abs. 2 HGB keine Ausschüttungssperre zur Folge.

Ein **passiver Steuerabgrenzungsposten** entsteht, wenn der Steueraufwand im Verhältnis zum Konzernergebnis aufgrund erfolgswirksamer Konsolidierungsmaßnahmen zu niedrig ist. Für diesen Steuerabgrenzungsposten besteht ebenso wie Einzelabschluss (§ 274 Abs. 1 HGB) eine **Passivierungspflicht** in Form einer Rückstellung.

(15) Die Bewertung mit einem konzerneinheitlichen Steuersatz ist unzulässig. Die Ermittlung muss deshalb für jede Rechnungslegungseinheit mit den spezifischen Steuersätzen erfolgen. Eine Abzinsung latenter Steuern ist im Konzernabschluss wie im Einzelabschluss nicht erlaubt.

Die Konzeption der latenten Steuern gemäß § 274 HGB berücksichtigt nur solche Sachverhalte, bei denen Abweichungen zwischen steuerrechtlichem und handelsrechtlichem **Ergebnis** vorliegen, die sich in absehbarer Zeit wieder ausgleichen. Vorfälle, die sich nie ausgleichen oder bei denen derzeit keine Umkehr der Ergebnisse absehbar ist, werden im **Einzelabschluss** nach HGB bei der Berechnung latenter Steuern nicht berücksichtigt. Im **Konzernabschluss** sind gemäß DRS 10 „Latente Steuern im Konzernabschluss" auch quasi-permanente Differenzen – nicht aber permanente Differenzen – zu berücksichtigen. Allerdings ist diese Auffassung strittig (vgl. unten).

(16) Die **Kapitalkonsolidierung** nach § 301 HGB gehört ebenfalls zu den Konsolidierungsmaßnahmen, jedoch ergeben sich hierbei keine zeitlich begrenzten Ergebnisdifferenzen i. S. v. § 306 HGB. Die im Rahmen der Erstkonsolidierung gemäß § 301 HGB erfolgende Zuordnung eines Unterschiedsbetrags auf Aktiva/Passiva des einbezogenen Unternehmens erfolgt zunächst erfolgsneutral. Erst in den Folgekonsolidierungen führt die Abschreibung/Auflösung der zugeordneten Beträge zu Ergebnisdifferenzen im Konzernergebnis, die als solche keinen Ausgleich für frühere Ergebnisdifferenzen darstellen und selbst einen Ausgleich nur bei Abgang des einbezogenen Unternehmens finden. Deshalb kommt eine Steuerabgrenzung nach § 306 für solche quasi-permanenten Differenzen bei

der Kapitalkonsolidierung nach § 301 HGB nicht in Betracht.

Meinungsunterschiede zwischen DRS und IDW zur Behandlung „Latenter Steuern im Konzernabschluss"

(17) Der Hauptfachausschuss (HFA) des IDW vertritt die Auffassung[1], dass DRS 10 auf einer nicht vertretbaren Auslegung von § 274 HGB basiert und auch nicht mit den Voraussetzungen für eine Aktivierung von Vermögensgegenständen oder Rechnungsabgrenzungsposten vereinbar ist. Dies soll sowohl für die Konzernrechnungslegung nach HGB als auch für den handelsrechtlichen Einzelabschluss gelten.

DRS 10 fordert die Aktivierung latenter Steuern auf steuerliche Verlustvorträge, wenn der Steuervorteil aus dem Verlustvortrag mit hinreichender Wahrscheinlichkeit realisiert werden kann. Werden entgegen der Regelung des DRS 10 im handelsrechtlichen Konzernabschluss keine aktiven latenten Steuern auf steuerliche Verlustvorträge gebildet, entspricht dies nach Auffassung des IDW den handelsrechtlichen Grundsätzen ordnungsgemäßer Buchführung; daher sei die Vermutung des § 342 Abs. 2 HGB insoweit widerlegbar.

Im Ergebnis bedeutet dies also, dass sowohl die Aktivierung als auch die Nichtaktivierung aktiver latenter Steuern auf steuerliche Verlustvorträge im handelsrechtlichen Konzernabschluss als zulässig angesehen werden kann.

---

1 vgl. Ergebnisbericht-Online über die 189. Sitzung des HFA am 29. 09. 2003, S. 9 f.

1.4
Latente Steuern nach IAS/IFRS

(18) IAS 12 regelt Ansatz, Bewertung und Ausweis von Steueransprüchen und Steuerschulden im Rahmen der internationalen Rechnungslegungsvorschriften IAS/IFRS. Hierbei wird unterschieden zwischen

- tatsächlichen Steuererstattungsansprüchen und -schulden aus der Differenz von vorausgezahlter und veranlagter Steuern und

- latenten Ansprüchen und Schulden aus temporären Bewertungsunterschieden zwischen IAS-Bilanz und Steuerbilanz.

Durch die Berücksichtigung latenter Steuern soll die bilanzielle Darstellung der Vermögenslage durch Passivierung zukünftiger Steuerbelastungen und Aktivierung zukünftiger Steuerentlastungen verbessert werden. Durch den Ansatz latenter Steuern soll eine zutreffende Periodisierung des Steueraufwandes erfolgen, der durch die Diskrepanz zwischen Steuerbilanz und IAS-Bilanz ausgelöst wird.

(19) Das Konzept der latenten Steuern nach IAS 12 weicht maßgeblich von den Vorschriften des HGB ab. Im Gegensatz zur deutschen handelsrechtlichen Rechnungslegung stellt die IAS/IFRS-Rechnungslegung nicht (mehr) auf das GuV-basierte Timing-Konzept, sondern auf das umfassendere Bilanz-orientierte Temporary-Konzept. Danach führen alle Wertunterschiede zwischen IAS-Bilanz und Steuerbilanz zu latenten Steuern, die sich im Zeitablauf steuerwirksam auflösen, unabhängig davon, wie diese Differenzen entstanden sind.

Während nach deutschem Konzernrecht bereits strittig ist, ob quasi-permanente Differenzen einzubeziehen sind, stellen IAS/IFRS auf Abweichungen zwischen den **Bilanzansätzen** ab. Diese Konzeption führt dazu, dass nicht nur zeitlich begrenzte Ergebnisdifferenzen sondern auch quasi-permanente und sogar bestimmte permanente Ergebnisdifferenzen berücksichtigt werden.

Latente Steuern sind im Gegensatz zum HGB insbesondere auch dann zu beachten, wenn die Abweichung der Bilanzwerte erfolgsneutral entstanden ist, wie z. B. bei der Kapitalkonsolidierung im Konzernabschluss oder bei erfolgsneutraler Zuschreibung auf den beizulegenden Wert. Für Differenzen aufgrund eines Geschäfts- oder Firmenwerts (im Einzel- und Konzernabschluss), dürfen jedoch keine latenten Steuern gebildet werden.

(20) IAS 12 sieht für passive und aktive latente Steuern ein Ansatzgebot vor. Latente Steuern sind grundsätzlich getrennt von tatsächlichen Steuern auszuweisen. Der Ausweis latenter Steuern als kurzfristige Vermögenswerte oder Schulden ist verboten. Die Qualifikation als langfristig ist regelmäßig aber ebenfalls nicht gegeben. Latente Steuern werden deshalb nach den langfristigen und kurzfristigen Werten als gesonderte weitere Posten ausgewiesen. Die Saldierung aktiver und passiver latenter Steuern ist an besondere Bedingungen geknüpft. Saldierungen sind jeweils nur innerhalb der tatsächlichen Steuern oder innerhalb der latenten Steuern zulässig, nicht hingegen zwischen tatsächlichen Steuern und latenten Steuern. Bedingung für die Saldierung ist im Fall der latenten Steuern, dass die Ansprüche gegenüber der gleichen Steuerbehörde bestehen.

Im Gegensatz hierzu sieht die Regelung nach § 274 HGB vor, dass zunächst die aktiven und passiven Steuerdifferenzen zu ermitteln sind. Ergibt sich ein passiver Saldo, ist dieser anzusetzen. Entsteht ein aktiver Saldo, besteht ein Ansatz-Wahlrecht.

Abweichungen zum HGB ergeben sich auch beim Vorhandensein von Verlustvorträgen. Im Jahresabschluss nach HGB sind diese bei der Bewertung von passiven latenten Steuern zu berücksichtigen, da eine künftige Steuerbelastung nicht eintritt, soweit ein Verlustvortrag besteht. Die Bildung aktiver latenter Steuern gerade wegen eines Verlustvortrages scheidet nach HGB aber aus. Gemäß IAS 12.34 sind jedoch die Vorteile, die einem

Unternehmen aus einem Verlustvortrag künftig zufließen, beim Ansatz zu berücksichtigen. Voraussetzung ist aber, dass die Aussicht besteht, künftig Gewinne zu erzielen, die aufgrund des Verlustvortrags nicht versteuert werden brauchen. Im Ergebnis kann dies dazu führen, dass ein Posten für aktive latente Steuern gebildet wird, gerade weil ein Verlustvortrag besteht. In gleicher Weise legt DRS 10 für den Konzernabschluss fest, dass aktive latente Steuern auf Verlustvorträge zu bilden sind, wenn der Steuervorteil mit hinreichender Wahrscheinlichkeit realisiert werden kann (vgl. 1.3).

(21) Die Höhe der latenten Steueransprüche oder Steuerschulden ergibt sich aus der Multiplikation der Bewertungsunterschiede zwischen IAS-Bilanz und Steuerbilanz mit dem Steuersatz. Da latente Steuern zukunftsgerichtet sind, wäre es folgerichtig, die erwarteten zukünftigen Steuersätze zu verwenden. Im Interesse der Zuverlässigkeit (reliability) lässt IAS 12.47 jedoch nur die Anwendung der zum Bilanzstichtag gültigen oder mit Rechtswirkung bereits angekündigten Steuersätze zu. Eine Abzinsung ist gemäß IAS 12.53 auch bei langfristigen Latenzen (z. B. aus Grundstücken) nicht vorzunehmen.

1.5 Anwendung auf steuerbefreite Vermietungsgenossenschaften

(22) Vermietungsgenossenschaften verfügen gemäß § 5 Abs. 1 Nr. 10 KStG über einen steuerbefreiten Geschäftskreis und einen partiell steuerpflichtigen Geschäftskreis. Für den steuerbefreiten Geschäftskreis stellt sich die Frage der Steuerabgrenzung gemäß § 274 HGB nicht. Im partiell steuerpflichtigen Geschäftskreis ist dagegen zu prüfen, ob sich Ergebnisdifferenzen zwischen Handels- und Steuerbilanz ergeben. Anwendungsfälle sind u. a. gegeben bei unterschiedlichen Abschreibungen in Handels- und Steuerbilanz auf Gewerbebauten oder andere teilweise nicht begünstigt genutzte Gebäude. Insoweit gelten die vorgenannten Grundsätze der latenten Steuerabgrenzung für Vermietungsgenossenschaften begrenzt auf den partiell steuerpflichtigen Geschäftskreis.

Latente Steuern sind in der Regel bei Vermietungsgenossenschaften von untergeordneter Bedeutung.

2
Ermittlung von Ergebnisdifferenzen und des Steuerabgrenzungspostens

2.1
Ermittlung und Fortschreibung von Ergebnisdifferenzen

(23) Die **Ermittlung** der Ergebnisdifferenzen hat für jedes Geschäftsjahr gesondert zu erfolgen. Dabei sind für jeden Vermögenswert und jede Schuld unterschiedliche Ansätze in der Handelsbilanz und in der Steuerbilanz gesondert zu berücksichtigen.

Die Ermittlung der zeitlichen Differenzen kann nach folgendem Schema erfolgen:

([+] für einen aktiven Steuerabgrenzungsposten und
[–] für eine passive Rückstellung für latente Steuern)

Ergebnisdifferenzen für das Geschäftsjahr 20..	
	EUR
a) Handelsrechtliche Gebäudemehr- (+) / Gebäudeminderabschreibungen (–) auf den handelsrechtlichen Gebäudebuchwert bei Eintritt in die Steuerpflicht[2]	+/–
b) Handelsrechtliche Gebäudemehr- (+) / Gebäudeminderabschreibungen (–) auf spätere Zugänge[2]	+/–
Zuführung (+) / Entnahme (–) aus den Rückstellungen für Bauinstandhaltung	+/–
Disagio wird als Sofortaufwand behandelt (+) / Abschreibung auf Disagio (–)	+/–
Sonstige Abweichungen (z. B. anschaffungsnaher Aufwand in Handelsbilanz nicht aktiviert)	+/–
Summe der Ergebnisdifferenzen des Geschäftsjahres (Saldo)	+/–

Eine Checkliste für die Ermittlung von Ergebnisdifferenzen ist als **Anlage 1** beigegeben.

(24) Unabhängig von der Frage der Bildung einer Rückstellung für latente Steuern ist die Ermittlung und **Fortschreibung** der kumulierten Abweichungen zwischen handelsrechtlicher und steuerrechtlicher Ergebnisermittlung zu jedem Bilanzstichtag erforderlich, um nach Umkehr der Entlastungswirkung aus Verlustvorträgen (Verlustvortrag geringer als passive zeitliche Differenzen) die dann erforderliche Bildung von Rückstellungen für latente Steuerverpflichtungen sachgerecht errechnen zu können und/oder früher gebildete Rückstellungen bei Differenzumkehr oder Entlastungswirkungen aus neu entstandenen Verlustvorträgen aufzulösen.[2]

---

2 Unterscheidung in bei Eintritt in die Steuerpflicht vorhandene Bestände und später hinzugekommene Bestände

Insbesondere sind die kumulierten Abweichungen zwischen handels- und steuerlichen Abschreibungen auf Gebäude als Haupteinflussgröße für latente Steuerverpflichtungen bei ehemals gemeinnützigen Wohnungsunternehmen zu jedem Bilanzstichtag fortzuschreiben.

Eine Vielzahl von Wohnungsunternehmen hat in der Vergangenheit die zeitlichen Ergebnisdifferenzen nicht fortgeschrieben mit der Folge, dass eine Beurteilung der Abgrenzungen für Steuerlatenzen nicht möglich ist. Eine Nachholung der Berechnung kann anhand der in der **Anlage 2** dargestellten Berechnung erfolgen.

Die Ermittlung der latenten Steuern kann analog IAS erfolgen. Allerdings sind zwei Besonderheiten zu beachten:

– Bei den Gebäudeabschreibungen darf nach dieser Systematik nur der fortgeschriebene handelsrechtliche Buchwert bei Eintritt in die Steuerpflicht in der Handels- und Steuerbilanz angesetzt werden.

– Bei den Rückstellungen für Bauinstandhaltung dürfen nur die so genannten Neurückstellungen, die nach Eintritt in die Steuerpflicht gebildet worden sind, angesetzt werden. Zulässig ist aus heutiger Sicht allerdings die Annahme, dass alle bestehenden Rückstellungen Neurückstellungen sind.

2.2
Ermittlung des Steuerabgrenzungspostens

2.2.1
Gesamtdifferenzbetrachtung

(25) Die Bilanzierungsvorschriften des HGB schreiben keine bestimmte Technik für die Ermittlung latenter Steuern vor. Die Ergebnisdifferenzen basieren zwar auf einzelnen Geschäftsvorfällen, die jeweils – für sich gesehen – zu einem aktiven oder passiven Steuerabgrenzungsposten führen können. Es ist jedoch nicht zulässig, einerseits alle Abweichungen, die zu einem aktiven Steuerabgrenzungsposten führen, und andererseits alle Abweichungen, die zu einem passiven Steuerabgrenzungsposten führen, je für sich zu summieren und in der Bilanz zwei Posten auszuweisen.

Da § 274 HGB von einer **Gesamtdifferenzbetrachtung** ausgeht, ist auf den Saldo der zeitlichen Ergebnisunterschiede zwischen Handels- und Steuerbilanz, der allerdings durch Einzeldifferenzbetrachtung ermittelt wird, abzustellen.

Ergibt sich ein **Gesamtbetrag mit positivem Vorzeichen** (aktiver Steuerabgrenzungsposten), bleiben Verlustvorträge ohne Bedeutung. Das Unternehmen muss entscheiden, ob es die Bilanzierungshilfe des § 274 Abs. 2 HGB in Anspruch nimmt. In diesem Fall bedarf es lediglich noch der Multiplikation mit den maßgeblichen Steuersätzen (vgl. 2.2.3).

Fällt für das betreffende Geschäftsjahr kein Steueraufwand an, so ist der Ausweis eines aktiven Steuerabgrenzungsposten nicht möglich. Unterschreitet der tatsächliche Steueraufwand eine sich rechnerisch ergebende Steuerabgrenzung, so ist der Ausweis der aktiven Steuerabgrenzungsposten durch den tatsächlichen Steueraufwand begrenzt.

Ergibt sich ein **Gesamtbetrag mit negativem Vorzeichen**, so sind etwaige Verlustvorträge in die Rechnung einzubeziehen (vgl. 2.2.2). Nach Feststellung der Verlustvorträge – jeweils getrennt für die Körperschaftsteuer und die Gewerbesteuer – sind diese dem Saldo der zeitlichen Differenzen gegenüberzustellen. Eine Rückstellung für latente Steuern ist nur zu bilden, soweit der Verlustvortrag niedriger ist als der negative Gesamtbetrag der zeitlichen Ergebnisdifferenzen.

2.2.2 Steuerentlastungswirkung von Verlustvorträgen

(26) Nach Auffassung des WFA entfalten Verlustvorträge eine Steuerentlastungswirkung, die im Rahmen der Bewertung einer Rückstellung für latente Steuerverpflichtungen zu berücksichtigen ist. Viele Wohnungsunternehmen verfügen über steuerliche Verluste in erheblicher Größenordnung, die gem. § 8 Abs. 1 KStG i. V. m. § 10 d Abs. 2 EStG und gem. § 10 a GewStG zeitlich unbegrenzt vorgetragen werden können. Damit entfalten diese in späteren Geschäftsjahren eine Steuerentlastungswirkung.

Solange zukünftige Steuerentlastungen aufgrund eines Verlustvortrages sich ergebende kumulierte latente Steuerverpflichtungen ausgleichen bzw. übersteigen, ist somit im Ergebnis keine Rückstellung für latente Steuern zu passivieren. Ob diese Voraussetzung vorliegt, ist zu jedem Bilanzstichtag zu prüfen.

Bislang (31. 12. 2003) war der vorhandene Verlustvortrag zu jedem Bilanzstichtag dem Saldo der zeitlichen passiven Differenzen gegenüber zu stellen.

Eine Passivierung von Rückstellungen für latente Steuern war erstmals zu dem Bilanzstichtag geboten, zu dem die zukünftigen Steuerentlastungen aus einem Verlustvortrag geringer war als eine sich ergebende kumulierte Steuerverpflichtung zum gleichen Bilanzstichtag.

Seit 01. 01. 2004 sind Verlustvorträge unter Berücksichtigung eines Sockelbetrags von 1 Mio. EUR nur noch zu 60 % des Gesamtbetrags der Einkünfte verrechenbar. Die Regelung zur Mindestbesteuerung gilt sowohl für die Körperschaftsteuer als auch für die Gewerbesteuer. Verlustvorträge sind auch nach der Einführung der Mindestbesteuerung zeitlich unbegrenzt vortragsfähig. Es besteht lediglich eine zeitlich verzögerte Nutzungsmöglichkeit, so dass Verlustvorträge nicht verloren gehen. Die Mindestbesteuerung führt zu keiner abweichenden Berücksichtigung der Verlustvorträge, d. h. die Steuerentlastungswirkung bleibt weiterhin vollständig gegeben.

2.2.3
Maßgeblicher Steuersatz

(27) Die Festsetzung des zu berücksichtigenden Steuersatzes hat sich nach der Höhe der voraussichtlichen Steuerbelastung nachfolgender Geschäftsjahre zu richten. Es ist der Steuersatz zur Berechnung der latenten Steuern heranzuziehen, der für die Jahre, in denen sich die Differenzen ausgleichen werden, zu erwarten ist. Er kann vom Steuersatz im Entstehungsjahr der Differenz abweichen.

§ 274 HGB schreibt keine bestimmte Methode ausdrücklich vor. Es ist ein gesonderter Steuersatz für die Körperschaftsteuer und für die Gewerbesteuer zu ermitteln.

Die **Körperschaftsteuer**belastung beträgt zurzeit einheitlich 25 %. Unter Berücksichtigung des Solidaritätszuschlags von derzeit 5,5 % erhöht sie sich auf ca. 26,4 %.

Bei der **Gewerbesteuer** sollte mit einem durchschnittlichen – entsprechend der Verteilung des Gewerbeertrages auf die einzelnen Betriebsstätten gewichteten – Hebesatz gerechnet werden.

Bei Anwendung der erweiterten Kürzung nach § 9 Nr. 1 Satz 2 GewStG sind zusätzliche Berechnungen erforderlich. Der steuerpflichtige Gewerbeertrag ist losgelöst vom körperschaftsteuerlichen Einkommen zu ermitteln. Hierbei sind die durch das Gewerbesteuergesetz begünstigten, nicht begünstigten aber unschädlichen und die schädlichen Tätigkeiten zu beachten (vgl. hierzu Fachbuch für die Wohnungswirtschaft „Die Gewerbesteuer bei Wohnungsunternehmen", Hrsg. GdW, Berlin 2002).

Die Berechnung des Steuerabgrenzungspostens kann **ohne** Berücksichtigung des Gewerbesteuersatzes erfolgen, wenn

- die erweiterte Kürzung beantragt werden kann und

- die zeitlichen Differenzen, die zur Bildung latenter Steuerabgrenzungsposten führen, ausschließlich der Hausbewirtschaftung zuzuordnen sind (z. B. Abschreibungen auf Bauten, Rückstellungen für Bauinstandhaltung).

3 Ergebnisdifferenzen resultierend aus unterschiedlichem Ansatz in Handelsbilanz und Steuerbilanz

3.1 Aktivierungsunterschiede im Zusammenhang mit sog. „Anschaffungsnahem Aufwand"

(28) Nach § 6 Abs. 1 Nr. 1 a EStG ist in den ersten drei Jahren nach Anschaffung eines Gebäudes bei Aufwendungen für Instandsetzung (Rechnungsbetrag ohne Umsatzsteuer) von mehr als 15 % der Anschaffungskosten des Gebäudes von Herstellungsaufwand auszugehen.

Handelsrechtlich ist für eine Aktivierung der Kosten zu überprüfen, ob die Voraussetzungen des § 255 Abs. 2 HGB eingehalten sind.

Ist für die Steuerbilanz Herstellungsaufwand gegeben und für die Handelsbilanz Erhaltungsaufwand anzunehmen, ergeben sich Ergebnisdifferenzen, die sich wie folgt auswirken:

	Ausgaben	Aufwand Steuerbilanz	Aufwand Handelsbilanz	Ergebnisdifferenz
	EUR	EUR	EUR	EUR
in t_0	80 000	2 % AfA 1 600	80 000	+ 78 400
in t_1		1 600	0	– 1 600
in t_2		1 600	0	– 1 600
				usw.

In t_0 ist der nach steuerrechtlichen Vorschriften zu versteuernde Gewinn höher als das handelsrechtliche Ergebnis, so dass sich hieraus für sich allein gesehen eine aktive Steuerabgrenzung ergibt, die sich in den folgenden 49 Jahren auflöst.

3.2
Ergebnisdifferenzen aus Rückstellungen

(29) Die Bilanzierung (und Bewertung) von Rückstellungen richtet sich handelsrechtlich und steuerrechtlich nach unterschiedlichen Vorschriften.

Die handelsrechtliche Bilanzierung von Rückstellungen ist in § 249 HGB und – soweit Pensionsverpflichtungen betroffen sind – zusätzlich in Art. 28 EGHGB geregelt.

In den Einkommensteuerrichtlinien ist in Richtlinie 31 c EStR die Bilanzierung und in Richtlinie 38 EStR die Bewertung von Rückstellungen in der Steuerbilanz geregelt. Die Möglichkeit zur Pensionsrückstellungsbildung in der Steuerbilanz wird in § 6 a EStG und in Richtlinie 41 EStR umfassend geregelt. Ferner finden sich in § 5 EStG verschiedene Sondervorschriften zur steuerlichen Passivierung von Rückstellungen (z. B. § 5 Abs. 3 EStG: Rückstellung für Patentrechtsverletzungen, § 5 Abs. 4 EStG: Rückstellung für Dienstjubiläen).

(30) Aus den unterschiedlichen Regelungen zur Bilanzierung (und Bewertung) von Rückstellungen in der Handels- und in der Steuerbilanz ergeben sich Ergebnisdifferenzen, die zwangsläufig zu der Prüfung einer Steuerabgrenzung gemäß § 274 HGB führen. Die Vorschrift des § 274 HGB spielt also bei der Bilanzierung von Rückstellungen eine große Rolle.

Der Grund für das Vorliegen der vielen Sondervorschriften im Bereich der Bildung von Rückstellungen ist u. a. darin zu finden, dass der Maßgeblichkeitsgrundsatz des § 5 Abs. 1 HGB nach h. M. in Bezug auf Rückstellungen grundsätzlich dahingehend eingeschränkt wurde, dass ausschließlich passivierungspflichtige Rückstellungen steuerlich anerkannt werden (Wiedmann in Ebenroth, Boujong, Joost, Handelsgesetz Kommentar, Bd. 1, Auflage 2001, § 249, Rn. 5). Eine Ausnahme, auf die später noch einzugehen sein wird, findet sich bei den Rückstellungen für drohende Verluste aus schwebenden Geschäften.

(31) Nach § 249 HGB ergibt sich folgende **Systematisierung** der Rückstellungen:

Passivierungspflicht besteht für:

- ungewisse Verbindlichkeiten (§ 249 Abs. 1 Satz 1, 1. Alt. HGB)
- drohende Verluste aus schwebenden Geschäften (§ 249 Abs. 1 Satz 1, 2. Alt. HGB)
- unterlassene Instandhaltungsaufwendungen bei Nachholung innerhalb von drei Monaten nach dem Abschlussstichtag (§ 249 Abs. 1 Satz 2 Nr. 1, 1. Alt. HGB)
- unterlassene Abraumbeseitigungsaufwendungen bei Nachholung im folgenden Geschäftsjahr (§ 249 Abs. 1 Satz 2 Nr. 1, 2. Alt. HGB)
- Kulanzleistungen (§ 249 Abs. 1 Satz 2 Nr. 2 HGB)

Passivierungswahlrecht besteht für:

- unterlassene Instandhaltungsaufwendungen bei Nachholung im folgenden Geschäftsjahr nach Ablauf von drei Monaten (§ 249 Abs. 1 Satz 3 HGB)
- Aufwandsrückstellungen gemäß § 249 Abs. 2 HGB (Rückstellungen für Bauinstandhaltung)

Nur die handelsrechtlichen Passivierungspflichten (Pflichtrückstellungen) führen auch steuerrechtlich zu einem Passivierungsgebot mit der Folge dass grundsätzlich auch in der Steuerbilanz eine Rückstellung zu bilden ist. Bei den Pflichtrückstellungen kommt es daher grundsätzlich nicht zu Abweichungen zwischen Handels- und Steuerbilanz, so dass in diesem Bereich die Notwendigkeit einer Steuerabgrenzung gemäß § 274 HGB im Regelfall nicht gegeben ist.

Ausnahmsweise stehen aber auch diesem Grundsatz steuerrechtliche Sondervorschriften entgegen, die trotz bestehender handelsrechtlicher Passivierungspflicht steuerrechtlich die Bildung einer Rückstellung verbieten. Eine solche Vorschrift besteht z. B. gemäß § 5 Abs. 4 a EStG, wonach Rückstellungen für drohende Verluste aus schwebenden Geschäften nicht gebildet werden dürfen.

Die handelsrechtlichen Passivierungswahlrechte führen grundsätzlich zu einem steuerrechtlichen Passivierungsverbot. Folglich ergeben sich im Bereich der handelsrechtlichen Wahlrückstellungen in der Regel Abweichungen zwischen Handels- und Steuerbilanz und damit auch Differenzen zwischen dem handelsrechtlichen Ergebnis vor Ertragsteuern und dem steuerpflichtigen Einkommen.

(32) Im Fall von Ergebnisdifferenzen, die allein auf der unterschiedlichen Bilanzierung von Rückstellungen beruhen, wird das Handelsbilanzergebnis in der Regel niedriger sein als das Steuerbilanzergebnis und damit der nach steuerrechtlichen Vorschriften zu versteuernde Gewinn. Treffen diese Ergebnisdifferenzen nicht mit anderen zeitlichen Differenzen zusammen, die zu einem im Vergleich zum zu versteuernden Gewinn höheren handelsrechtlichen Ergebnis führen (z. B. Abschreibungsdifferenzen), wird in der Regel eine Steuerabgrenzung gemäß § 274 Abs. 2 HGB durch Bildung eines aktiven Abgrenzungspostens in Betracht kommen.

Bei der Bildung eines aktiven Abgrenzungspostens sind die Anhangangabepflicht (§ 274 Abs. 2 Satz 2 HGB) und die Ausschüttungsbarriere (§ 274 Abs. 2 Satz 3 HGB) zu beachten. Eine Gewinnausschüttung bei Bildung eines aktiven Postens ist nur zulässig, soweit die nach Ausschüttung verbleibenden freiverfügbaren Gewinnrücklagen den aktivierten Steuerabgrenzungsposten übersteigen.

3.2.1
Rückstellungen für Bauinstandhaltung

(33) § 249 Abs. 2 HGB eröffnet handelsrechtlich ein Wahlrecht für Rückstellungen für genau umschriebene, dem Geschäftsjahr oder einem früheren Geschäftsjahr zuzuordnende Aufwendungen, die am Abschlussstichtag wahrscheinlich oder sicher, aber hinsichtlich ihrer Höhe oder des Zeitpunktes ihres Eintritts unbestimmt sind.

Die Rückstellungen gemäß § 249 Abs. 2 HGB unterscheiden sich von den Rückstellungen für unterlassene Instandhaltungsaufwendungen gemäß § 249 Abs. 1 Satz 3 HGB dadurch, dass die Instandhaltungen nicht schon im abgelaufenen Geschäftsjahr hätten durchgeführt werden müssen (unterlassen wurden), sondern erst später durchzuführen sind.

Rückstellungen für Bauinstandhaltung werden gemäß § 249 Abs. 2 HGB gebildet, um die entstehenden Ausgaben für die Instandhaltung gleichmäßig über alle Perioden als Aufwendungen zu verteilen, die in gleicher Weise zu der Instandhaltungsnotwendigkeit beigetragen haben. Ferner werden Rückstellungen für regelmäßig und in größeren zeitlichen Abstand anfallende Generalüberholungen und Instandhaltungsmaßnahmen gemäß § 249 Abs. 2 HGB gebildet.

In der Handelsbilanz besteht für diese Aufwandsrückstellungen gemäß § 249 Abs. 2 HGB ein Ansatzwahlrecht. Folglich dürfen diese Rückstellungen in der Steuerbilanz nicht gebildet werden.

(34) Die Bildung dieser Rückstellungen in der Handelsbilanz löst nach den unter 3.2.2 beschriebenen Grundsätzen aktive latente Steuern aus.

Gemäß § 274 Abs. 2 Satz 1 HGB kann bei den „timing differences" der sich im Geschäftsjahr der Passivierung ergebende Steuermehraufwand entsprechend vermindert und ein aktiver Abgrenzungsposten für zukünftige Steuerentlastungen gebildet werden.

Differenzen, die sich in späteren Geschäftsjahren nicht wieder ausgleichen („permanent differences"), sind nicht in die Steuerabgrenzung einzubeziehen. So stellte z. B. der Bestand der Rückstellungen für Bauinstandhaltung, die bei ehemals gemeinnützigen Wohnungsunternehmen vor Eintritt in die Steuerpflicht gebildet wurden (so genannte Altrückstellungen) permanente Differenzen dar, die keinen Einfluss auf die Steuerabgrenzung hatten.

> **Beispiel:**
>
> Bei einem Wohngebäude werden in einem Turnus von 5 Jahren Instandhaltungsmaßnahmen in Höhe von 1 000 000 EUR notwendig. Aus betriebswirtschaftlicher Sicht werden diese Ausgaben gleichmäßig über die Jahre 1 bis 5 als Aufwendungen verteilt, weil alle Perioden in gleicher Weise zu der Instandhaltungsnotwendigkeit beigetragen haben. Handelsrechtlich erfolgt die Periodisierung durch die Bildung von Aufwandsrückstellungen nach § 249 Abs. 2 HGB in den Jahren 1 bis 5 in Höhe von jährlich 200 000 EUR.
>
> Die Ausübung des Wahlrechts und die dabei angewandte Bewertungsmethode müssen nach § 284 Abs. 2 Nr. 1 HGB im Anhang angegeben werden.
>
> In der Steuerbilanz darf diese Rückstellung nicht gebildet werden. Der nach steuerrechtlichen Vorschriften zu versteuernde Gewinn ist in jedem Jahr um 200 000 EUR höher als das handelsrechtliche Ergebnis. Liegen keine weiteren Ergebnisunterschiede vor, so kann in der Handelsbilanz ein aktiver Abgrenzungsposten in Höhe der voraussichtlichen Steuerbelastung gebildet werden.

Im Rahmen des Bilanzrechtsmodernisierungsgesetzes (der Referentenentwurf wird Anfang 2005 erwartet) ist voraussichtlich mit der Abschaffung der sog. Aufwandsrückstellungen zu rechnen, d. h. somit auch der Rückstellungen für Bauinstandhaltung. Die bestehenden Rückstellungen werden dann voraussichtlich in die Rücklagen überführt werden, und Differenzen aus unterschiedlicher Bilanzierung in Handels- und Steuerbilanz bestehen nicht mehr.

3.2.2
Rückstellungen für unterlassene Aufwendungen für Instandhaltung, die im folgenden Geschäftsjahr nach Ablauf von drei Monaten nachgeholt werden

(35) Rückstellungen für unterlassene Instandhaltungsaufwendungen, die im folgenden Geschäftsjahr nach Ablauf von drei Monaten (nach dem 31.03. bis zum 31.12. des folgenden Geschäftsjahres) nachgeholt werden, dürfen gemäß § 249 Abs. 1 Satz 3 HGB in der Handelsbilanz gebildet werden (Passivierungswahlrecht). In der Steuerbilanz besteht ein Passivierungsverbot.

(36) Die Bildung dieser Rückstellungen in der Handelsbilanz löst aktive latente Steuern aus:

Das Jahresergebnis nach Handelsrecht ist aufgrund der Bildung der Rückstellung im Geschäftsjahr der Passivierung niedriger als das Jahresergebnis nach Steuerrecht bzw. als der nach steuerrechtlichen Vorschriften zu versteuernder Gewinn. Es würde also im Verhältnis zum handelsrechtlichen Ergebnis eine Steuermehrbelastung entstehen.

Gleichen sich die Differenzen zwischen Handels- und Steuerbilanz voraussichtlich in späteren Geschäftsjahren wieder aus („timing differences"), so ist davon auszugehen, dass es zukünftig zu einer entsprechenden Steuerentlastung kommen wird. Im Regelfall kehrt sich die Ergebnisdifferenz im Geschäftsjahr der Durchführung der Instandhaltung wieder um, da dann erst der Aufwand in der steuerlichen Ergebnisrechnung erfasst wird.

Gemäß § 274 Abs. 2 Satz 1 HGB kann bei diesen „timing differences" der sich im Geschäftsjahr der Passivierung ergebende Steuermehraufwand entsprechend vermindert und ein aktiver Abgrenzungsposten für zukünftige Steuerentlastungen gebildet werden.

Beispiel:

Eine Reparaturarbeit war im Dezember (Ende des Geschäftsjahres: 31. 12. 2001) aus betriebswirtschaftlicher Sicht notwendig gewesen und ist in Auftrag gegeben worden. Aufgrund von schlechten Witterungsverhältnissen wird die Reparatur erst nach dem 31. 03. 2002 aber vor dem 31. 12. 2002 durchgeführt. In dieser Zeit fallen die Ausgaben für die Reparatur in Höhe von 2 000 000 EUR an.

In der Handelsbilanz kann gemäß § 249 Abs. 1 Satz 3 HGB eine Rückstellung gebildet werden. Wird handelsrechtlich von diesem Wahlrecht Gebrauch gemacht, erhöht sich der Aufwand um 2 000 000 EUR und das handelsrechtliche Ergebnis vermindert sich entsprechend.

In der Steuerbilanz darf diese Rückstellung nicht gebildet werden. Der nach steuerrechtlichen Vorschriften zu versteuernde Gewinn ist um 2 000 000 EUR höher als das handelsrechtliche Ergebnis. Liegen keine weiteren Ergebnisunterschiede vor, so kann in der Handelsbilanz ein aktiver Abgrenzungsposten in Höhe der voraussichtlichen Steuerbelastung gebildet werden.

3.2.3
Rückstellungen für drohende Verluste aus schwebenden Geschäften

(37) Handelsrechtlich besteht für drohende Verluste aus schwebenden Geschäften gemäß § 249 Abs. 1 Satz 2, 2. Alt. HGB eine Pflicht zur Bildung von Rückstellungen.

Voraussetzung ist, dass am Bilanzstichtag ein Vertrag, ein Vorvertrag oder zumindest ein verbindliches Vertragsangebot, mit dessen Annahme ernsthaft zu rechnen ist, vorliegt. Das Geschäft schwebt, solange es von der zur Lieferung oder sonstigen Leistung verpflichteten Partei wirtschaftlich noch nicht voll erfüllt ist, d. h. die (Haupt-)Leistung steht noch aus. Ist die Geldzahlung schon erbracht oder wurde eine Anzahlung geleistet, hindert dieser Finanzierungsvorgang die Annahme eines schwebenden Geschäftes nicht.

Gegenstand von schwebenden Geschäften können auch Dauerschuldverhältnisse sein, wie sie bei der Vermietung von Wohnungen typisch sind. Von der begrifflichen Einqualifizierung her handelt es sich bei Mietverhältnissen um schwebende Absatzgeschäfte. Die Bildung von Drohverlustrückstellungen kommt daher für Leerstandswohnungen nicht in Betracht, da infolge fehlender Mietverträge kein Dauerschuldverhältnis besteht. Die Verluste, die aus nichtvermieteten Wohnungen resultieren, sind Aufwand der Periode ihres Anfalls.

Grundsätzlich ist bei jedem schwebenden Geschäft zunächst davon auszugehen, dass sich der Wert der Leistung und der Gegenleistung angemessen gegenüberstehen. Aus einem schwebenden Absatzgeschäft kann sich aber ein Verlust ergeben, wenn der Wert der Leistungsverpflichtungen den Wert der Gegenleistungsansprüche übersteigt. Um von einem Verpflichtungsüberschuss ausgehen zu können, müssen konkrete Anhaltspunkte dafür vorliegen, dass ein Verlust zu erwarten ist. Dabei ist auch die Entwicklung der Marktverhältnisse zu berücksichtigen.

Das Wesen der Drohverlustrückstellung liegt darin, zukünftige Perioden von sich am Stichtag schon abzeichnenden Verlusten freizuhalten (Verlustantizipation). Im Handelsbilanzrecht besteht das gesellschaftsrechtliche Prinzip der Kapitalerhaltung, welches insbesondere dem Gläubigerschutz dient. Dabei gilt allerdings, dass zunächst die Verlustantizipation soweit möglich durch Abwertung von Aktiva zu erfolgen hat.

In der Steuerbilanz besteht gemäß § 5 Abs. 4 a EStG ein generelles Verbot der Passivierung von Drohverlustrückstellungen.

(38) Im Geschäftsjahr der handelsrechtlichen Bildung einer Drohverlustrückstellung ist folglich das Handelsbilanzergebnis niedriger als der nach steuerrechtlichen Vorschriften zu versteuernde Gewinn, der sich auf der Grundlage des höheren steuerrechtlichen Ergebnisses ermittelt. Im Geschäftsjahr der Erfüllung des Geschäftes wird sich die Differenz zwischen Handels- und Steuerbilanz voraussichtlich ausgleichen („timing differences"). Der Steueraufwand kann somit entsprechend vermindert und ein aktiver Abgrenzungsposten für zukünftige Steuerentlastung kann gemäß § 274 Abs. 2 Satz 1 HGB gebildet werden.

Beispiel:

Ein Wohnungsunternehmen hat ein zum Verkauf bestimmtes Eigenheim (Bauträgergeschäft) zu einem Festpreis zu errichten und zu verkaufen. Die unfertigen Bauarbeiten sind mit Herstellungskosten auf Vollkostenbasis von 10 000 000 EUR angesetzt. Es droht durch Kostensteigerung ein Verlust:

a) in Höhe von 6 000 000 EUR

b) in Höhe von 12 000 000 EUR

Im Fall a) ist in der Handelsbilanz vorrangig eine außerplanmäßige Abschreibung der aktivierten unfertigen Leistungen auf 4 000 000 EUR vorzunehmen.

Im Fall b) werden die unfertigen Arbeiten in der Handelsbilanz auf 0 EUR abgewertet. Rückstellungen für drohende Verlusten sind gemäß § 249 Abs. 1 Satz 2, 2. Alt. HGB in Höhe von 2 000 000 EUR zu bilden.

In der Steuerbilanz ist eine Teilwertabschreibung nach steuerrechtlichen Bewertungsvorschriften zulässig. Die Bildung einer Drohverlustrückstellung ist gemäß § 5 Abs. 4 a EStG verboten.

Der nach steuerrechtlichen Vorschriften zu versteuernde Gewinn ist im Fall b) um 2 000 000 EUR höher als das handelsrechtliche Ergebnis. Liegen keine weiteren Ergebnisunterschiede vor, so kann in der Handelsbilanz ein aktiver Abgrenzungsposten in Höhe der voraussichtlichen Steuerbelastung gebildet werden.

3.2.4
Sonstige steuerlich nicht anerkannte Rückstellungen

a)
Pensionsrückstellungen gemäß § 6 a EStG

(39) In der Handelsbilanz besteht ein Passivierungswahlrecht für laufende Pensionen und Anwartschaften auf eine Pension, wenn der Pensionsberechtigte einen Rechtsanspruch vor dem 01. 01. 1987 erworben hat (sog. Altzusagen). Diesem Wahlrecht unterliegen auch Erhöhungen und Verbesserungen von Altzusagen, wenn diese erst nach dem 31. 12. 1986 eingeräumt wurden.

Soweit handelsrechtlich ein Passivierungswahlrecht für Pensionsrückstellungen gilt (sog. Altzusagen), verbleibt es auch für die Steuerbilanz beim Passivierungswahlrecht (Ansatzwahlrecht).

Erwirbt der Pensionsberechtigte seinen Rechtsanspruch nach dem 31. 12. 1996 besteht eine handelsrechtliche Passivierungspflicht (sog. Neuzusagen).

Soweit handelsrechtlich eine Passivierungspflicht besteht, folgt aus dem Maßgeblichkeitsgrundsatz, dass i. d. R. auch in der Steuerbilanz eine Passivierungspflicht gegeben ist (Ansatzpflicht). Allerdings müssen die zusätzlichen Voraussetzungen des § 6 a Abs. 1 und 2 EStG ebenfalls erfüllt sein, sonst besteht ein Ansatzverbot für die Steuerbilanz (Richtlinie 41 Abs. 1 EStR).

Die Voraussetzungen für eine Rückstellungsbildung gemäß § 6 a Abs. 1 EStG sind:

- Die Zusage muss schriftlich, vorbehaltlos und von zukünftigen Ergebnissen unabhängig sein.

- Die erstmalige Bildung muss entweder bei Eintritt des Versorgungsfalles oder für das Wirtschaftsjahr, bis zu dessen Mitte der Begünstigte das 30. Lebensjahr vollendet erfolgen.

b)
Rückstellungen für Patentrechts- u. ä. Verletzungen gemäß § 5 Abs. 3 EStG

(40) Rückstellungen wegen Verletzung fremder Patent-, Urheber-, oder ähnlicher Schutzrechte dürfen in der Steuerbilanz gemäß § 5 Abs. 3 Satz 1 EStG erst gebildet werden, wenn der Rechtsinhaber Ansprüche wegen der Rechtsverletzung geltend gemacht hat (Nr. 1) oder mit einer Inanspruchnahme wegen der Rechtsverletzung ernsthaft zu rechnen ist (Nr. 2). Im letzteren Fall ist eine gebildete Rückstellung spätestens in der Bilanz des dritten auf ihre erstmalige Bildung folgenden Wirtschaftsjahres gewinnerhöhend aufzulösen, wenn Ansprüche nicht geltend gemacht worden sind (§ 5 Abs. 3 Satz 2 EStG).

In der Handelsbilanz sind Rückstellungen wegen der dem Unternehmen bekannten Verletzungen von Patenten, Urheber- oder ähnlichen Schutzrechten zu bilden, wenn die Inanspruchnahme bereits erfolgt ist. Pauschalrückstellungen können für mögliche, aber noch nicht bekannt gewordene Verletzungen gebildet werden. Ein Auflösungsgebot besteht in der Handelsbilanz nicht.

c) Rückstellung für Dienstjubiläen gemäß § 5 Abs. 4 EStG

(41) In der Steuerbilanz dürfen Rückstellungen für die Verpflichtung zu einer Zuwendung anlässlich eines Dienstjubiläums nur gebildet werden, wenn das Dienstverhältnis mindestens zehn Jahre bestanden hat, das Dienstjubiläum das Bestehen eines Dienstverhältnisses von mindestens 15 Jahren voraussetzt, die Zusage schriftlich erteilt ist und soweit der Zuwendungsberechtigte seine Anwartschaft nach dem 31. 12. 1992 erwirbt (§ 5 Abs. 4 EStG).

Im Wege der Steuerreform sollte die Regelung des § 5 Abs. 4 EStG ursprünglich für Wirtschaftsjahre nach dem 31. 12. 2002 wegfallen. Dieses Vorhaben ist im Vermittlungsverfahren gescheitert, so dass diese steuerliche Abweichung nach wie vor weiter besteht.

Handelsrechtlich sind für sämtliche rechtsverbindlich zugesagte Leistungen des Arbeitgebers aus Anlass von Dienstjubiläen seiner Arbeitnehmer Rückstellungen zu bilden.

3.3
Ergebnisdifferenzen aus Geldbeschaffungskosten

(42) Geldbeschaffungskosten können bei der Finanzierung der Anschaffungs- und Herstellungskosten von Immobilien entstehen.

Dabei sind zwei Varianten der Geldbeschaffungskosten zu unterscheiden:

- Bearbeitungsgebühren entstehen üblicherweise bei öffentlichen Finanzierungsprogrammen. Diese Einmalgebühren werden regelmäßig als %-Sätze der Darlehensbeträge berechnet.

- Disagiobeträge sind Instrumente zur Feinsteuerung der Finanzierungszinssätze.

Für beide Arten der Geldbeschaffungskosten besteht handelsrechtlich ein Aktivierungswahlrecht (§ 250 Abs. 3 HGB).

In der Steuerbilanz sind diese Beträge zu aktivieren und planmäßig abzuschreiben.

- Die Abschreibungsdauer richtet sich bei den Bearbeitungsgebühren nach der voraussichtlichen Laufzeit des Darlehens.

- Da es sich bei den Disagiobeträgen um „Zinsaufwand im Voraus" handelt, sind diese Beträge auf die Zinsbindungsfrist abzuschreiben.

Werden Bearbeitungsgebühren oder Disagiobeträge im Jahr des Anfalls sofort als Aufwand behandelt, führt dies zu aktiven zeitlichen Differenzen.

4 Ergebnisdifferenzen resultierend aus unterschiedlicher Bewertung in Handelsbilanz und Steuerbilanz

4.1 Abschreibungsdifferenzen bei Gebäuden

(43) Handelsrechtlich sind Wohngebäude des Anlagevermögens gemäß § 253 Abs. 1 Satz 1, Abs. 2 HGB planmäßig über die Nutzungsdauer abzuschreiben (u. U. außerplanmäßige Abschreibungen möglich). Die voraussichtliche Gesamtnutzungsdauer ist vorsichtig zu schätzen. Sie wird gemäß WFA 1/1993 „Abschreibungen auf Wohngebäude des Anlagevermögens in der Handelsbilanz von Wohnungsunternehmen" i. d. R. nicht unter 50 Jahren, aber auch nicht über 80 Jahren liegen. In der Wohnungswirtschaft ist es durchaus üblich, dass Wohngebäude über eine 80jährige Nutzungsdauer abgeschrieben werden, was einem jährlichen Abschreibungssatz von 1,25 % entspricht.

Steuerrechtlich werden Wohngebäude grundsätzlich linear nach § 7 Abs. 4 EStG abgeschrieben. Darüber hinaus besteht ein Wahlrecht sie degressiv nach § 7 Abs. 5 EStG abzuschreiben. Besteht zwischen verschiedenen AfA-Methoden ein steuerliches Wahlrecht, kann es bei der einkommensteuerrechtlichen Gewinnermittlung nur ausgeübt werden, wenn auch handelsrechtlich so verfahren wird. Die degressiven Abschreibungssätze sind deshalb aufgrund der umgekehrten Maßgeblichkeit auch für die Handelsbilanz zu übernehmen (§ 254 i. V. m. § 279 Abs. 2 HGB), so dass hieraus keine Ergebnisdifferenzen resultieren.

Die lineare Gebäudeabschreibung gemäß § 7 Abs. 4 Satz 1 Nr. 2 a EStG (Fertigstellung nach dem 31. 12. 1924) geht grundsätzlich von einem 2 %igen Abschreibungssatz auf die Anschaffungs- oder Herstellungskosten aus.

Fallen nachträgliche Anschaffungs- oder Herstellungskosten an, bemisst sich die weitere Abschreibung nach der bisherigen Bemessungsgrundlage zuzüglich der nachträglichen AK/HK. Nachträgliche AK/HK erhöhen somit die Abschreibungsbemessungsgrundlage, auf die der Abschreibungssatz von 2 % weiter anzuwenden ist. Dadurch verlängert sich regelmäßig die tatsächliche Abschreibungsdauer. Handelsrechtlich können die nachträglichen Herstellungskosten auch auf die Restnutzungsdauer abgeschrieben werden.

(44) Durch den Ansatz von unterschiedlichen Nutzungsdauern und Bemessungsgrundlagen bei der linearen Abschreibung kann es zu unterschiedlichen Ergebnissen in der Handels- und Steuerbilanz kommen, da steuerrechtlich i. d. R. ein höherer Aufwand geltend gemacht wird. Daraus resultiert in der Handelsbilanz ein höherer Wertansatz als in der Steuerbilanz. Der steuerliche Gewinn ist somit niedriger als das handelsrechtliche Ergebnis, so dass eine passive Steuerabgrenzung erforderlich wird.

Die in **Anlage 3** dargestellte Fallstudie geht auch auf die Ermittlung von latenten Steuern resultierend aus Ergebnisdifferenzen aufgrund unterschiedlicher AfA-Sätze in Handels- und Steuerbilanz ein.

4.2
Beteiligungen an Personengesellschaften

(45) Handelsrechtlich stellen Beteiligungen an Personengesellschaften nicht abnutzbare Vermögensgegenstände des Anlagevermögens dar, die gemäß § 253 Abs. 1 Satz 1 HGB mit den Anschaffungskosten anzusetzen sind. Außerplanmäßige Abschreibungen auf den niedrigeren beizulegenden Wert sind bei nur vorübergehender Wertminderung zulässig; bei einer voraussichtlich dauernden Wertminderung besteht dagegen eine Pflicht zur außerplanmäßigen Abschreibung (§ 253 Abs. 2 Satz 3 HS 2, § 253 Abs. 3 Sätze 1 und 2, § 279 Abs. 1 Satz 2 HGB). Gemäß § 253 Abs. 5 HGB darf bei Personengesellschaften als Anteilseigner ein niedrigerer Wert beibehalten werden, auch wenn die Gründe dafür nicht mehr bestehen. Bei Kapitalgesellschaften und ihnen gleichgestellten Personengesellschaften als Anteilseigner besteht dagegen die Pflicht zur Wertaufholung (§ 280 Abs. 1 HGB).

Steuerrechtlich stellt die Beteiligung an einer Personengesellschaft dagegen kein selbständiges Wirtschaftsgut dar. Teilwertabschreibungen kommen aus diesem Grund nicht in Betracht. In der Steuerbilanz ist die Beteiligung nach der „Spiegelbildtheorie" mit dem Betrag anzusetzen, der sich aus der Summe sämtlicher steuerlicher Kapitalkonten ergibt, die für den Gesellschafter bei der Personengesellschaft geführt werden. Die Beteiligung weist insoweit alle Veränderungen durch Gewinn- und Verlustzuweisungen sowie Einlagen und Entnahmen entsprechend den Veränderungen des Kapitalkontos in der Gesellschaftsbilanz und ggf. in Ergänzungs- und Sonderbilanzen spiegelbildlich aus.

(46) Die Bilanzierung von Beteiligungen an Personengesellschaften kann zu Unterschieden zwischen Handelsbilanz- und Steuerbilanzergebnis führen.

In der Handelsbilanz erfolgt zur Erfassung des anteiligen Ergebnisses der Personenhandelsgesellschaft keine Zu- oder Abschreibung auf den Beteiligungsbuchwert (vgl. HFA 1/1991 „Zur Bilanzierung von Anteilen an Personenhandelsgesellschaften im Jahresabschluss der Kapitalgesellschaft"), wogegen bei der steuerrechtlichen Einkommensermittlung das anteilige Ergebnis durch Zurechnung erfasst wird. Dadurch entsteht ein zeitlicher Unterschiedsbetrag, der die Basis für eine aktive oder passive Steuerabgrenzung schafft.

Eine passive Steuerabgrenzung kann dadurch verursacht werden, dass steuerrechtlich im Rahmen der „einheitlichen und gesonderten Feststellung" Verluste aus der Beteiligung an einer Personengesellschaft beim Gesellschafter zugerechnet werden, die dagegen in der Handelsbilanz nicht durch entsprechende Abschreibungen berücksichtigt werden (oder nicht berücksichtigt werden können), nur wenn zukünftig daraus höhere Ertragsteuerbelastungen zu erwarten sind und in der Handelsbilanz der Gesellschaft entsprechende Gewinne aus der Beteiligung realisiert werden können.

Eine aktive Steuerabgrenzung kann dadurch verursacht werden, dass in der Handelsbilanz die Anschaffungskosten die Wertobergrenze für Anteile an Personengesellschaften darstellen, wogegen steuerrechtlich aufgrund der „einheitlichen und gesonderten Feststellung" ggf. auch ein höherer Wert zulässig ist.

4.3 Ergebnisdifferenzen aus der Bewertung von Pensionsrückstellungen

(47) Für die Bewertung der Pensionsrückstellungen in der Steuerbilanz sind die Vorschriften des § 6 a EStG als vorrangige steuerrechtliche Regelungen zu beachten.

Die Pensionsverpflichtung ist bei bereits laufenden Renten mit dem nach versicherungsmathematischen Grundsätzen zu ermittelnden Barwert und bei Anwartschaften mit dem Teilwert zu bewerten. Als biometrische Rechnungsgrundlagen (Invaliditäts- und Sterbewahrscheinlichkeit) werden in der Praxis fast ausschließlich die Richttafeln von K. Heubeck aus 1998 verwendet.

Die Pensionsrückstellung darf steuerrechtlich höchstens mit dem Teilwert der Pensionsverpflichtung, der nach versicherungsmathematischen Grundsätzen und unter Berücksichtigung eines Rechenzinsfußes von 6 % berechnet wird, angesetzt werden. Der handelsrechtlich bestehende Bewertungsspielraum (Zugrundelegung eines Zinssatzes von 3 % bis 6 %) gilt somit nicht für die Steuerbilanz.

(48) In der Handelsbilanz wird nach diesen Grundsätzen regelmäßig die Berechnung der Rückstellung zu einem höheren Wert erfolgen als in der Steuerbilanz. Die jährlichen Zuführungsbeträge zur Pensionsrückstellung in der Handelsbilanz werden daher diejenigen der Steuerbilanz übersteigen. In Höhe dieses Unterschiedsbetrages entstehen dadurch aktive zeitliche Differenzen.

Der nach steuerrechtlichen Vorschriften zu versteuernde Gewinn ist danach höher als das handelsrechtliche Ergebnis. In der Handelsbilanz kann ein aktiver Abgrenzungsposten in Höhe der voraussichtlichen Steuerbelastung gebildet werden.

Anzumerken ist, dass seit 2002 eine weitgehende Angleichung der Handels- und Steuerbilanzwerte erfolgt ist.

4.4 Ergebnisdifferenzen aus der Abzinsungsverpflichtung von Verbindlichkeitsrückstellungen und bestimmten Verbindlichkeiten in der Steuerbilanz

Verbindlichkeitsrückstellungen

(49) Rückstellungen sind für ungewisse Verbindlichkeiten zu bilden (§ 249 Abs. 1 Satz 1 HGB). Somit handelt es sich um eine Rückstellungsbildungsverpflichtung, wenn dem Grunde und/oder der Höhe nach ungewisse Verbindlichkeiten bestehen.

Umfänglich handelt es sich dabei um ungewisse Verbindlichkeiten auf Grund einer öffentlich-rechtlichen Verpflichtung oder um vertragliche oder gesetzliche Drittverpflichtungen auf Grund privatrechtlicher Vereinbarungen.

Nach § 253 Abs. 1 Satz 2 HGB sind die Rückstellungen in Höhe des Betrags anzusetzen, der nach vernünftiger kaufmännischer Beurteilung notwendig ist.

Bei Verbindlichkeitsrückstellungen ist dies der voraussichtliche Erfüllungsbetrag und somit analog der Regelungen für die Bilanzierung von Verbindlichkeiten die maßgebliche Größe für die Rückstellungsbewertung.

Gemäß § 253 Abs. 1 Satz 2 letzter Halbsatz HGB dürfen Rückstellungen nur dann abgezinst werden, soweit die ihnen zugrundeliegende Verpflichtung einen Zinsanteil enthält, d. h. im Erfüllungsbetrag verdeckte Zinszahlungen enthalten sind. Sind für den Fall der ungewissen Verbindlichkeit auch Zinsen zu zahlen (auf Grund gesetzlicher oder privatrechtlicher Vorschriften) stellt sich die Frage der Abzinsung nicht. Für diesen Fall sind die entsprechenden Zinsbeträge jährlich dem Rückstellungsbetrag zuzuführen und somit Aufwand für die Zeit, für die die Zinsen zu entrichten sind.

(50) Schwieriger ist die Unterscheidung, ob in den ungewissen Verbindlichkeiten Zinsanteile enthalten sind. Regelmäßig ist dies dann der Fall, wenn ein verdeckt

schwebendes Kreditgeschäft vorliegt. Ein Indiz für ein schwebendes verdecktes Kreditgeschäft liegt vor, wenn Möglichkeiten oder Vereinbarungen bestehen, die eine Erfüllung zum Barwert oder eines geringeren Betrages als die Verbindlichkeit vorsehen.

Für solche Fälle besteht bereits nach § 253 Abs. 1 Satz 2 HS 2 HGB faktisch eine Abzinsungsverpflichtung.

Für die Steuerbilanz enthält § 6 Abs. 1 Nr. 3 a Buchstabe e EStG ein generelles Abzinsungsgebot für Rückstellungen, deren Laufzeit am Bilanzstichtag mindestens 12 Monate beträgt, die unverzinslich sind und nicht auf einer Anzahlung oder Vorausleistung beruhen. Dabei gilt als Diskontierungszinssatz 5,5 v. H.

Aus diesen unterschiedlichen Vorschriften des Handels- und Steuerrechts ergeben sich passivische zeitliche Unterschiedsbeträge.

Verbindlichkeiten

(51) Verbindlichkeiten sind in der Handelsbilanz gemäß § 253 Abs. 1 Satz 2 HGB mit ihrem Rückzahlungsbetrag anzusetzen. Gemäß § 6 Abs. 1 Nr. 3 EStG sind Verbindlichkeiten in der Steuerbilanz mit einem Zinssatz von 5,5 % abzuzinsen.

Von dieser Verpflichtung zur Abzinsung in der Steuerbilanz sind ausgenommen:

- Verbindlichkeiten, deren Laufzeit am Bilanzstichtag weniger als 12 Monate beträgt,
- Verbindlichkeiten, die verzinslich sind,
- Verbindlichkeiten, die auf einer Anzahlung oder Vorauszahlung beruhen.

Die ggf. in der Steuerbilanz vorzunehmende Abzinsung der Verbindlichkeiten hat zur Folge, dass der nach den steuerrechtlichen Vorschriften zu versteuernde Steuerbilanzgewinn höher als das handelsrechtliche Ergebnis ist. In der Handelsbilanz kann ein aktiver Abgrenzungsposten gebildet werden.

Anlagen

Anlage 1
Checkliste zur Ermittlung von Ergebnisdifferenzen bei Wohnungsunternehmen

Ergebnisunterschiede aus Ansatz von Bilanzposten

		TsdEUR
1.	**Anschaffungsnaher Aufwand**	
	Erfassung als Aufwand in Handelsbilanz in t_0	+
	Abschreibung in Steuerbilanz ab Abschreibungsbeginn	–
2.	**Rückstellungen**	
a.	Rückstellungen für Bauinstandhaltung gem. § 249 Abs. 2 HGB: Zuführung (+) / Entnahme (–)	+/–
b.	Rückstellungen für unterlassene Aufwendungen, die im folgenden Geschäftsjahr nach Ablauf von drei Monaten nachgeholt werden: Zuführung (+) / Auflösung (–)	+/–
c.	Rückstellungen für drohende Verluste aus schwebenden Geschäften: Zuführung (+) / Auflösung (–)	+/–
d.	Pensionsrückstellungen gem. § 6 a EStG, die steuerlich nicht anerkannt sind: Zuführung (+) / Auflösung (–)	+/–
e.	Steuerlich nicht zulässige Rückstellungen für Patentsrechts- und ähnliche Verletzungen: Zuführung (+) / Auflösung (–)	+/–
f.	Steuerlich nicht zulässige Rücklagen für Dienstjubiläen: Zuführung (+) / Auflösung (–)	+/–
3.	**Ergebnisdifferenzen aus Geldbeschaffungskosten**	
	Erfassung als Aufwand in Handelsbilanz in t_0	+
	Abschreibung in Steuerbilanz ab Abschreibungsbeginn	–
4.	**Ergebnisdifferenzen aus unterschiedlicher Betrachtung in HB und StB**	
a.	Abschreibungen bei Gebäuden	
aa.	Handelsrechtliche Gebäudemehr- (+) / Gebäudeminderabschreibungen (–) auf den handelsrechtlichen Gebäudebuchwert bei Eintritt in die Steuerpflicht (vgl. Anlage 1.1)	+/–
ab.	Handelsrechtliche Gebäudemehr- (+) / Gebäudeminderabschreibungen (–) auf spätere Zugänge	+/–
b.	Beteiligung an Personenhandelsgesellschaften	
	Steuerliches Ergebnis niedriger als handelsrechtliches Ergebnis mit künftiger Umkehrung	–
	Steuerliches Ergebnis höher als handelsrechtliches Ergebnis mit künftiger Umkehrung	+
c.	Ergebnisdifferenzen aus der Bewertung von Pensionsrückstellungen Handelsrechtliche Mehraufwendungen	+
	Auflösung von handelsrechtlich höheren Rückstellungen	–
d.	Ergebnisdifferenzen aus Abzinsung von Verbindlichkeiten Handelsrechtliche Minderabschreibung	+
5.	**Sonstige Ergebnisdifferenzen**	
	z. B. aus unterschiedlicher Abzinsung von Forderungen in Handelsbilanz und Steuerbilanz	
	Höhere Abzinsung als Steuerbilanz (+) / Zuschreibung (–)	+
	Saldo	+/–

Anlage 1.1
Detaillierte Ermittlung zeitlicher Ergebnisdifferenzen infolge unterschiedlicher Abschreibungsdauer bei Gebäuden in Handels- und Steuerbilanz im Geschäftsjahr 20..

	TsdEUR	TsdEUR

A. Handelsrechtliche Abschreibung des Berichtsjahres
Abschreibung 20.. laut GuV-Rechnung
– Abschreibungen auf Abgänge   _____
Summe der korrigierten handelsrechtlichen Abschreibung
des Berichtsjahres   +_____

B. Steuerrechtliche Abschreibung auf handelsrechtliche Buchwerte

a) Altbestand (Baujahre vor 01.01.1925)
handelsrechtliche AK/HK der Gebäude per 01.01.1991
– kumulierte Abschreibungen per 01.01.1991
  (Beginn der Steuerpflicht)
– kumulierte Abschreibungen seit 01.01.1991
  auf alle Abgänge seit 01.01.1991   _____

Bemessungsgrundlage I für AfA (2,5 %)   _____

Bemessungsgrundlage I x 2,5 %

b) Gebäude mit linearer Abschreibung   _____
handelsrechtliche AK/HK der Gebäude per 01.01.1991

Zugänge ab 1991 – Abschreibungen mit 1,25 %
– kumulierte Abschreibungen per 01.01.1991
  (Beginn der Steuerpflicht)
– kumulierte Abschreibungen seit 01.01.1991
  auf alle Abgänge seit 01.01.1991   _____

Bemessungsgrundlage II für AfA (2,0 %)

Bemessungsgrundlage II x 2,0 %   _____

c) Gebäude mit AfA nach § 7 Abs. 5 EStG (ohne Ansatz)

AK/HK (nachrichtlich)

Summe der steuerlichen AfA auf handelsrechtliche
Wertansätze
(aus Bemessungsgrundlage I – Bemessungsgrundlage II)   _____

TsdEUR

C. **Zeitliche Ergebnisdifferenzen der Berichtsjahres
   (= Summe A – Summe B)**
   bis zum Ende des Vorjahres aufgelaufene Ergebnisdifferenzen   _____

D. **Kumulierte zeitliche Ergebnisdifferenzen bis zum
   Ende des Berichtjahres aus Gebäudeabschreibungen**   _____

Dieses Ermittlungsschema ist anwendbar, wenn Zugänge im Jahresabschluss und in der Steuerbilanz einheitlich (mit identischen AK/HK) aktiviert werden.

Anlage 2
Pauschale Ermittlung latenter Steuern analog IAS (liability method)

	31.12.20..		
	HB	StB	Differenz

Aktivseite (+ Handelsbilanz ./. Steuerbilanz-Wert)

Gebäude (Zugang vor 01. 01. 1990/1991)

– fortgeführter Gebäudebuchwert bei Eintritt in die Steuerpflicht

Gebäude (Zugang nach 01. 01. 1990/1991)

Beteiligungen an Personenhandelsgesellschaften

Forderungen (soweit abgezinst)

Geldbeschaffungskosten

Passivseite (./. Handelsbilanz + Steuerbilanz-Wert)

Rückstellungen
– Pensionsrückstellungen
– Drohverlustrückstellungen
– Rückstellungen für Bauinstandhaltung
– Sonstige Rückstellungen

Verbindlichkeiten

Saldo

abzüglich Verlustvortrag

Zwischensumme

x Steuersatz

= passive (+) / aktive (–) latente Steuer

Anlage 3
Fallstudie zur Ermittlung der latenten Steuern

Die Kommune Musterstadt ist zu 100 % am Stammkapital der Wohnungsbaugesellschaft Musterstadt mbH beteiligt. Die Gesellschaft war bis zum 31. Dezember 1989 als gemeinnütziges Wohnungsunternehmen anerkannt und trat zum 01. Januar 1990 in die Steuerpflicht ein.

Auf den nachfolgenden Seiten (Seite 331 und 332) ist die Entwicklung des Anlagevermögens (Wohngebäude) dargestellt.

Auf Seite 331 ist die Entwicklung der fortgeführten Gebäudebuchwerte bis 2003 dargestellt. Handelsrechtlich werden die Wohngebäude mit 1,25 % der historischen Anschaffungs- und Herstellungskosten abgeschrieben. Die steuerliche Abschreibung erfolgt mit 2,00 % von den Gebäuderestbuchwerten zum 01. Januar 1990. Der handelsrechtliche Gebäudebuchwert am 01. Januar 1990 betrug 7 481,2 TsdEUR. Die Gesellschaft hat in den Jahren zwischen 1990 und 1994 mehrere Gebäude abgerissen und mit Bauträgermaßnahmen bebaut, um die notwendigen Mittel für die Modernisierung des Bestandes zu erwirtschaften.

Auf Seite 332 ist die Entwicklung der neu angeschafften oder erstellten Wohngebäude sowie der nachträglichen Herstellungskosten dargestellt. Die handelsrechtliche und steuerliche Absetzung auf Abnutzung erfolgt analog der Altsubstanz. Aufgrund der unterschiedlichen Abschreibungsmethoden ergeben sich zwischen 1990 und 2003 erhebliche Abweichungen zwischen Handels- und Steuerbilanz.

Auf den Seiten 333 und 334 ist die Handels- und Steuerbilanz zum 31. Dezember 2003 dargestellt. Neben den Ergebnisdifferenzen bei den Gebäudebuchwerten ergeben sich außerdem folgende Abweichungen zwischen den beiden Bilanzen:

- Teilwertaufstockung am 01. Januar 1990
- Sonstige Vermögensgegenstände aufgrund von Abzinsungen
- Geldbeschaffungskosten aufgrund der unterschiedlichen Ansatzvorschriften im Handels- und Steuerrecht (z. B. Disagio)
- Steuerlicher Ausgleichsposten
- Rückstellungen für Bauinstandhaltung (Nichtansatz in der Steuerbilanz)
- Sonstige Rückstellungen.

Die Gesellschaft hat einen körperschaftsteuerlichen Verlustvortrag in Höhe von 100,0 TsdEUR zum 31. Dezember 2003. Ein vortragsfähiger Gewerbeverlust besteht nicht. Der Gewerbesteuer-Hebesatz der Stadt Musterstadt beträgt 490 %.

Berechnungsbeispiel für latente Steuern
Entwicklung der Gebäudewerte in Handels- und Steuerbilanz für Gebäude
Gebäude am 01.01.1990 im Bestand (fortgeführte Gebäudebuchwerte)

1	2	3	4	5	6	7	8	9	10	11
Jahr	Buchwerte des Altbestandes lt. Handelsbilanz ab 01.01.1990	./. Buchwertabgänge	Bemessungsgrundlage für steuerliche AfA	historische AHK	historische AHK des Abgangs	historische AHK nach Abgang	handelsrechtliche AfA	steuerrechtliche AfA	Ergebnisdifferenzen	kumulierte Ergebnisdifferenzen
			Differenz 2 – 3			Differenz 5 – 6			Differenz 8 – 9	
1990	7 481,2		7 418,7	14 321,5	625,0	13 696,5	171,2	148,4	22,8	22,8
1991	7 247,5	62,5	7 418,7	13 696,5		13 696,5	171,2	148,4	22,8	45,7
1992	7 076,3		7 418,7	13 696,5		13 696,5	171,2	148,4	22,8	68,5
1993	6 905,1	275,7	7 143,0	13 696,5	1 103,0	12 593,5	157,4	142,9	14,6	83,1
1994	6 472,0	46,7	7 096,3	12 593,5	374,0	12 219,5	152,7	141,9	10,8	93,9
1995	6 272,5		7 096,3	12 219,5		12 219,5	152,7	141,9	10,8	104,7
1996	6 119,8		7 096,3	12 219,5		12 219,5	152,7	141,9	10,8	115,5
1997	5 967,0		7 096,3	12 219,5		12 219,5	152,7	141,9	10,8	126,3
1998	5 814,3		7 096,3	12 219,5		12 219,5	152,7	141,9	10,8	137,1
1999	5 661,5		7 096,3	12 219,5		12 219,5	152,7	141,9	10,8	148,0
2000	5 508,8		7 096,3	12 219,5		12 219,5	152,7	141,9	10,8	158,8
2001	5 356,1		7 096,3	12 219,5		12 219,5	152,7	141,9	10,8	169,6
2002	5 203,3		7 096,3	12 219,5		12 219,5	152,7	141,9	10,8	180,4
2003	5 050,6		7 096,3	12 219,5		12 219,5	152,7	141,9	10,8	191,2
						2 198,5	2 007,2			

Berechnungsbeispiel für latente Steuern
Entwicklung der Gebäudewerte in Handels- und Steuerbilanz für Gebäude
Gebäude und nachträgliche Herstellungskosten, die seit 01.01.1990 zugegangen sind

1	2	3	4	5	6	7	8	9	10	11
Jahr	Buchwerte des Neubestandes lt. Handelsbilanz ab 01.01.1990	./. Buchwertzugänge	Bemessungsgrundlage für steuerliche AfA	historische AHK	historische AHK des Zugangs	historische AHK nach Zugang	handelsrechtliche AfA	steuerrechtliche AfA	Ergebnisdifferenzen	kumulierte Ergebnisdifferenzen
			Summe 2 + 3			Summe 5 + 6			Differenz 8 − 9	
1990	0,0		58,2	0,0	58,2	58,2	0,7	1,2	−0,4	−0,4
1991	57,5		405,2	58,2	347,0	405,2	5,1	8,1	−3,0	−3,5
1992	400,1	1 379,2	1 784,4	405,2	1 379,2	1 784,4	22,3	35,7	−13,4	−16,9
1993	1 762,1	500,0	2 284,4	1 784,4	500,0	2 284,4	28,6	45,7	−17,1	−34,0
1994	2 255,8	1 000,0	3 284,4	2 284,4	1 000,0	3 284,4	41,1	65,7	−24,6	−58,6
1995	3 243,3	878,0	4 162,4	3 284,4	878,0	4 162,4	52,0	83,2	−31,2	−89,8
1996	4 110,4	596,7	4 759,1	4 162,4	596,7	4 759,1	59,5	95,2	−35,7	−125,5
1997	4 699,6	1 139,6	5 898,7	4 759,1	1 139,6	5 898,7	73,7	118,0	−44,2	−169,8
1998	5 825,0	307,4	6 206,1	5 898,7	307,4	6 206,1	77,6	124,1	−46,5	−216,3
1999	6 128,5	660,2	6 866,3	6 206,1	660,2	6 866,3	85,8	137,3	−51,5	−267,8
2000	6 780,5	784,7	7 651,0	6 866,3	784,7	7 651,0	95,6	153,0	−57,4	−325,2
2001	7 555,4	1 221,4	8 872,4	7 651,0	1 221,4	8 872,4	110,9	177,4	−66,5	−391,7
2002	8 761,5	6 568,9	15 441,3	8 872,4	6 568,9	15 441,3	193,0	308,8	−115,8	−507,6
2003	15 248,3	3 452,7	18 894,0	15 441,3	3 452,7	18 894,0	236,2	377,9	−141,7	−649,3
						1 082,1	1 731,4			

Pauschale Ermittlung latenter Steuern analog IAS (liability method)
(Unterschiede HB – StB)

	31.12.2003		
	HB	StB	Differenz
Aktivseite			
(+ Handelsbilanz ./. Steuerbilanz-Wert)			
Grundstücke und grundstücksgleiche Rechte mit Wohnbauten			
Grundstücke	4 366,8	4 366,8	0,0
Gebäude (Zugang vor 01.01.1990)			
./. fortgeführter Gebäudebuchwert bei Eintritt in die Steuerpflicht			
handelsrechtlicher Buchwert 01.01.1990	7 096,3	7 096,3	
Abschreibung/AfA seit 1990	2 198,5	2 007,2	
	4 897,8	5 089,1	–191,2
Gebäude (Zugang nach 01.01.1990)			
AK/HK	18 894,0	18 894,0	
Abschreibung/AfA	1 082,1	1 731,4	
	17 811,9	17 162,6	649,3
Teilwertaufstockung am 01.01.1990	*0,0*	*13 444,2*	
Andere Anlagen, Betriebs- und Geschäftsausstattung	36,1	36,1	0,0
Bauvorbereitungskosten	0,2	0,2	0,0
Grundstücke und grundstücksgleiche Rechte ohne Bauten	818,0	818,0	0,0
Grundstücke und grundstücksgleiche Rechte mit fertigen Bauten	37,2	37,2	0,0
Unfertige Leistungen	891,5	891,5	0,0
Andere Vorräte	53,9	53,9	0,0
Forderungen aus Vermietung	43,7	43,7	0,0
Forderungen aus Verkauf von Grundstücken	4,1	4,1	0,0
Forderungen aus anderen Lieferungen und Leistungen	3,6	3,6	0,0
Sonstige Vermögensgegenstände	52,7	68,7	–16,0
Guthaben bei Kreditinstituten	931,2	931,2	0,0
Geldbeschaffungskosten	52,3	52,3	0,0
Andere Rechnungsabgrenzungsposten	34,0	34,0	0,0
Bilanzsumme	**30 035,0**	**43 037,2**	

	31. 12. 2003		
	HB	StB	Differenz
Passivseite			
(./. Handelsbilanz + Steuerbilanz-Wert)			
Gezeichnetes Kapital	3 433,6	3 433,6	0,0
Gewinnrücklagen	9 682,5	9 682,5	0,0
Bilanzgewinn	99,8	99,8	0,0
Steuerlicher Ausgleichsposten	0,0	13 322,5	
Rückstellungen für Bauinstandhaltung	280,0	0,0	−280,0
Sonstige Rückstellungen	340,5	320,2	−20,3
Verbindlichkeiten gegenüber Kreditinstituten	14 641,4	14 641,4	0,0
Verbindlichkeiten gegenüber anderen Kreditgebern	149,4	149,4	0,0
Erhaltene Anzahlungen	898,0	898,0	0,0
Verbindlichkeiten aus Vermietung	231,2	231,2	0,0
Verbindlichkeiten aus Betreuungstätigkeit	0,1	0,1	0,0
Verbindlichkeiten aus Lieferungen und Leistungen	269,2	269,2	0,0
Sonstige Verbindlichkeiten	6,3	6,3	0,0
Rechnungsabgrenzungsposten	3,0	3,0	0,0
Bilanzsumme	**30 035,0**	**43 057,2**	
Saldo			141,7
Summe (Aktiva)	30 035,0	43 037,2	
Summe (Passiva)	30 035,0	43 057,2	
	0,0	20,0	

Pauschale Ermittlung latenter Steuern analog IAS (liability method)

1) für die Körperschaftsteuer (einschließlich Solidaritätszuschlag)

	TsdEUR	TsdEUR
Saldo (Übernahme aus Ergebnisdifferenzen)	141,7	
abzüglich Verlustvortrag Körperschaftsteuer	−100,0	
Zwischensumme	41,7	
x Steuersatz 26,375 % (Körperschaftsteuer + Solidaritätszuschlag)	11,0	
„=" passive (+) / aktive (−) latente Steuern		11,0

2) für die Gewerbesteuer

Hebesatz H der Stadt Musterstadt: 490 %
Steuermesszahl Z für Kapitalgesellschaften: 5 %

Multiplikator: $\frac{Z*H/10000}{(1+Z*H/10000)}$ 19,68

Saldo	141,7	
abzüglich Verlustvortrag Gewerbesteuer	0,0	
Zwischensumme	141,7	
x Multiplikator 19,68		27,9
„=" passive (+) / aktive (−) latente Steuern		38,9
abzüglich Saldo Vorjahr		0,0
Zuführung im Geschäftsjahr (aktiv „−" Wahlrecht / passiv „+" Pflicht)		**38,9**

Anlage 3
Zusammenstellung von Teilungsmaßstäben für Bauleistungen

BMF-Schreiben vom 28. 12. 1970, IV A/2 – S 7440 – 8/70

Art der Arbeit	Teilungsmaßstäbe
1. Erdarbeiten	Gegen eine haus- oder blockweise Aufteilung bestehen keine Bedenken.
2. Maurer- und Betonarbeiten	Bei Neubauten können Teilleistungen im Allgemeinen nur haus- oder blockweise bewirkt werden. Insbesondere bei herkömmlicher Bauweise und bei Skelettbauweise erscheint eine geschossweise Aufteilung grundsätzlich nicht zulässig.
3. Naturwerkstein- und Betonwerksteinarbeiten	Bei Objekten, die miteinander nicht verbunden sind, kann eine stückweise Aufteilung vorgenommen werden.
4. Außenputzarbeiten	Es bestehen keine Bedenken gegen eine haus- oder blockweise Aufteilung bzw. gegen eine Aufteilung bis zur Dehnungsfuge.
5. Zimmererarbeiten	Aufteilung haus- und blockweise zulässig.
6. Dachdeckerarbeiten	Aufteilung haus- und blockweise zulässig.
7. Klempnerarbeiten	Aufteilung ist je nach Art der Arbeit haus- oder stückweise zulässig (z. B. Regenrinne mit Abfallrohr hausweise, Fensterabdeckungen (außen) stückweise).
8. Putz- und Stuckarbeiten (innen)	Gegen eine Aufteilung nach Wohnungen oder Geschosse bestehen keine Bedenken.
9. Fliesen- und Plattenlegerarbeiten	vgl. BdF-Erlass vom 23. November 1967, IV A/2 – S 7440 – 3/67, Abschnitt 2 Nr. 2 Beispiel 4 (USt-Kartei § 27 S 7440 Karte 2).
10. Tischlerarbeiten 11. Schlosserarbeiten 12. Glaserarbeiten	Aufteilung erscheint je nach Art der Arbeit im Regelfall stückweise zulässig, z. B. bei Tischlerarbeiten je Tür und Fenster, bei Schlosserarbeiten je Balkongitter.
13. Maler- und Tapeziererarbeiten	Die Aufteilung nach Wohnungen ist im Regelfall zulässig. Eine raumweise Aufteilung erscheint nicht vertretbar, wenn die Arbeiten untrennbar ineinander fließen.
14. Bodenbelagarbeiten	Im Allgemeinen bestehen gegen eine Aufteilung je Wohnung oder Geschoss keine Bedenken. (vgl. auch BdF-Erlass vom 23. November 1967, IV A/2 – S 7440 – 3/67, Abschnitt 2 Abs. 2 Beispiel 1, USt-Kartei § 27 S 7440 Karte 2).
15. Ofen- und Herdarbeiten	Gegen eine stück- oder wohnungsweise Aufteilung bestehen keine Bedenken.
16. Gas-, Wasser- und Abwasserinstallation	Aufteilung der Installationsanlagen ist haus- oder blockweise zulässig. Bei der Installation z. B. von Waschbecken, Badewannen und WC-Becken bestehen im Allgemeinen auch gegen eine stückweise Aufteilung keine Bedenken.
17. Elektrische Anlagen	Eine Aufteilung ist bei Gesamtanlagen im Allgemeinen blockweise vorzunehmen.

Art der Arbeit	Teilungsmaßstäbe
18. Anschlüsse an Entwässerungs- und Versorgungsanlagen	Aufteilung erfolgt je Anlage.
19. Gartenanlagen	Aufteilung erfolgt je nach der Arbeit.
20. Straßenbau	Fertige Straßenbauabschnitte stellen Teilleistungen dar. Ich bin damit einverstanden, dass auch der bis auf die Feinschicht fertiggestellte Straßenoberbau einerseits und die Feinschicht andererseits als Teilleistungen angenommen werden. Ebenfalls kann es sich bei größeren Erdarbeiten um Teilleistungen handeln.
21. Kanalbau	Eine abschnittweise Aufteilung (z. B. von Schacht zu Schacht) ist zulässig.
22. Heizungsanlagen	Die Aufteilung kann haus- oder blockweise je Anlage vorgenommen werden. Bei selbstständigen Etagenheizungen kann nach Wohnungen aufgeteilt werden.